CHINA TRANSPORTATION
DEVELOPMENT REPORT

中国交通运输发展报告

(2023)

国家发展和改革委员会综合运输研究所◎著

中国市场出版社
China Market Press
·北 京·

图书在版编目（CIP）数据

中国交通运输发展报告. 2023 / 国家发展和改革委员会综合运输研究所著. —北京：中国市场出版社有限公司，2023.10

ISBN 978-7-5092-2481-6

Ⅰ. ①中… Ⅱ. ①国… Ⅲ. ①交通运输发展－研究报告－中国－2023 Ⅳ. ①F512.3

中国国家版本馆CIP数据核字（2023）第186507号

中国交通运输发展报告（2023）

ZHONGGUO JIAOTONG YUNSHU FAZHAN BAOGAO（2023）

著　　者：国家发展和改革委员会综合运输研究所
责任编辑：辛慧蓉（xhr1224@aliyun.com）
出版发行：中国市场出版社 China Market Press
地　　址：北京市西城区月坛北小街2号院3号楼（100837）
电　　话：（010）68033692
印　　刷：北京捷迅佳彩印刷有限公司
规　　格：170毫米×240毫米　16开
印　　张：22.5　　**字　　数：**300千字
版　　次：2023年10月第1版　　**印　　次：**2023年10月第1次印刷
书　　号：ISBN 978-7-5092-2481-6
定　　价：188.00元

编 委 会

主　　任　汪　鸣

副 主 任　王东明　李连成　全　力

编写组成员

组　　长　李连成

副 组 长　马艺菲　王杨堃

编写人员　（按姓氏笔画排序）

马萍萍　乔　婧　刘思琦　李名良　张　雪

秦　山

通讯编者　（按姓氏笔画排序）

白　云　毛杨博　乌日罕　巴特尔　邓　超

邢小高　吕　程　刘一可　刘　沣　任泽军

李顺安　张世越　张军旺　张海峰　陈小北

胡向敏　胡　胜　柯　超　钟　烨　侯洪波

秦亚君　钱雪娟　徐　刚　郭均中　郭　峰

崔　波　梁　栋　屠立明　程思杰　程奕博

熊　伟

PREFACE

前 言

《中国交通运输发展报告》（以下简称《年度报告》）始自2016年，是国家发展和改革委员会原基础产业司与综合运输研究所结对推进工作协议的果实，自2017年开始，由国家发展和改革委员会综合运输研究所编著出版。《年度报告》融数据文献的资料性与分析研究的学术性为一体，基本出发点是使相关机构和个人了解交通运输发展的年度基本概况。在年度报告编制前期，我们深入分析了类似年度报告的特点，在此基础上明确了本书主要内容、主要框架，重点体现了研究范围的综合性、资料内容的全面性和报告内容的观点性等特点。

《中国交通运输发展报告（2023）》（以下简称《年度报告（2023）》）在延续以往框架思路的同时，立足2022年发展特点，在以往年度分析的基础上，对形式内容进行了探索创新，拉长研究视角，以2020—2022年三年为整体研究周期，对新冠疫情发生三年多来的交通运输发展情况总结分析，并研判2023年交通运输发展趋势。优化内容呈现模式，以疫情对交通物流发展影响为主要组织线索，设置总体篇、行业篇、展望篇三大篇章。其中，总体篇立足交通物流领域整体宏观环境，继续以发展成就、改革政策、交通建设、区域发展、发展展望和附录等为主要框架，聚焦三年来交通运输发展的特点、变化和趋势，在描述行业整体发展的同时，展现交通运输与经济社会发展的整体互动以及国际运输发展情况。行业篇邀请交通运输部规划研究院龚巍巍，交通运输部水运科学研究院蔡鹏、付金秀、徐迪，中国民航大学临空经济研究中心曹允春、于靖波、张朝阳、杨高昂，北京交通大学张晓东、李玥熠、马娇娇等研究机构的有关专家，聚焦公路、水运、民航、物流等具体行业发展，帮助读者在鸟瞰全貌的同时深化对行业发展的具体认识。展望篇立足“十四五”时期交通运输发展布局，提出交通运输发展展望。《年度报告（2023）》的编写得到了国家发展改革委基础设施发展司和地方发展改革部门的大力支持，是本书顺利完成的重要基础。

本书从宏观视角较为系统全面地总结了2020—2022年交通运输发展情况，分析分行业、分区域特点，展望2023年交通运输发展趋势，较完整地梳理了交通物流领域三年来的行业发展和疫情影响的政策体系，可为各级政府部门、研究机构和交通企业提供重要参考，也是社会各界了解中国交通运输行业发展状况的重要读物。各项统计数据未包括香港特别行政区、澳门特别行政区和台湾省。囿于时间、资料收集渠道、编写人员水平，书中缺陷与错误在所难免，敬请读者批评指正，我们将加倍努力，使《年度报告》越办越好。

CONTENTS

目 录

总体篇

行业篇

展望篇

总体篇

第一章

交通运输发展情况

过去三年，疫情防控的形势严峻复杂，为交通运输业发展带来前所未有的困难和挑战。在以习近平同志为核心的党中央坚强领导下，交通运输行业紧紧围绕“疫情要防住、经济要稳住、发展要安全”的要求，在科学精准做好交通运输疫情防控工作的同时，积极稳妥扩大交通有效投资，加快建设高质量综合立体交通网络，持续提升综合运输服务品质，深化交通运输对外开放合作，切实发挥了交通运输在统筹疫情防控和经济社会发展中的重要作用。

一、基础设施建设迎难而上

2020—2022 年，交通基础设施建设扎实推进，投资规模保持高位较快增长，三年固定资产投资规模（不含城市轨道交通）超过 10 万亿元，年均增速 4.91%，与“十三五”时期固定资产投资规模年均增速保持相同水平。总体来看，疫情对交通基础设施固定资产投资影响相对有限，投资规模连续达到历史新高，综合交通网络稳步扩大，交通基础设施固定投资在稳经济中作用凸显。详见图 1–1[1]。

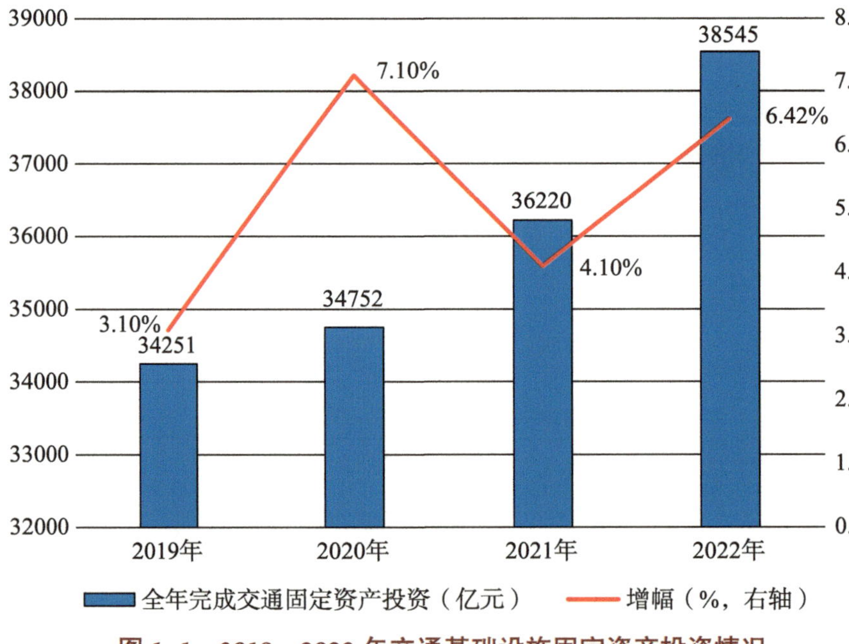

图 1–1　2019—2022 年交通基础设施固定资产投资情况

[1]　书中图、表数据均来自近年交通运输行业发展统计公报、铁道统计公报、全国收费公路统计公报、民航行业发展统计公报、全国民用运输机构生产统计公报、邮政行业发展统计公报、中欧班列发展报告（2021）等资料。

分运输方式来看，2020—2022 年铁路固定资产投资共计达 2.24 万亿元，投产新线共计 1.32 万公里，其中新建高铁共计 6771 公里。截至 2022 年底，全国铁路营业里程达 15.5 万公里，高速铁路营业里程达 4.2 万公里，相比 2019 年底分别提升 11.5% 和 20.0%，路网密度超过 160 公里 / 万平方公里，路网规模进一步扩大。全国铁路复线率为 59.6%，与 2019 年底基本持平；电气化率为 73.8%，相比 2019 年同期略有提升，保持逐年稳步增长趋势。三年间，西部地区铁路建设共计超过 7000 公里，截至 2022 年底，西部地区铁路营业里程达 6.3 万公里，占全国铁路营业里程超过 40%，铁路网络密度进一步提升。详见图 1–2。

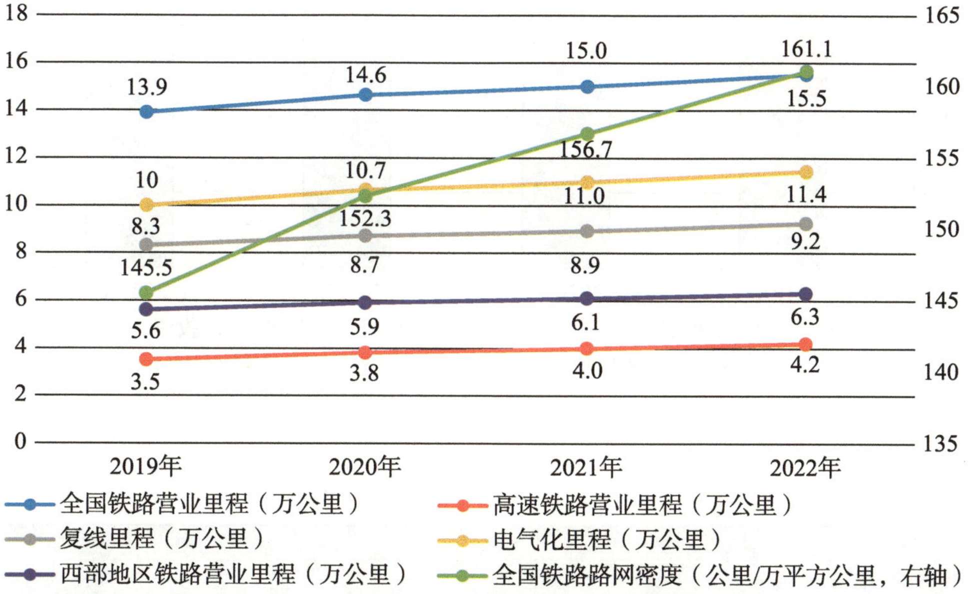

图 1–2 2019—2022 年铁路建设情况

2020—2022 年，公路固定资产投资超过 8 万亿元，达 80347 亿元，其中高速公路占比为 55.9%，达 44892 亿元；普通国省道占比为 21%，达 16880 亿元；农村公路占比为 16.8%，达 13531 亿元。截至 2022 年底，全国公路总里程为 535.48 万公里，公路密度为 55.78 公里 / 百平方公里，相比 2019 年底增幅达 6.8%；四级以上公路里程为 516.25 万公里，二级以上公路里程为 74.36 万公里，高速公路通车里程为 17.73 万公里，相比 2019 年底增幅分别达 9.87%、10.65% 和 18.52%。其中，高速公路通车里程在 2020—2022 年每年同比增幅分别为 7.62%、5.03% 和 4.85%，与“十三五”时期平均增速基本保持相同，高速公路仍保持较快发展速度。详见图 1–3 和表 1–1。

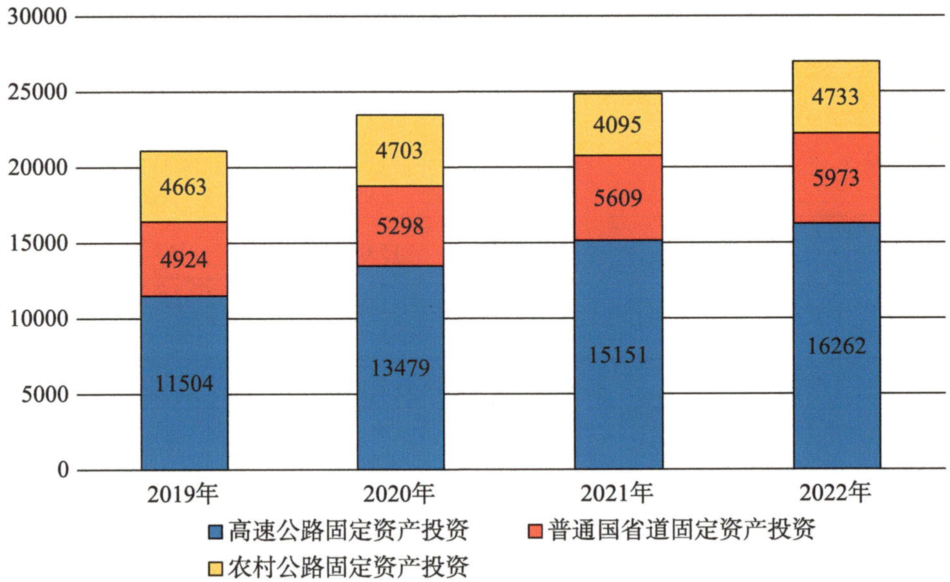

图 1–3　2019—2022 年公路固定资产投资情况（亿元）

表 1–1　2019—2022 年公路建设情况

年份	全国公路总里程（万公里）	同比增幅（%）	四级及以上等级公路里程（万公里）	同比增幅（%）	二级及以上等级公路里程（万公里）	同比增幅（%）	高速公路车道里程（万公里）	同比增幅（%）
2019	501.25	3.43	469.87	5.22	67.2	3.74	14.96	4.91
2020	519.81	3.70	494.45	5.23	70.24	4.52	16.1	7.62
2021	528.07	1.59	506.19	2.37	72.36	3.03	16.91	5.03
2022	535.48	1.40	516.25	1.99	74.36	2.76	17.73	4.85

2020—2022 年，水路固定资产投资总额达 4522 亿元，其中内河建设占比为 51.2%，达 2314 亿元，沿海建设占比为 47.4%，达 2143 亿元。详见图 1–4。从航道建设情况来看，截至 2022 年底，全国内河航道通航里程达 12.80 万公里，等级航道里程 6.75 万公里，三级及以上航道里程 1.48 万公里。从港口建设情况来看，截至 2022 年底，全国港口生产用泊位码头达 21323 个，沿海港口生产用码头泊位达 5441 个，内河港口生产用码头泊位达 15882 个，相比 2019 年底分别减少了 1570 个、121 个和 1449 个；全国港口万吨级及以上泊位达 2751 个，沿海港口万吨级及以上泊位达 2300 个，内河港口万吨级及以上泊位达 451 个，相比 2019 年底分别增加了 231 个、7 个和 224 个；其中专业化泊位达 1468 个，通用散货泊位达 637 个，相比 2019 年底分别增加了 136 个和 78 个。详见图 1–5。

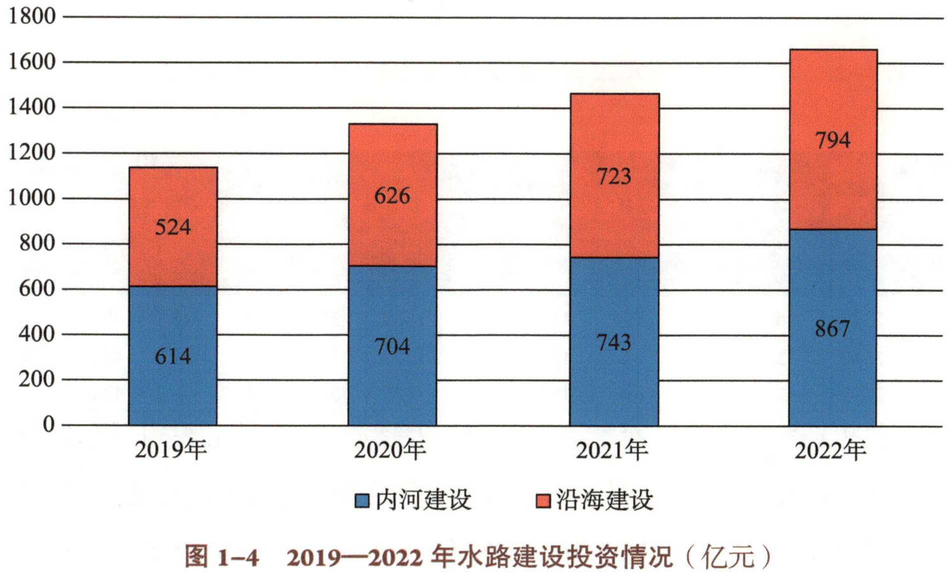

图 1–4 2019—2022 年水路建设投资情况（亿元）

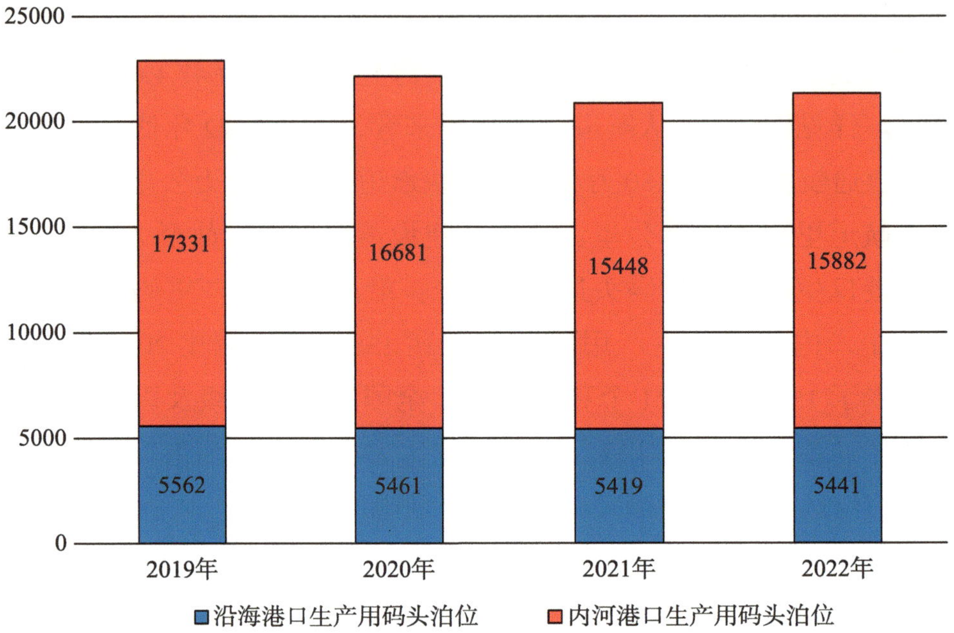

图 1–5　2019—2022 年港口建设情况（个）

表 1–2　2019—2022 年万吨级港口及专业化港口建设情况

单位：个

年份	全国港口万吨级及以上泊位	比上年增加	沿海港口万吨级及以上泊位	比上年增加	内河港口万吨级及以上泊位	比上年增加	专业化泊位	比上年增加	通用散货泊位	比上年增加	通用件杂货泊位	比上年增加
2019	2520	76	2076	69	444	7	1332	35	559	28	403	7
2020	2592	72	2138	62	454	10	1371	39	592	33	415	12
2021	2659	67	2207	69	452	−2	1427	56	596	4	421	6
2022	2751	92	2300	93	451	−1	1468	41	637	41	434	13

2020—2022 年，民航固定资产投资总额达 3503.4 亿元，三年同比增幅分别为 8.30%、13% 和 0.70%（见图 1–6）。截至 2022 年底，颁证民用航空机场达 254 个，定期航班通航机场达 253 个，定期航班通航城市达 249 个，相比 2019 年底分别增加 16 个、16 个和 15 个；受疫情影响，运输机场旅客吞吐量与货邮吞吐量出现较大波动，

2022 年年旅客吞吐量达 100 万、1000 万和年货邮吞吐量达 1000 吨以上的运输机场数量分别为 69 个、18 个和 51 个，相比 2019 年同期分别减少 37 个、21 个和 8 个，出现较为明显的下降。详见图 1–7。

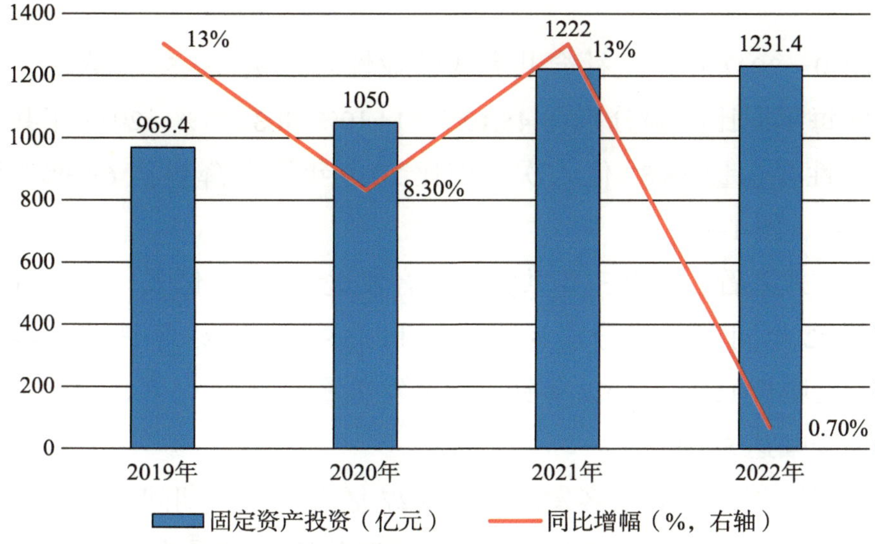

图 1–6　2019—2022 年民航固定资产投资情况

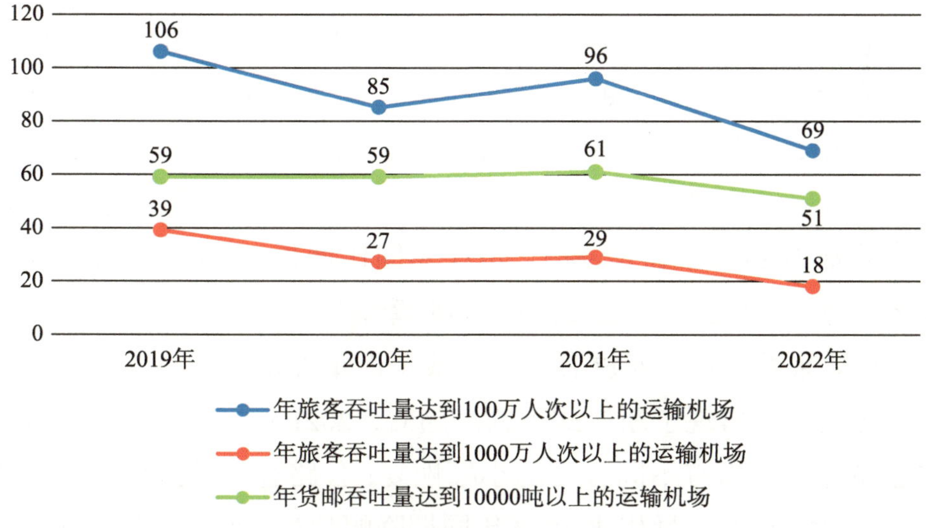

图 1–7　2019—2022 年年旅客吞吐量达 100 万人次以上、1000 万人次以上和年货邮吞吐量达 10000 吨以上通航机场数量变化趋势（个）

二、旅客运输遭受严重冲击

2020—2022 年，全社会共完成营业性客运量 235.55 亿人次，三年期间每年同比降幅分别为 45.10%、14.10% 和 32.71%，2022 年共完成营业性客运量 55.87 亿人次，相比 2019 年同期降幅达 68.3%。详见图 1–8、图 1–9。

分方式来看，铁路三年共完成旅客发送量 64.88 亿人，其中 2020 年和 2022 年同比下降分别为 39.80% 和 35.95%，2021 年铁路旅客发送量同比增长 18.5%，2022 年铁路旅客发送量为 16.73 亿人，相比 2019 年同期降幅达 54.3%。

公路三年共完成旅客发送量 155.27 亿人，三年期间同比分别下降 47%、26.20% 和 30.29%，2022 年公路旅客发送量为 35.46 亿人，相比 2019 年同期降幅达 72.7%。

水运三年共完成客运量 4.29 亿人，其中 2020 年和 2022 年同比下降分别为 45.20% 和 28.83%，2021 年同比增长 9%，2022 年水运客运量为 1.16 亿人，相比 2019 年同期降幅达 57.5%。

民航三年共完成客运量 11.11 亿人，其中 2020 年和 2022 年同比下降分别为 36.70% 和 42.90%，2021 年同比增长 5.50%，2022 年民航客运量为 2.52 亿人，相比 2019 年同期降幅达 61.8%。

总体来看，疫情对旅客运输造成了严重冲击，2020 年各种运输方式客运量均出现了断崖式下跌。随后，2021 年，铁路、水运和民航运输客运量均有不同程度的小幅恢复；公路客运受到的影响最为严重，2022 年客运量相比 2019 年同期降幅超过 70%，并且连续三年大幅下跌。详见表 1–3。

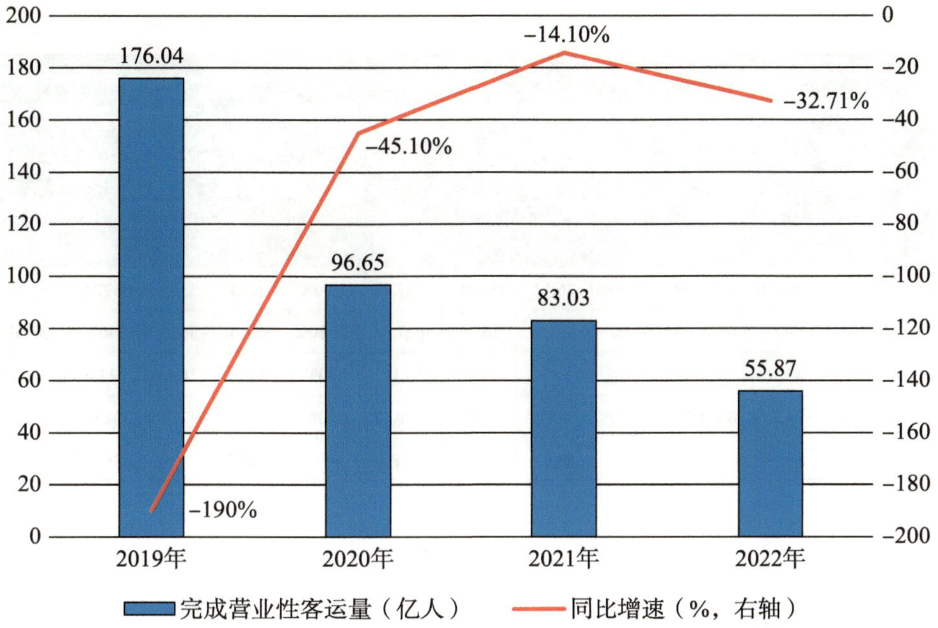

图 1-8　2019—2022 年完成全社会营业性客运量情况

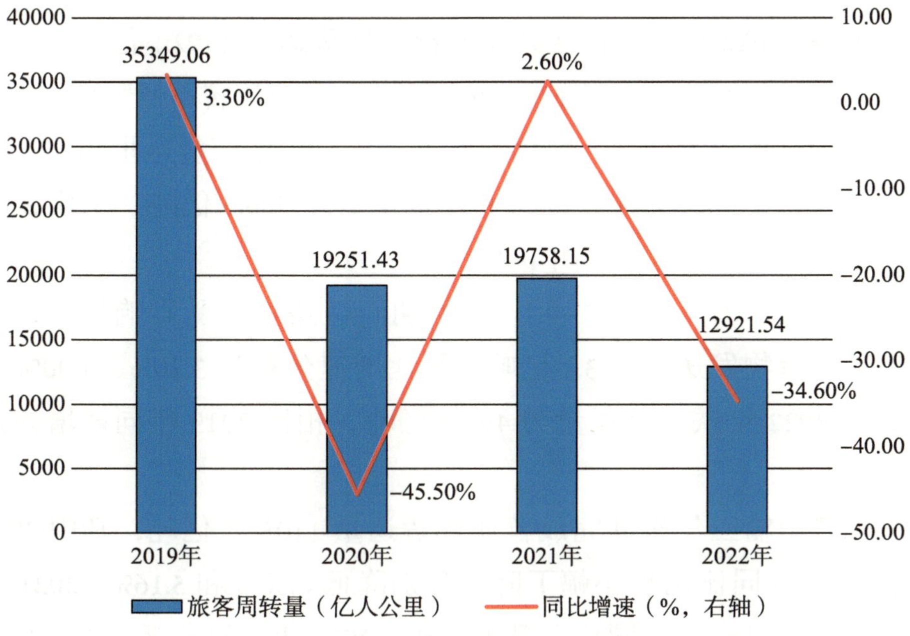

图 1-9　2019—2022 年全社会营业性旅客周转量情况

表 1-3　　2020—2022 年不同运输方式客运量及周转量情况

运输方式	2020 年				2021 年				2022 年			
	营业性客运量（亿人）	同比增速	旅客周转量（亿人公里）	同比增速	营业性客运量（亿人）	同比增速	旅客周转量（亿人公里）	同比增速	营业性客运量（亿人）	同比增速	旅客周转量（亿人公里）	同比增速
铁路	22.03	-39.80%	8266.19	-43.80%	26.12	18.50%	9567.81	15.70%	16.73	-35.95%	6577.53	-31.25%
公路	68.94	-47%	4641.01	-47.60%	50.87	-26.20%	3627.54	-21.80%	35.46	-30.29%	2407.5	-33.63%
水运	1.5	-45.20%	32.99	-58%	1.63	9%	33.11	0.40%	1.16	-28.83%	22.6	-31.74%
民航	4.18	-36.70%	6311.25	-46.10%	4.41	5.50%	6529.68	3.50%	2.52	-42.90%	3913.87	-40.10%
总计	96.65	—	19251.44	—	83.03	—	19758.14	—	55.87	—	12921.5	—

三、货物运输产生持续影响

2020—2022 年，全社会共完成营业性货运量 1492.1 亿吨，其中 2020 年同比基本持平，降低 0.50%，而后受运力流转不畅影响，2021 年货运量出现较大增长，同比增长 12.30%，2022 年货运量同比下降 3.1%。2022 年全社会共完成营业性货运量为 506.6 亿吨，相比 2019 年同期增幅达 9.6%。详见图 1-10、图 1-11。

分方式来看（见表 1-4），疫情期间铁路货运受影响较小，三年共完成货物发送量 143.1 亿吨，同比增速分别为 3.20%、4.90% 和 4.42%，2022 年铁路货运量为 49.84 亿吨，相比 2019 年同期增幅达到 13.6%。

公路运输三年来共完成营业性货运量 1105.22 亿吨，其中 2020 年和 2022 年同比出现小幅下降，分别降低 0.30% 和 5.16%，2021 年出现较为明显反弹，同比上升 14.20%，2022 年公路货运量为 371.19

亿吨，相比 2019 年同期增幅达 8.04%。

水运货运量三年来共完成 244.06 亿吨，其中 2020 年同比增速下降 3.30%，2021 年和 2022 年同比增速分别增长 8.20% 和 3.76%，2022 年水运货运量为 85.5 亿吨，相比 2019 年同期增幅达 1.4%。

民航运输三年来共完成货邮运输量 2016.05 万吨，其中 2020 年和 2022 年同比增速分别下降 10.20% 和 17%，2021 年同比增速增长 8.20%，2022 年民航货邮运输量为 607.61 万吨，相比 2019 年同期下降 19.3%。

总体来看，铁路货物运输在过去三年受影响相对较小，运量仍能保持一定幅度的增长，为稳定生活物资和货物供应，保障人民群众正常生活和企业生产发挥了重要的积极作用。

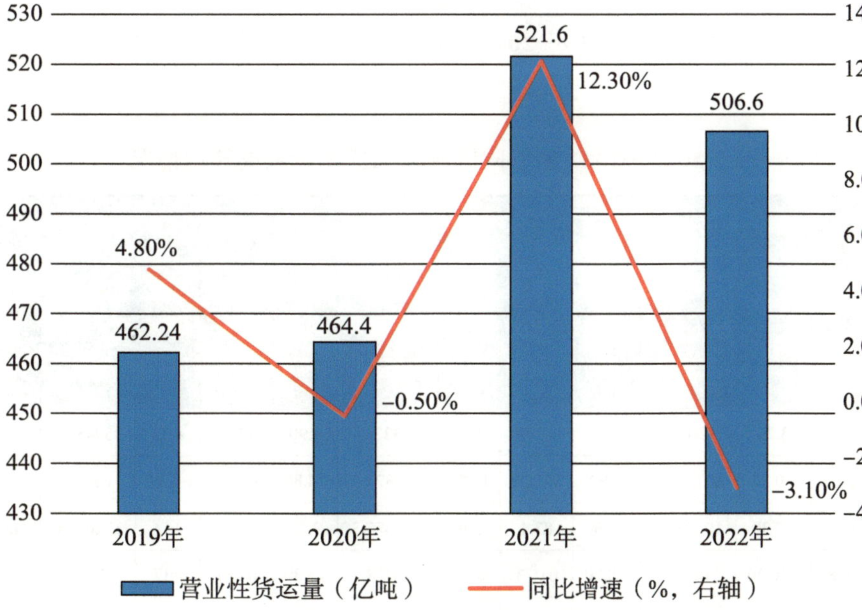

图 1-10　2019—2022 年全社会营业性货运量情况

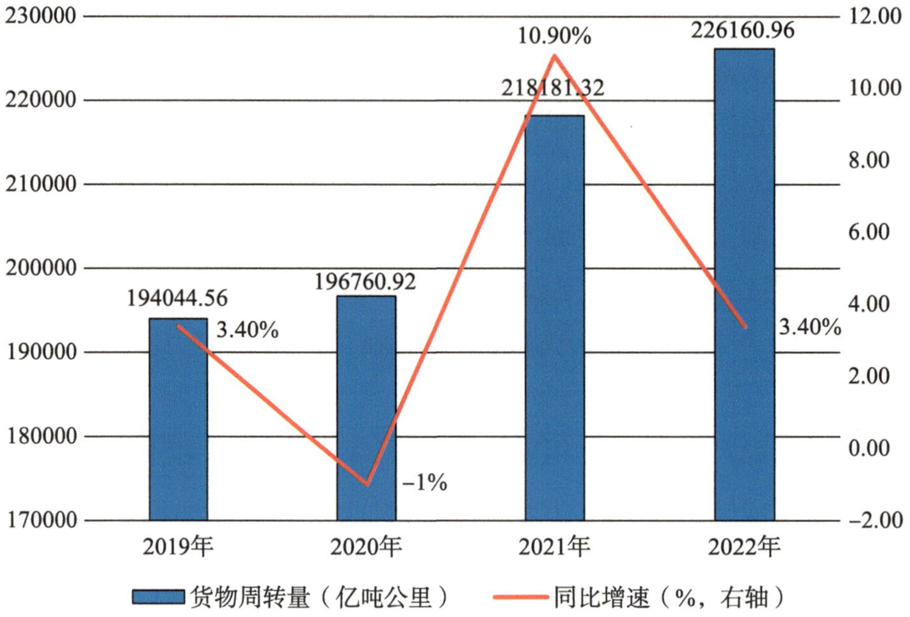

图 1–11　2019—2022 年全社会货物周转量情况

表 1–4　2020—2022 年不同运输方式货运量及周转量情况

运输方式	2020 年				2021 年				2022 年			
	货物发送量（亿吨）	同比增速	货物周转量（亿吨公里）	同比增速（%）	货物发送量（亿吨）	同比增速（%）	货物周转量（亿吨公里）	同比增速（%）	货物发送量（亿吨）	同比增速（%）	货物周转量（亿吨公里）	同比增速（%）
铁路	45.52	3.20	30514.46	1	47.74	4.90	33238	8.90	49.84	4.42	35945.69	8.15
公路	342.64	−0.30	60171.85	0.90	391.39	14.20	69087.65	14.80	371.19	−5.16	68958	−0.19
水运	76.16	−3.30	105834.4	−2.50	82.4	8.20	115577.5	9.20	85.5	3.76	121003.1	4.69
民航	0.068	−10.20	0.024	−8.70	0.073	8.20	0.028	15.80	0.061	−17	0.025	−8.70
总计	464.388	—	196520.8	—	521.603	—	217903.2	—	506.591	—	225906.8	—

受疫情影响，网络购物逐渐成为居民消费的重要方式，从而带动快递物流业务量快速增长。三年时间，快递服务企业共完成

业务量超过 3000 亿件，同比增长分别为 31.20%、29.90% 和 2.10%（见图 1–12），2022 年快递服务企业共完成业务量为 1105.8 亿件，相比 2019 年同期增幅达 74.1%；三年期间快递业务收入近 3 万亿元，同比增长分别为 17.30%、17.50% 和 2.30%，2022 年快递业务收入为 10566.7 亿元，相比 2019 年同期增幅达 40.9%（见图 1–13）。快递物流业在贯通生产、流通与消费等环节持续发挥优势，专业化、精细化服务能力不断增强，全环节全领域服务水平稳步提升，为保障重点物资和人民群众基本生活物资运递发挥了重要作用（见表 1–5）。

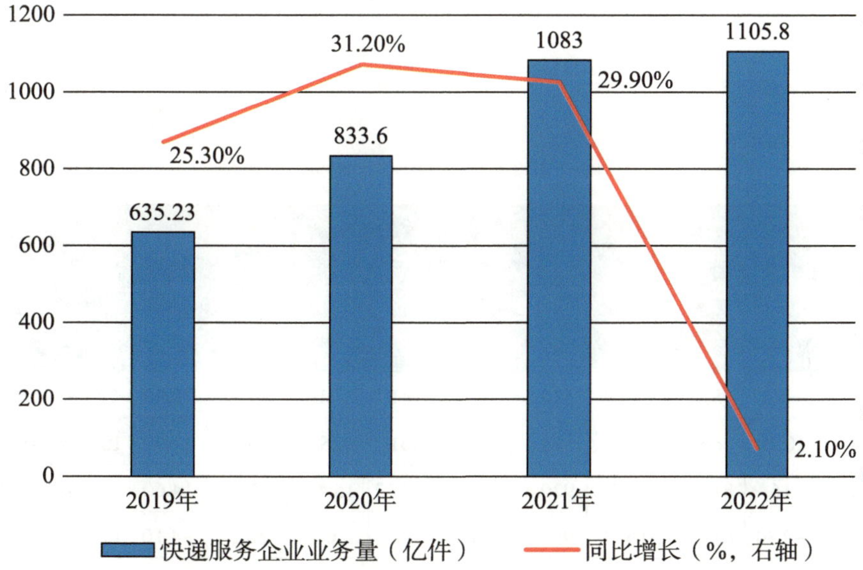

图 1–12 2019—2022 年快递服务企业业务量情况

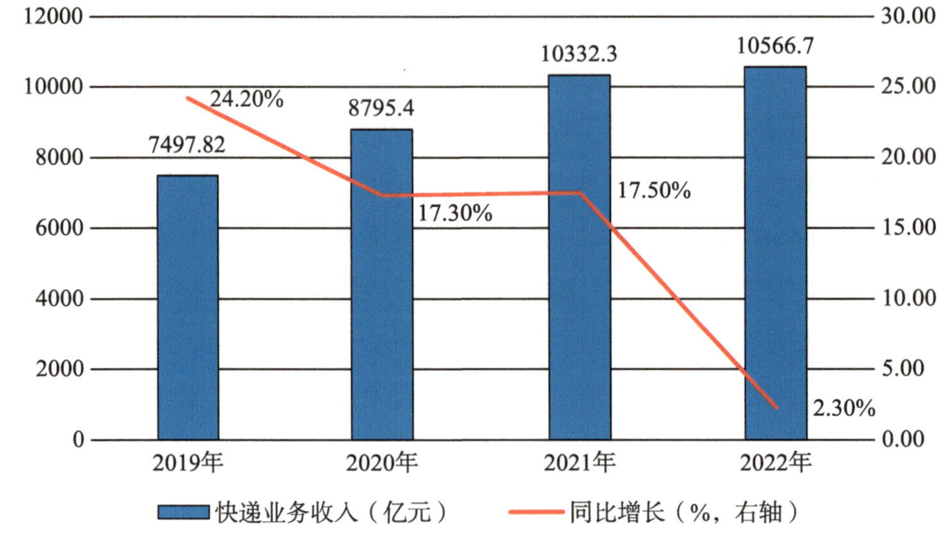

图 1-13　2019—2022 年快递业务收入情况

表 1-5　2019—2022 年快递物流业业务结构

年份	同城快递业务量（亿件）	同比增长（%）	业务收入（亿元）	同比增长（%）	异地快递业务量（亿件）	同比增长（%）	业务收入（亿元）	同比增长（%）	国际/港澳台快递业务（亿件）	同比增长（%）	业务收入（亿元）	同比增长（%）
2019	110.4	–3.3	751.8	–16.9	510.5	33.70	3941.2	27.10	14.4	29.90	747.3	27.60
2020	121.7	10.20	766.4	1.90	693.6	35.90	4531.3	15	18.4	27.70	1073.4	43.60
2021	141.1	16	817.2	6.60	920.8	32.80	5227.2	15.40	21	14.60	1163.4	8.40
2022	128	–9.30	684.5	–16.20	957.7	4	5229	0	20.2	–4.10	1161.1	–0.20

四、城市交通运输受明显影响，快递物流稳步增长

2020—2022 年，为了响应疫情防控对降低人员流动性和聚集性的相关要求，城市交通运输采取公交停运、限流等措施加强管控，

城市居民对出行方式和习惯的选择也发生变化。

城市客运量三年来共完成 2620.87 亿人，其中 2020 年和 2022 年分别同比大幅下降 31.80% 和 24%，2021 年同比增长 14%，2022 年城市客运量为 755.11 亿人，相比 2019 年同期降幅达 41%（见图 1–14）。分方式来看，公共汽电车三年共完成客运量 1284.89 亿人，轨道交通三年共完成客运量 606.26 亿人，巡游出租汽车三年共完成客运量 728.37 亿人。

总体来看，轨道交通在三种城市公共交通运输中受影响相对较小，2020 年和 2022 年同比下降分别为 26.3% 和 18.60%，2021 年客运量出现明显恢复，同比增幅达 34.90%（见表 1–6）。

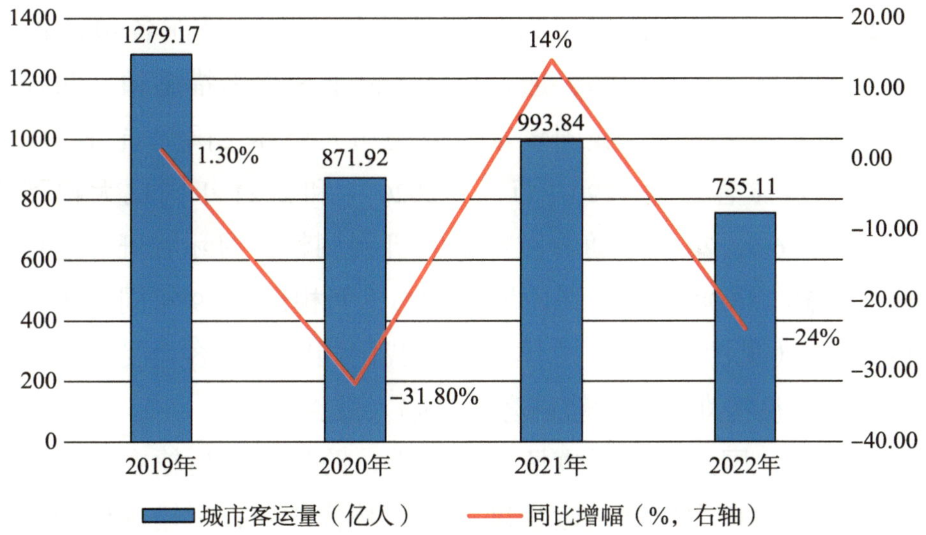

图 1–14 2019—2022 年我国城市交通客运量总体情况

表 1-6　2019—2022 年城市公共交通分运输方式客运量情况

年份	公共汽电车客运量（亿人）	同比增幅（%）	轨道交通客运量（亿人）	同比增幅（%）	巡游出租汽车客运量（亿人）	同比增幅（%）
2019	691.76	-0.80	238.78	12.20	347.89	-1.10
2020	442.36	-36.10	175.90	-26.30	253.27	-27.20
2021	489.16	10.60	237.27	34.90	266.9	5.40
2022	353.37	-27.80	193.09	-18.60	208.2	-22

五、国际航空客运陷入低谷，跨境班列逆势上扬

2019—2022 年，面对复杂的国外疫情形势，民航各单位严格防范疫情经航空途径传播，通过实施国际航班熔断措施精准防控境外疫情输入。三年来，我国多家航空公司大幅停飞国际航班，国际航班共完成旅客运输 1290.4 万人，2020 年和 2021 年同比大幅下降 87.1% 和 84.6%，2022 年随着航班熔断机制调整，国际航班客运量出现恢复，达 186.08 万人，同比增长 26%，但相比 2019 年同期仍大幅下降 97.5%（见图 1-15）。总体来看，我国国际航空客运受疫情冲击影响严重，疫情期间国际航班客运量陷入低谷。

三年来，国际陆运受疫情影响严重，跨境班列运输在维持我国外贸企业进出口中发挥一定程度的补充替代作用，运输规模逆势上扬，在保障国际货运和稳外贸中发挥重要作用。尤其是防疫物资运送凸显其“生命通道”的重要功能，为中国与沿线国家的抗疫合作提供了重要支持。2020—2022 年，中欧班列开行列数共计 4.34 万列，同比增长分别为 50%、22% 和 9%；发送箱数达 419.5 万标箱，同比增长达 56%、29% 和 10%。详见图 1-16。

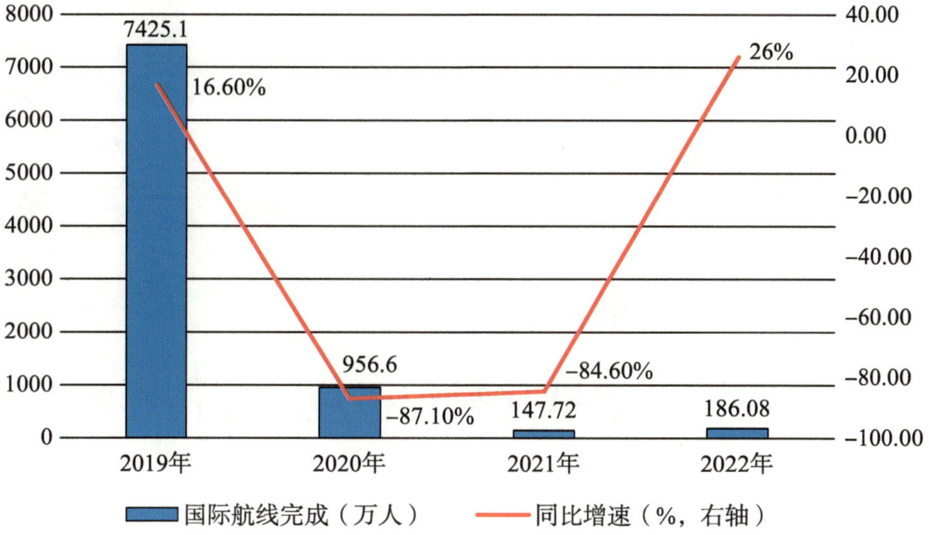

图 1-15　2019—2022 年国际航空客运情况

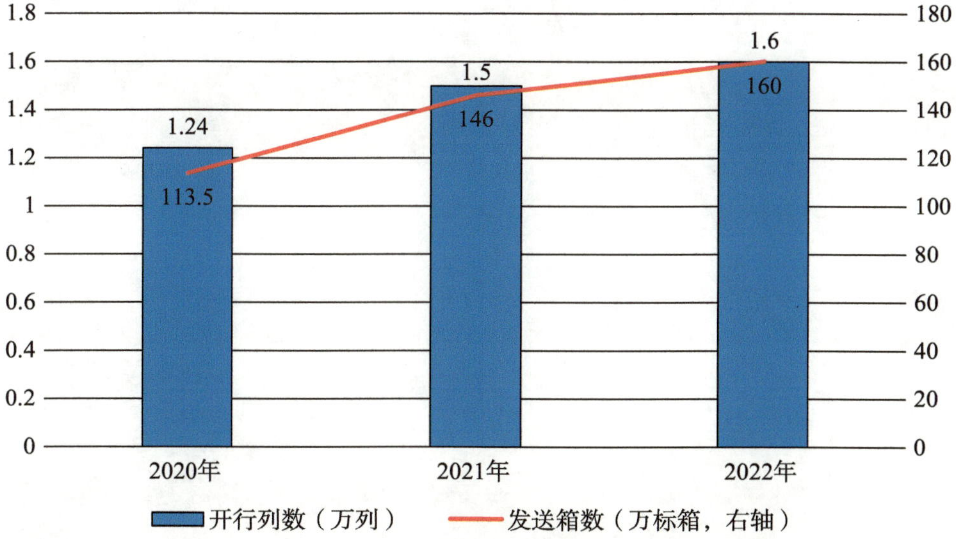

图 1-16　2020—2022 年中欧班列开行列数和发送箱数

第二章

多措并举积极应对疫情影响

新冠疫情是新中国成立以来我国遭遇的传播速度最快、感染范围最广、防控难度最大的一次重大突发公共卫生事件，对我国经济社会发展和人民生命健康造成了严重冲击。交通运输作为经济社会发展的先行官，是医护人员支援抗疫、防疫物资调拨投送、旅客基本出行、生产生活物资流通的关键承载。过去三年，交通运输始终是疫情防控的重点环节和关键领域，相关部门迅速出台系列政策文件，积极采取针对性措施，高效统筹疫情防控和交通物流保通保畅工作。

一、保安全阻蔓延，筑牢疫情防控战线

（一）建立专项工作机制，强化宏观统筹指导

面对突如其来的新冠疫情，党中央、国务院高度重视，迅速作出战略部署，全面加强对疫情防控的集中统一领导，建立健全疫情防控机制，凝聚全国抗疫合力。2020 年 1 月，国家卫生健康委牵头建立应对新型冠状病毒感染的疫情联防联控工作机制（以下简称国务院联防联控机制），成员单位共 32 个部门，下设疫情防控、医疗救治、科研攻关、宣传、外事、后勤保障、前方工作等工作组，分别由相关部委负责同志任组长，明确职责，分工协作，形成防控疫情的有效合力。

在国务院联防联控机制指导下，针对交通物流重点领域，形成专项工作机制。2021 年 1 月，国务院联防联控机制春运工作专班成立，在原春运部际协调工作机制 12 家成员单位基础上，增加国家卫生健康委、教育部、文化和旅游部等 3 个部门，统筹做好春运疫情防控和运输服务保障工作，切实保障人民群众健康安全平稳有序出行。2021 年 2 月，国务院联防联控机制综合组交通管控与运输保障专班成立，负责指导各地科学精准做好应对新冠疫情交通通行管控、旅客运输管控、应急物资运输保障等工作，在严密防范疫情通过交通运输环节传播扩散的同时，切实打通交通运输“大动脉”，畅通“微循环”，全力做好医疗物资、生产生活物资和重点人员的运输保障工作。2022 年 4 月，国务院物流保通保畅工作领导小组成立，统筹做好疫情防控、保通保畅、安全生产等工作，着力维护人民群众正常

生产生活秩序和经济社会持续稳定运行，保障产业链供应链稳定。上述工作机制的建立健全为打赢疫情防控阻击战、攻坚战奠定了制度基础。

（二）编制系列政策文件，指引交通疫情防控

过去三年，针对国内春运、国际海运、国际航空疫情防控等交通运输组织中重点环节，印发实施《关于做好春节后错峰返程加强疫情防控工作的通知》《关于进一步做好国际航行船舶船员疫情防控工作的通知》《关于进一步加强国际机场疫情防控工作的指导意见》等政策文件，为交通运输领域疫情防控政策开展提供政策指引。

同时，围绕疫情防控重点环节，以工作指南的方式细化实践要求。随着疫情防控政策调整变化，及时更新相关工作指南，调整防控标准，不断融入新形势、新要求、新举措，为交通从业人员在不同疫情防控阶段提供了有效指导。例如，先后编制印发了六版《公路水路进口冷链食品物流新冠病毒防控和消毒技术指南》、七版《道路货运车辆、从业人员及场站新冠肺炎疫情防控工作指南》《国内游轮常态化疫情防控工作指南》、九版《客运场站和交通运输工具新冠肺炎疫情防控工作指南》《公路服务区和收费站新冠肺炎疫情防控工作指南》、《运输航空公司、机场疫情防控技术指南》、十版《客运场站和交通运输工具新冠肺炎疫情分区分级防控指南》、十二版《港口及其一线人员新冠肺炎疫情防控工作指南》。

（三）采取多项实招实策，织密织牢疫情防线

一是控制载运工具载客率。在稳步推进旅客运输组织的同时，

有效规避旅客运输过程中可能出现的集聚风险，避免了载运工具上发生大规模感染，为打赢疫情防控攻坚战提供了有力支撑。铁路方面，组织车内旅客间隔就座、分散就座，将旅客列车客座率控制在50%左右。同时，及时调整列车开行方案，暂停疫情严重地区部分始发列车，减开涉疫地区旅客列车，限售或停售涉疫地区车票。民航方面，三类疫情输入风险较高航班客座率不准高于75%。公路方面，长途客运班车和农民工包车客座率原则上不超过50%。水运方面，要求低风险地区客船载客率不超过90%（设置发热乘客隔离区的除外），中风险地区客船载客率不超过70%，高风险地区客船载客率不超过50%。

二是建立国际航班“熔断”机制。坚持“外防输入、内防反弹”总政策和“动态清零”总方针不动摇，强化国际运输环节疫情防控工作。2020年6月，中国民航局印发《关于调整国际客运航班的通知》，建立起国际客运航班“熔断”机制。截至2022年4月8日，累计实施673次“熔断”，“熔断”航班1555班，筑起了我国“外防输入”的“铜墙铁壁”。

三是强化枢纽和口岸节点疫情防控。综合交通枢纽是客货流大规模集散中转的场所，边境口岸是“外防输入”的主战场。交通运输业聚焦重点场所，扎实做好枢纽和口岸防疫工作。以铁路为例，按照“一口岸一策”的要求，精准制定铁路口岸疫情防控方案，实行“人货分离、分段运输”策略，坚持人、车、物、环境“四位同防”，对口岸作业人员实行7天工作、7天隔离、N天休息的“7+7+N”等劳动组织模式。

四是通过先进技术赋能疫情防控。各地借助互联网、大数据、人工智能等新技术新手段，为疫情防控赋能增势。如，河南启用客运联网售票系统“豫州行”平台的“健康码前置核验”功能，将健康码数据融入河南省客运联网售票平台，在全国率先实现了旅客网上购票智能识别健康码状态。成都轨道智慧乘客服务平台集成了智慧票务（人脸识别）、智慧安检和智慧测温功能，其中智慧票务（人脸识别）支持戴口罩刷脸无感乘车，降低了旅客出行感染风险。

专栏 2–1　国际客运航班熔断机制

自2020年3月世界卫生组织宣布新冠疫情大流行以来，为坚决阻遏疫情输入性风险高发态势，中国民航局根据国务院联防联控机制工作要求，发布《关于疫情防控期间继续调减国际客运航班量的通知》，要求中外航空公司国际客运航班按照“一司一国一线一周一班”的方式来运营，即“五个一”措施（国内每家航空公司经营至任一国家的航线只能保留1条，且每条航线每周运营班次不得超过1班；外国每家航空公司经营至我国的航线只能保留1条，且每周运营班次不得超过1班）。

2020年6月，中国民航局印发《关于调整国际客运航班的通知》，对国际客运航班“五个一”措施进行调整，提出：航空公司同一航线航班，入境后核酸检测结果为阳性的旅客数量达到5个的，暂停该公司该航线1周；达到10个的，暂停该公司该航线运行4周。“熔断”的航班量不得调整用于其他航线。“熔断”期结束后，航空公司方可恢复每周1班航班计划。

2020年12月，为进一步做好新冠疫情外防输入工作，中国民航局将“熔断措施”调整为：航空公司同一航线航班，入境后核酸检测结果为阳性的旅客人数达到5个的，暂停该公司该航线运行2周；达到10个的，暂停该公司该航线运行4周。“熔断”的航班量不得调整用于其他航线。“熔断”期结束后，航空公司方可恢复每周1班航班计划。

2021年4月，为更好适应疫情防控常态化需要，中国民航局印发《关于国际定期客运航班熔断措施调整试行的通知》，将“熔断措施”调整为“航班熔断或控制客座率运行措施”，具体如下：

1. 航空公司单一入境航班确诊旅客人数达到 5 例的，可从以下两种限制运行的方式中自主选择：（1）航班熔断措施：自航班入境的第四周起，暂停该航班运行 2 周，并取消奖励航班；（2）控制客座率运行措施：自航班入境的第四周起，限制该航班以不高于 40% 的客座率运行 4 周，并取消奖励航班。

2. 航空公司单一入境航班确诊旅客人数达到 10 例的，自航班入境的第四周起暂停该航班运行 4 周，并取消奖励航班。如连续两班确诊旅客人数分别达到 10 例的，当周立即熔断，累计暂停运行 8 周。

3. 航空公司单一入境航班确诊旅客人数达到 30 例的，当周立即熔断，暂停该航班运行 4 周。

2022 年 8 月，为高效统筹疫情防控和经济社会发展，科学精准做好疫情防控工作，中国民航局对国际定期客运航班“熔断措施”进行优化调整：对确诊旅客人数达到 5 例的航空公司单一入境航班，当确诊旅客占比达到该航班入境旅客人数 4% 时，暂停运行 1 周；当确诊旅客占比达到该航班入境旅客人数 8% 时，暂停运行 2 周；熔断的航班量不得调整用于其他航线。截至 2022 年 4 月 8 日，累计实施 673 次“熔断”，“熔断”航班 1555 班。

（四）因地制宜精准施策，扎牢地方抗疫网络

一是细化落实本地相关政策文件。各地立足自身疫情防控态势，积极响应国家防疫政策调整，及时修订本地相关政策文件，优化调整疫情防控标准和要求。例如，上海根据《客运场站和交通运输工具新冠肺炎分区分级防控指南》《道路货运车辆、从业人员及场站新冠肺炎疫情防控工作指南》等有关规定的调整，及时修订印发了《本市道路运输和交通设施行业三级响应下疫情防控措施指引》，从通用

措施和行业措施两个维度优化上海交通防疫要求。

二是加强城市交通疫情防控。各地普遍设置乘坐地面公交、轨道交通、水上客运、巡游出租汽车、网约车等交通工具需要扫码登记乘车并持有 48 小时内核酸检测阴性证明要求。公共交通驾驶员需要每日上传健康码状态，严格落实驾驶员健康监测报告制度。北京、上海等城市通过出租车载终端对途经“重点区域”的营运车辆进行监控，检视运营中司机及乘客口罩佩戴情况，对违规行为做到及时提醒纠正。以北京为代表的城市根据不同区域的疫情防控态势，划分为封控区、管控区、临时管控区、防范区，对不同类别区域的公共交通和出租汽车（含网约车）运营，采取区间运行、甩站绕行和停运等差异化措施。

三是开展交通疫情防控执法检查。北京设立综合督查组、专项检查组，对地面公交、轨道交通、出租租赁、道路客运、货物运输、公路建养、交通枢纽、静态交通、水路运输、机动车维修、驾驶员培训等交通全行业开展疫情防控大检查，发现问题当场指出、现场整改。同时集中执法力量在机场、长途客运站、公交枢纽场站、轨道交通车站、繁华商业街区等地区，围绕出租汽车、省际客运等严查防疫措施落实情况、严打跨省载客“黑车”非法运营。

四是加强城市出行轨迹溯源。依托手机信令数据形成的行程码作为轨迹溯源依据，以北京为例，依托网约车平台，通过整合后台大数据，筛查疫情风险地区周边接送过乘客的平台巡游出租车、网约车，建立“健康监测重点人群”数据库并实时更新，工作人员依据北京公布的高风险地区，逐步增加相关人群和车辆的筛选范围，并及时提醒曾去往高风险地区的相关乘客按要求做好防控。同时，加大北京平台所有网约车车内红外线测温与紫外线消毒灯的使用力度。

二、畅循环促流通，保障重点物资运输

（一）统筹应急保障和常态运行

一是开辟防疫物资和医护人员绿色通道。公路方面，执行“三不一优先”（应急车辆不停车、不检查、不收费、优先通行）政策，确保运输防疫物资和医护人员的车辆优先通行。水运方面，采取“四优先”（防疫物资和重点生产生活物资运输优先过闸、优先引航、优先锚泊、优先靠离泊）举措。相关数据显示，2020 年初，通过安排专机、专列和专车，共保证 4 万余名医护人员驰援武汉、驰援湖北，累计向湖北运送防疫和生活物资约 150 万吨，运送生产物资近 300 万吨，为打赢武汉保卫战、湖北保卫战提供了有力支撑。

二是夯实常态化疫情防控交通支撑。2021 年 2 月，国务院联防联控机制综合组印发《关于进一步做好应对新冠肺炎疫情交通管控与运输保障工作的通知》，要求分级分类实行交通管控，坚持防疫与保畅并重，因时因势解除交通管控措施，健全完善交通管控工作机制。2021 年 10 月，国务院联防联控机制综合组交通管控与运输保障专班印发《关于进一步做好煤炭、天然气等能源物资运输保障工作的通知》，要求切实做好能源物资运输车辆通行保障，加强货运物流行业疫情防控。2022 年 4 月，国务院办公厅印发《关于切实做好货运物流保通保畅工作的通知》，要求全力保障货运物流特别是医疗防控物资、生活必需品、政府储备物资、邮政快递等民生物资和农业、能源、原材料等重要生产物资的运输畅通，切实维护人民群众正常生产生活秩序。

三是保障交通物流网络稳定运行。纠正“层层加码”“一刀切”行为，最大限度减少疫情对经济社会发展的影响。公路方面，明确“一断三不断”，即坚决阻断病毒传播渠道，保障公路交通网络不断、应急运输绿色通道不断、必要的群众生产生活物资运输通道不断；同时，切实做到“五个严禁”，即严禁擅自关停关闭交通物流基础设施和限制运输服务，严禁以车籍地、户籍地为依据，或有涉疫地区行程为由限制货车通行，严禁“一刀切”限制封闭区域末端配送，严禁实施“静默”或封控管理的城市一律限制货车进出，严禁以等待核酸检测结果为由限制货车通行。铁路方面，制定铁路“七快速”，即快速受理、快速配空、快速装车、快速挂运、快速输送、快速卸车、快速交付。民航方面，明确客运“减而不断”等政策措施。

专栏 2-2　交通运输疫情防控“一断三不断”

2020 年 1 月，新冠疫情开始蔓延。为切断疫情传播链、畅通交通生命线，统筹做好疫情防控和保通保畅工作，交通运输部印发《关于统筹做好疫情防控和交通运输保障工作的紧急通知》，要求各地交通运输部门进一步提高政治站位，牢固坚持以人民为中心的发展思想，科学研判，分类施策，统筹做好交通运输领域疫情防控和交通运输保障工作，确保做到“一断三不断”，即坚决阻断病毒传播渠道，保障公路交通网络不断、应急运输绿色通道不断、必要的群众生产生活物资的运输通道不断。

2020 年 6 月，面对严峻的疫情防控形势，为防止因局部疫情防控不力造成疫情反弹，交通运输部印发《关于进一步强化交通运输疫情防控措施坚决防止疫情反弹的通知》，要求继续严格落实“一断三不断”，做好公路水路保通保畅保运保供。

2022 年 4 月，为统筹疫情防控和经济社会发展，全力保障货运物流特别是医疗防控物资、生活必需品、政府储备物资、邮政快递等民生物资和农业、能源、原材料等重要生产物资的运输畅通，切实维护人民群众正常生产生活秩序，国务院办公厅印发《关于切实做好货运物流保通保畅工作的通知》，要求确保"一断三不断"。

（二）保障农业相关物资稳定供应

一是促进农产品流通。国家发展改革委、交通运输部、农业农村部等部委联合各省市深入了解生产企业、农民合作社等生产经营情况，全面排查当地农产品销售情况，对受疫情影响出现滞销的农产品，采取"点对点"磋商方式，帮助解决重点品种卖难问题。打造全国农产品产销对接公益服务平台，通过平台将各省的信息采集队伍与各大经销商信息对接、撮合交易，指导全国 27 家大型农产品批发市场设立贫困地区农产品销售专区、展示中心。组织农产品物流企业、物流集散中心和批发市场与生产基地、龙头企业、农民合作社加强合作，优先配送农产品，建立鲜活农产品运输"绿色通道"政策，提高鲜活农产品运输车辆通行效率。

二是加强"三农三夏"农业生产物资运输保障。全面了解农机、农资和农产品运输需求，对需要跨区域转运的农机及配件等，积极协助农机企业和服务主体办理通行证，"点对点"开展作业服务。将化肥、农药、饲料、农机具及零配件等农产品及农业生产物资纳入重点物资运输保障范围，开通农机绿色通道，优先承运、优先装卸、优先查验、优先放行，全力保障人员和农机具畅通无阻、农资运输配送高效有序。

（三）持续做好群众生活物资保障

一是加强多渠道配送支撑。国家发展改革委会同商务部等有关部门，支持需求城市与周边省市供应企业加强对接，及时启动生活物资保障应急预案和生活必需品监测日报告、重点零售餐饮企业日监测制度，拓宽货源，合理增加市场库存，重点保障粮、油、肉、蛋、菜、奶等主要生活必需品供应充足。电商平台立足自身商品供应和配送服务优势，提供网上下单和线下无接触配送，快捷便利保障群众生活物资采购。此外，各地社区发挥积极作用，从严从快搭建疫情期间特定群体生活必需品应急保障体系，成立专门的物资保障队伍，由居民群众“点单”、社区“派单”、志愿者“送单”，为群众提供无接触送货到家服务。

二是加强封控区、管控区生活物资保障。各地采取多样方式保障生活物资稳定供应。上海市以集采集配，保供套餐等方式为主，通过超市卖场、电商平台与社区对接，集中汇总居民消费需求，组织主副食品、生活用品等套餐供应。北京市西城区什刹海街道整合了区域养老联合体服务商库中的蔬菜供货商，由物资运输保障车送至卡口配送点后，再由“大白”通过无接触式配送，为6000余户居民配送“应急蔬菜包”。广州市在重点区域设立多个供应点，全力保障重点区域市民的日常购物需求。安徽省铜陵市制定了管控区居民基本生活物资保障方案，提供“定量定价、按份售卖”的生鲜食品包，配送至指定物资供应点。

专栏 2-3 2020 年针对北京新发地疫情的生活物资保障工作

2020 年 6 月，国家发展改革委会同商务部等有关部门，支持北京市与周边省份供应企业加强对接，积极组织货源调运，及时协调解决物资保供中出现的问题，增加物资供应，促进市场平稳运行。

一是指导协调北京市、河北省在平谷马坊、河北高碑店等地设立蔬果等物资多功能中转储运站，保证进京蔬菜、水果等生活物资物流运输畅通，保障北京市场供应。

二是建立周边 6 省份联保机制，协调天津、河北、内蒙古、辽宁、山东、河南等 6 省份立即成立工作专班，梳理本地区输京大型骨干蔬果流通企业和货源，加强与北京方面的对接，增加对北京市场供应。

三是组织调运蔬菜进京。协调河北省相关骨干农产品流通企业组织高碑店蔬菜货源 5000 吨供应北京。

（四）全力保障应急医疗物资供应

一是加强疫情防控医疗物资生产保供。摸清医疗物资产能产量情况，统筹调度原料药供应，促进原料药和制剂企业供需精准对接，全力协调推动急需医疗物资生产企业复产。坚持“全国一盘棋”，建立中央、地方两级调配机制，及时掌握全国重点医疗物资运输需求分布、生产供应、流向等信息，制定实施医疗物资生产保供日调度方案。

二是“一企一策”保障各保供企业重点医疗物资运输需求。加强交通运输与重点医疗物资保供企业的对接，建立医疗企业重点企业白名单，靠前服务，加强人力、运力储备。做好精细化保供安排，重点保障医疗机构、居家患者、养老院、农村地区等重点场所、重点人群用药需求。建立绿色通道，提高衔接效率，加快物资分拨，打通末端梗阻。优先保障医疗物资运力，对相关车辆“不停车、不检查、不收费”，保障优先通行。发挥电商平台配送优势，通过实名认证实现药品精准投放。组织各地精准测算物资需求，加大对农村偏远地区药物投放和应急储备。

（五）多措并举保障能源安全稳定

一是强化保供监测机制。国家发展改革委及时部署做好相关工作，就强化煤电油气运保障组织召开各省区市经济运行部门视频会议，分析研判当前能源保供形势，对保供工作进行部署。加强煤电油气监测协调，印发《关于建立重点电厂存煤情况监测机制的通知》，建立日监测制度，要求各省区市经济运行部门，每日报送重点电厂存煤情况。

二是加强重点资源运力支撑。各地能源企业根据国家要求、结合地方需求提前落实国内资源和运输条件，加大进口煤采购，确保储备天数达到 15 天，确保资源储备处于适度充裕水平。针对各地实行疫情管控、部分地区煤炭公路短途运输受限问题，有关部门和地方及时协调，推动省内问题地方解决，跨省问题协调解决。在“迎峰度夏”高峰能源运输时段，加强对晋陕蒙新煤炭主产区铁路运力调度，对能源运输船舶采取优先过闸、优先引航、优先锚泊、优先靠离泊等措施，减少船舶等待时间，保障能源运输通道高效。充分发挥公路“门到门”“端到端”优势，晋冀陕蒙黑吉辽等地区加强 11 条电煤运输通道的监测调度，确保公路通畅无阻。

三、重谋划抓落实，护航群众安全出行

（一）高位谋划，为旅客出行举旗定向

一是统筹节假日出行防控安排。2021 年 4 月，国务院联防联控机制综合组印发《关于做好“五一”假期旅游出行疫情防控工作的通知》，要求深入研判节假日期间旅游出行等运输需求，指导客运经营者加强运力投放，优化运输组织，强化各种方式衔接，切实提高旅客疏运能力；充分发挥海关“第一道关口”作用，落实边境地区疫情防控属地责任，有效阻断边境非法出入境小道、便道、渡口。2022 年 1 月，国务院联防联控机制春运工作专班印发《2022 年综合运输春运疫情防控和运输服务保障总体工作方案》，要求交通运输、公安等部门要强化协同合作，依法从严查处春运期间非法营运、客车违规异地经营、货车违法载人及超限超载等违法违规行为；根据疫情防控需要合理调整企业放假和复工时间，积极引导务工人员错峰返乡返岗；积极拓展线上售票渠道，鼓励采用人脸识别、刷证核验等非接触方式进站。

二是统筹重点运输场站防控要求。2022 年 1 月，交通运输部印发《2022 年春运期间客货运场站和交通运输工具新冠肺炎疫情防控指南》，要求落实落细枢纽场站和交通工具消毒通风、人员防护、测温验码、信息登记等防疫举措，引导旅客出入交通运输公共场所、乘坐各类公共交通工具期间严格落实戴口罩、“一米线”等防护措施。

三是统筹旅客运输潜在疫情应急管理。2022 年 3 月，印发《关于进一步做好当前道路客运及城市交通领域新冠肺炎疫情防控有关

工作的通知》，要求着力做好管控区域重点人员出行服务保障，提前做好应急运输车队组建准备工作，精准摸排需求，科学制定重点人员应急运输服务保障方案和社会面应急出行保障方案，全力满足医护人员、城市基本运行保障人员、防疫工作人员出行和公众应急就医出行需要。2022 年 5 月印发《关于进一步抓实抓细道路客运及城市客运领域新冠肺炎疫情防控有关工作的通知》，要求高效做好局部聚集性疫情处置，一旦发生本土聚集性疫情，属地交通运输部门要按照当地联防联控机制部署，及时暂停中风险、高风险地区所在县级行政区对外道路客运服务和城市公共汽电车、出租车（含网约车）、顺风车的跨城业务，及时调整城市公共交通运输组织方案，对途经封控区、管控区的城市公共汽电车和轨道交通线路，实行绕行或甩站运输。

（二）多管齐下，为旅客出行架梁立柱

一是推进高峰时段错峰出行。国家发展改革委提出“三个错峰”和“三个加强”。其中，“三个错峰”即错峰放假开学，各地高校要根据属地疫情防控要求，调整寒假放假、开学时间，尽可能错开春运时段；错峰返乡返岗，鼓励引导用工量大的企业调整息工、开工时间，避开春运高峰期；错峰出游，引导公众谨慎选择长途旅游，严格控制旅游团队规模。“三个加强”指加强客运一线服务人员防护，加强站、车防护，加强疫情应对。

二是加强高峰时段、重点路段的路网运力支撑。督促指导运输企业在满足疫情防控需要的基础上科学安排班次计划，加大重点区域、农村地区运力投放，切实提高旅客集疏运能力。民航方面，要求将闲置的国际运力投放到国内市场，跟踪国内部分地区偶发疫情

情况，配合防控要求做好客票退改服务。铁路方面，充分发挥高铁成网优势，用新线能力，增加高铁有效运力供给，通过增设爱心通道、保留人工售票等服务方式，保障老年人等特殊群体便利购票。全国总工会要求务工人员输入地、输出地工会加强沟通、密切配合，积极联合铁路、公路等部门协调开行专车、专列，“点对点”包车运输，保障平安返乡返岗。

三是加强出行调整保障支撑。出台全国收费公路车辆通行费政策，经国务院同意，从2020年2月17日至5月5日，所有依法通行收费公路的车辆免收通行费。免收通行费的收费公路范围为符合《中华人民共和国公路法》（以下简称《公路法》）和《收费公路管理条例》规定，经依法批准设置的所有收费公路（含收费桥梁和隧道），包括全国联网收费公路以及各地开放式收费高速公路和普通收费公路。免收通行费的对象为依法通行收费公路的所有车辆，包括所有客车、货车、特种车辆，等等。面对疫情带来的出行不确定性，为有效配合各地疫情防控措施实施，方便旅客及时调整行程，公、铁、水、航均出台免费退票措施，切实减少疫情影响对居民出行影响。

（三）靶向发力，为旅客出行保驾护航

各地因时、因势、因地制宜，落实各项旅客出行政策，通过采取鼓励自驾包车、有序复开公共客运、加强司乘人员防护等有效举措为旅客出行保驾护航。

湖北省新型冠状病毒感染肺炎疫情防控指挥部印发《关于做好人员安全有序流动交通运输保障的通知》，要求按照分级负责、分区控量的原则保障人员安全有序流动；低、中风险地区，对具备驾驶

资格且自有车辆的人员，省内可凭健康码“绿码”自驾车辆安全有序通行，省内客运航班、旅客列车、客运汽车、客轮以及城市公交，在采取必要防控措施的前提下，逐步有序恢复。

湖北省武汉市对重点人群交通出行实行“五保障”，即保障医护人员通勤、社区困难群体出行、商超网点员工通勤、援汉医疗团队顺利抵达、返汉人员疏运。北京铁路公安处根据进京疫情政策变化，加大出站口区域巡查，协助客运、防疫人员做好相关查验工作。徐州、牡丹江等铁路公安处在重点客运站设置涉疫警情应急处置小组，配齐防护用品。

湖南省湘潭市根据疫情防控形势，及时调整交通运输行业疫情管控有关措施，恢复发往长沙市、株洲市、常德市、怀化市等疫情严重省内地区的道路客运班线和包车、旅游客运，但严禁客车在上述地区的高风险区域中途停靠和接送旅客。

内蒙古自治区准格尔旗的运输企业按照疫情地区分类，综合考虑各地区复工复产流动人员、生产生活等经济活动出行需求，有计划、有组织、有序恢复长途客运班线，同时加强站车消杀通风，通过离散选座、分散候车等方式降低旅客聚集度，严格控制载客密度。

四、破难点疏堵点，重点领域亮点纷呈

（一）“客改货”为航空货运提供有力支撑

航空运输是受到新冠疫情冲击最为显著的领域之一。以国际航线为代表的传统航空客运大幅下降，航线资源明显收缩，市场主体

持续亏损，但同时，国际航空货运需求持续增长，为有效规避腹舱运力减少带来的影响，出台一系列政策，系统推进航空货运运力布局。

一是统筹航空货运整体布局。中国民航局于 2020 年 4 月专门成立了促进航空物流业发展工作领导小组，紧紧围绕保通、保运、保供精准施策。其一，出台免征民航发展基金，降低机场收费、空管收费和航空煤油进销差价，安排资金对承运重大专项运输任务的货运航班和包机给予补贴，降低国际航空货运成本。其二，印发《关于疫情防控期间国际航空货运建立审批“绿色通道”的通知》，明确了审批流程简化、评估程序豁免、申请时限缩短以及 7×24 小时系统在线自动受理等具体举措，在保证安全的前提下，确保“绿色通道”畅通。其三，通过豁免航空公司此类运行的航权、时刻和预先飞行计划许可申请等方式，鼓励航空公司将客运航班闲置运力用于货物运输，即“客改货”。其四，采用“点对点”货运包机的形式，解决客运“减量”后通达性不足的问题。其五，加强“运贸对接”，积极会同商务部建立外贸外资企业与航空运输企业供需精准对接机制。其六，针对具有重要战略意义的运输需求及时启动重大航空运输保障机制，以开通临时航班或包机的形式，着力防范供应链“断链”风险。

二是发挥航空公司运力支撑。航空公司着力保障货运航班稳定运行，根据疫情防控态势对航空市场需求、恢复节奏进行预判、制定预案，确保航班处于可以随时恢复的状态，通过小机型换大机型的方式提高组板能力和装机水平，提高客机腹舱带货能力。广州、深圳、上海、天津等地机场加快完善硬件设施，优化疫情防控流程，全力解决员工集中居住问题，保证机场 24 小时运行。

专栏 2-4 航空运输“客改货”

新冠疫情暴发后，由于客运航班大面积调减、停航，导致客机腹舱运力大幅减少，航空物流出现了阶段性的运力紧张。为保障疫情期间物资运输的通畅，同时为航空公司在客舱内装载货物的运行提供指导，2020 年 4 月，中国民航局下发运行安全通告《客舱装载货物运输》，对在客机客舱内装载货物运行提供安全风险评估方面的相关信息，并提供可能的技术支持。2021 年 12 月，中国民航局印发《客舱装载货物运输（第二版）》，收紧了航空货运供给，主要调整包括：

1. 不允许通过改变客舱构型（即拆除客舱内的全部或部分旅客座椅）在客舱地板上装载货物；

2. 公司应对在客舱装载的货物进行充分的风险评估，建立货物白名单制度和托运人（及代理人）白名单制度，明确客舱中可以载运的货物品名和涉及的托运人（及其代理人）；

3. 对于已经改变客舱构型开展相关运行的航空公司，需要自通告生效之日起建立货物白名单制度和托运人（及代理人）白名单制度，并于 2022 年 6 月 28 日前恢复客舱构型。

2019 年，客机腹舱运输的货邮量约占我国航空货运总量的 70%，全货机仅占 30%。疫情发生后，各航空公司积极开展“客机载货”业务，也即“客改货”，为提升国际航空货运能力，稳定我国产业链、供应链作出了积极贡献。

（二）“人物同防”为冷链物流“除瘟祛毒”

自 2020 年初新冠疫情暴发以来，多起本土聚集性疫情的源头为进口冷链产品，冷链运输环节潜在风险引发广泛担忧。如，2020 年 6 月的北京新发地疫情，源头为进口冷冻三文鱼；2020 年 7 月的大连疫情和9月的青岛疫情，源头均为进口冷冻鳕鱼；2020年11月的天津生态城疫情，源头为进口冷冻猪头。与此同时，冷链相关环节从业者也成为疫情高风险人群。为有效防范冷链环节疫情传播风险，满足人民美好生活需要，聚焦冷链环节出台一系列政策。

一是加强冷链运输环节监测溯源。2020年，国务院联防联控机制综合组先后印发《冷链食品生产经营新冠病毒防控技术指南》《冷链食品生产经营过程新冠病毒防控消毒技术指南》《进口冷链食品预防性全面消毒工作方案》等政策文件，提出建立冷链食品生产经营企业员工健康登记制度和健康异常报告程序，要求对来自新冠疫情高风险地区（国家）的冷链食品外包装进行严格消毒，对生产、装卸、运输、贮存及销售等各环节作出了细致规定，要求各地对进口冷链食品要实现全流程闭环管控可追溯。交通运输部印发《关于进一步加强冷链物流渠道新冠肺炎疫情防控工作的通知》《公路水路进口冷链食品物流新冠病毒防控和消毒技术指南》等文件，要求加强部门协同联动，督促指导冷链物流经营单位加强从业人员防护、严格运输装备消毒、落实信息登记制度，全力做好冷链物流渠道新冠疫情防控工作，切实防止新冠病毒通过冷链物流渠道传播。

二是强化重点环节、重点场所疫情防范。以加工企业和冷库、农批商超、餐饮服务等场所为重点，加强常态化疫情监测和风险预警。深圳要求各港口码头提柜离港并在深圳储存、销售、加工的进口冻品，必须先进入集中监管仓进行外包装消杀和抽样核酸检测，合格方可进入市场。郑州基于阿里云和区块链技术打造冷链食品物防追溯系统——“郑冷链”，使得进口冷链食品实现“来源可溯、流转可查、去向可追”。

（三）新业态新模式有效降低交叉感染风险

为有效规避交通物流环节直接接触带来的潜在传播风险，“无接触配送”等新业态新模式成为保障居民生活的重要手段。“无接触配送”是指用户在通过网络下单时，通过与骑手协商一个商品放置的指定位置，如公司前台、家门口等，送达后骑手通知用户自行取货，或者通过无人机、无人车、智能快递柜等智能设施设备完成末端配送，减少面对面接触，保证用户和骑手在收餐环节的安全。美团、京东、便利蜂、盒马、天猫、饿了么等企业均开展“无接触配送”服务，取得了良好经济效益，显著降低了交叉感染风险。

一是加强末端物流配送政策指导。2022 年 7 月，国家邮政局印发《关于进一步做好疫情期间邮政快递业保通保畅工作的指导意见》，要求建立邮政快递企业和从业人员保供名单，切实保障末端配送正常运行，增设临时投递设施，满足“最后一百米”投递需求，加强末端智能配送，分区分类组织末端投递。

二是因地制宜推进新业态应用。福建省泉州市印发《关于切实打通疫情期间群众生活物资配送“最后一百米”的通知》，要求各个小区指定专人楼长，负责全楼居民生活物资的采购收集及到户配送，让“线上采购线下配送”的模式实现闭环。2022 年 5 月，北京市印发《新冠疫情流行期间外卖配送人员防控指引》，涵盖建立外卖配送员分级管理机制和备案机制、企业配备充足的防控物资并对外卖配送人员采取集中管理及健康监测、外卖配送人员“应接尽接”完成全程新冠疫苗接种、推广应用无接触式配送模式、外卖配送人员配送过程中必须佩戴 N95（或 KN95）口罩和一次性手套等内容。黑龙江省哈尔滨市鼓励广大市民在疫情防控期间，尽量减少外出购物集聚消费活动，充分利用电子商务平台、电话订购等消费方式购买生活必需品、医疗物资和餐饮外卖，鼓励快递企业、外卖配送平台提高信息化、智能化水平，为物流快递、外卖提供优先通行保障。

交通运输业应对疫情影响的部分重要政策见表 2–1、表 2–2。

表 2–1　交通运输业应对疫情影响的部分重要政策（疫情防控）

编号	日期	发文单位	政策	要点节选
1	2020 年 1 月	中央应对新型冠状病毒感染肺炎疫情工作领导小组	《关于做好春节后错峰返程加强疫情防控工作的通知》	严格规范和加强乘客测温工作，严格控制交通运输工具客座率，认真做好乘客信息登记，加强途中及事后疫情防控。不得未经批准擅自采取封闭高速公路、阻断国省干线公路、硬隔离农村公路等措施。
2	2020 年 2 月	中华人民共和国海事局	《关于疫情防控期间船舶管理有关事宜的公告》	海事管理机构、船舶检验机构签（核）发的船舶、船员、船公司等相关证书，如在疫情防控期间到期且无法按期办理年检、审核或者换发的，可延期办理，各级海事管理机构不予行政处罚。
3	2020 年 4 月	交通运输部、外交部、国家卫生健康委、海关总署、国家移民管理局	《关于疫情防控期间针对伤病船员紧急救助处置的指导意见》	若船舶发现确诊或疑似病例，且沿岸国或港口国拒绝提供紧急救助情况下，由交通运输部及时通报外交部，通过外交渠道敦促外方就近安排伤病船员实施紧急救助；船员可根据《2006 年海事劳工公约》有关规定向当地港口当局求助。
4	2020 年 5 月	交通运输部	《内外贸兼营散装液体危险货物运输船舶国际转国内航线疫情防控工作指南》	在船舶国内航程中严格遵守自离开境外最后一个港口 14 天内除伤病船员紧急救助外不在我国港口下船、不进行船员换班、非执行公务人员不上船的“三不”承诺。

续表

编号	日期	发文单位	政策	要点节选
5	2020年6月	中国民航局	《关于调整国际客运航班的通知》	航空公司同一航线航班，入境后核酸检测结果为阳性的旅客数量达到5个的，暂停该公司该航线1周；达到10个的，暂停该公司该航线运行4周。“熔断”的航班量不得调整用于其他航线。“熔断”期结束后，航空公司方可恢复每周1班航班计划。
6	2020年7月	国务院联防联控机制综合组	《关于进一步做好入境人员集中隔离医学观察和核酸检测有关工作的通知》	对完成远端核酸检测的入境人员，具备封闭转运管理条件、居家隔离条件（有独立房间和独立卫生间）并能进行社区精准管控的，可在自愿基础上实施“7+7”“2+1”集中隔离医学观察措施。
7	2020年9月	交通运输部、海关总署、外交部	《关于加强国际航行船舶船员疫情防控的公告》	船舶在办理抵华第一港入港手续时，应按要求通过船舶、其所属航运公司或其船舶代理机构提交来华前一港口或地点和来华到港前14日内新换班登船船员新冠肺炎核酸检测阴性证明的副本。
8	2021年1月	交通运输部	《2021年综合运输春运疫情防控总体工作方案》	区分高、中、低风险地区，严格控制各类交通运输工具载客率。旅客列车、省际市际客运班线客车和客运包车、客运船舶、飞机等交通运输工具应当按规定在车厢（客舱）指定位置按照要求设置隔离区。
9	2021年7月	中国民航局	《关于进一步加强国际机场疫情防控工作的指导意见》	要严格落实旅客健康码查验和测温等工作，持续做好候机楼区域通风和消毒，进一步加强对重点岗位人员的健康监测，严格落实一线工作人员防护装备标准。

续表

编号	日期	发文单位	政策	要点节选
10	2021 年 8 月	交通运输部	《关于进一步加强公路水运建设和养护工程领域疫情防控工作的通知》	加强工地管理和人员管控，进一步落实用工实名登记制度，建立工地进出台账，严格检查健康码、行程码，严格佩戴口罩和开展体温检测。
11	2021 年 9 月	交通运输部、外交部、国家卫生健康委、海关总署、国家移民管理局	《关于进一步加强国际转国内航线船舶疫情防控工作的通知》	国际航行船舶办理转兼营手续后，船舶所属航运企业继续对全体船员进行 14 天的健康监测，发现船员健康情况有异常的，应及时报告船舶靠泊地联防联控机制。
12	2021 年 12 月	中国民航局	《关于支持航空公司灵活调整国内航班运力安排的通知》	如国内某一区域集中出现本土病例并被列为中高风险地区，导致当地或邻近机场每日进出港国内航班量降至上月或上年日均航班量 50% 以下，以该机场作为主运营基地的航空公司可在国内登记航线上提出临时经营客运航班申请。
13	2021 年 12 月	国务院联防联控机制综合组	《关于进一步做好国际航行船舶船员疫情防控工作的通知》	制定针对海员的境外遣返保障和入境通关政策，设立专门入境、隔离、救助通道，保障我国海员境外下地回国和入境畅通。对于国际航行船舶的所有下船船员，海关要严格实施采样检测。
14	2022 年 1 月	交通运输部、外交部、海关总署	《关于做好国际航行船舶船员新冠肺炎疫情远端防控的公告》	本公告适用船舶在驶离境外最后一港口前 48 小时内，所有在船船员应进行新冠病毒检测，检测呈阳性的船员应及时就近治疗。

续表

编号	日期	发文单位	政策	要点节选
15	2022年3月	交通运输部	《客运场站和交通运输工具新冠肺炎疫情分区分级防控指南(第十版)》	就客运场站和交通运输工具常态化疫情防控要求和风险区内疫情防控要求进行了整合优化，实行“一业一表”，明确具备条件的情况下引导乘客分散候车、分散就座。
16	2022年3月	交通运输部	《关于进一步做好当前道路客运及城市交通领域新冠肺炎疫情防控有关工作的通知》	中风险、高风险地区所在县级行政区交通运输主管部门要有针对性调整城市公共交通运输组织方案，严防客流聚集；对途经管控区的城市公共汽电车和轨道交通线路，实行绕行或甩站运输。
17	2022年3月	国务院联防联控机制综合组	《关于统筹做好道路货运疫情防控和重点物资运输保障工作的紧急通知》	各相关省份要切实加强跨境货车司机全过程闭环管理，落实国际道路运输驾驶员、装卸工以及一线管理人员等健康监测、定期核酸检测、疫苗接种等要求，加强重点部位防控管理和人员安全防护，坚决防范公路口岸汽车出入境运输疫情输入风险。
18	2022年8月	中国民航局	《运输航空公司、机场疫情防控技术指南(第十版)》	执行国际/地区航班任务的机组人员在境外期间要佩戴KN95/N95口罩、护目镜、一次性医用橡胶或丁腈手套。
19	2022年11月	交通运输部	《客运场站和交通运输工具新冠肺炎疫情防控工作指南(第九版)》	明确道路客运、城市公共汽电车、城市轨道交通、出租汽车等运输方式在常态化运营和风险区内运营的疫情防控要求。
20	2022年11月	交通运输部	《公路服务区和收费站新冠肺炎疫情防控工作指南(第九版)》	严禁擅自阻断或关闭高速公路和普通公路，严禁擅自关停关闭高速公路服务区和收费站，确保公路交通网络畅通。

续表

编号	日期	发文单位	政策	要点节选
21	2022 年 11 月	交通运输部	《港口及其一线人员新冠肺炎疫情防控工作指南（第十二版）》	推动地方联防联控机制进一步加强对登临国际航行船舶的引航员、通过港口登临国际航行船舶的船检人员等港口高风险岗位人员集中居住及隔离点选址与管理服务、核酸检测上门服务的监督和指导。
22	2022 年 11 月	交通运输部	《公路水路进口冷链食品物流新冠病毒防控和消毒技术指南(第六版)》	本指南以预防公路、水路进口冷链食品物流从业人员受新冠病毒感染为主，突出装卸、运输等重点环节防控，注重加强运输工具消毒和从业人员防护。
23	2022 年 12 月	交通运输部	《道路货运车辆、从业人员及场站新冠肺炎疫情防控工作指南（第七版）》	纳入属地“白名单”管理的一线作业人员，严格落实个人防护、疫苗接种和健康监测要求，减少与社会面接触，尽可能“两点一线”工作；建立一线人员预备队，必要时实施集中居住、闭环或封闭管理，确保突发情况下稳定运行。
24	2022 年 12 月	交通运输部	《关于落实新型冠状病毒感染“乙类乙管”总体方案做好交通运输疫情防控和服务保障工作的通知》	取消交通运输服务一线从业人员定期核酸检测要求。取消乘客出入客运场站、乘坐公共交通工具测温要求。推进电子化和非接触式作业，根据需要适当保留人工窗口，服务老年人等运用智能技术困难的群体。
25	2022 年 12 月	交通运输部	《国内游轮常态化疫情防控工作指南（第七版）》	新开游轮航线或游轮运输相关企业停业 4 周及其以上后重新运营的，应当开展航线疫情防控风险评估，制定工作方案，明确细化防控措施和应急处置措施，以及相关的岗位要求和责任人。

续表

编号	日期	发文单位	政策	要点节选
26	2022 年 12 月	国务院联防联控机制综合组	《关于印发对新型冠状病毒感染实施“乙类乙管”总体方案的通知》	2023 年 1 月 8 日起，对新型冠状病毒感染实施“乙类乙管”。对新冠病毒感染者不再实行隔离措施，不再判定密切接触者；不再划定高低风险区；对新冠病毒感染者实施分级分类收治并适时调整医疗保障政策；检测策略调整为“愿检尽检”；调整疫情信息发布频次和内容。不再对入境人员和货物等采取检疫传染病管理措施。

表 2-2 交通运输业应对疫情影响的部分重要政策（保通保畅）

编号	日期	发文单位	政策	要点节选
1	2020 年 1 月	国务院办公厅	《关于组织做好疫情防控重点物资生产企业复工复产和调度安排工作的紧急通知》	国务院联防联控机制物资保障组负责对重点物资实施统一管理、统一调拨。
2	2020 年 1 月	交通运输部	《关于统筹做好疫情防控和交通运输保障工作的紧急通知》	坚持“一断三不断”，统筹做好疫情防控和交通运输保障工作；坚持因时因地制宜、分类施策，依法科学实施交通运输管控措施；落实“三不一优先”，规范开展公路交通管制。
3	2020 年 1 月	交通运输部	《关于做好新型冠状病毒感染的肺炎疫情防控物资和人员应急运输优先保障工作的通知》	组织开展疫情防治应急物资、医患等人员运输的车辆跨省通行高速公路，实行免收车辆通行费政策。开通应急运输车辆“绿色通道”。

续表

编号	日期	发文单位	政策	要点节选
4	2020年1月	交通运输部	《关于做好进出武汉交通运输工具管控全力做好疫情防控工作的紧急通知》	做好应急保障车队和冷链、重型、危险货物运输车辆等相关运力的储备，确保随时投入应急运输。
5	2020年2月	国务院办公厅	《关于做好公路交通保通保畅工作确保人员车辆正常通行的通知》	全力保障公路路网顺畅运行；有序恢复公路运输服务；切实做好应急物资运输。
6	2020年2月	国务院应对新冠疫情联防联控机制	《关于压实“菜篮子”市长负责制做好农产品稳产保供工作的通知》	保障道路运输通畅，要落实好鲜活农产品运输“绿色通道”政策，维护正常市场流通秩序。
7	2020年2月	交通运输部	《关于全力做好春运返程高峰运输服务保障工作的紧急通知》	要督促指导道路水路交通经营者合理调配运力和售票，春运期间要将长途客运班车、水路客运班轮乘员人数按照额定载客人数的50%控制客座率，引导乘客间保持一定距离。
8	2020年2月	交通运输部	《关于统筹做好进鄂应急物资中转运输有关工作的通知》	各应急物资运输单位，合理安排运输计划、运输路线和中转接驳方式，确保应急物资在中转调运站及时中转运输，保障疫情防控物资需求。
9	2020年2月	交通运输部	《关于进一步加强高速公路主线通行管理工作的紧急通知》	从合理选定卫生检疫站点、强化现场交通疏导和信息发布等方面，要求各省级交通运输主管部门进一步加强高速公路主线通行管理，避免引发长时间长距离拥堵，服务当前疫情防控大局，服务公众安全便捷出行。

续表

编号	日期	发文单位	政策	要点节选
10	2020年2月	交通运输部	《关于新冠肺炎疫情防控期间免收收费公路车辆通行费的通知》	在新冠肺炎疫情防控期间，免收全国收费公路车辆通行费。
11	2020年2月	交通运输部	《关于加强中欧班列运行保障工作的通知》	将中欧班列集装箱运输车辆纳入应急运输“绿色通道”；各地要组织集卡车司机和相关人员尽快返岗；地方交通运输主管部门加强与中欧班列运营平台公司和相关企业的工作对接；有序推动物流园区等物流枢纽节点复工复产；加强部门协作，提升中欧班列运输便利化水平。
12	2020年2月	交通运输部	《关于切实保障疫情防控应急物资运输车辆顺畅通行的紧急通知》	严格落实防疫应急运输车辆绿色通道政策，强调“不停车、不检查、不收费”，优先便捷通行。
13	2020年2月	交通运输部、国家卫生健康委	《关于切实简化疫情防控应急运输车辆通行证办理流程及落实对应急运输保障人员不实行隔离措施的通知》	切实简化疫情防控应急运输车辆通行证办理流程；落实对应急运输保障人员不实行隔离措施。
14	2020年2月	交通运输部、国家发展改革委、国家卫生健康委、国家铁路局、中国民航局、国家邮政局、国家铁路集团	《关于统筹做好春节后错峰返程疫情防控和交通运输保障工作的通知》	保障防疫应急物资和人员运输车辆及重要生活物资运输车辆“不停车、不检查、不收费”，运输船舶优先过闸、优先引航、优先锚泊、优先靠离泊，优先便捷通行。

续表

编号	日期	发文单位	政策	要点节选
15	2020 年 2 月	交通运输部、国家邮政局、中国邮政集团公司	《关于确保邮政快递车辆优先便捷通行服务保障民生的紧急通知》	对执行应急物资运输任务的邮政、快递车辆落实“不停车、不检查、不收费”政策，保障车辆优先便捷通行。
16	2020 年 2 月	交通运输部物流保障办公室	《关于协助做好中粮集团重要生活物资运输保障的函》	黑龙江、辽宁、吉林、湖北、湖南、安徽六省交通运输部门主动与中粮集团协调对接，指导企业做好运输方案，途经地和湖北武汉、北京等主要到达地的省级交通运输部门要密切关注大米等重要生活物资运输，开通绿色通道并做好相关应急运输保障。
17	2020 年 2 月	交通运输部海事局	《关于做好疫情防控期间海事监管工作的通知》	落实水运领域“交通不中断、客流不中断、货流不中断”的总体目标。巩固涉及疫情防控和生活、生产重点物资运输船舶“绿色通道”制度，明确优先享受通航保障资源的权利。
18	2020 年 2 月	商务部	《关于做好重点城市生活物资保供工作的通知》	摸清底数情况；强化预警监测；加强物资储备；强化调运配送；做好应急保障；维护市场秩序；动员各方力量。
19	2020 年 2 月	公安部	《关于切实做好新冠肺炎疫情防控道路交通保障工作的通知》	保障应急运输、民生物资运输车辆优先通行。对应急运输、民生物资运输车辆轻微交通违法行为，以教育警告纠正为主，原则上不予处罚。
20	2021 年 2 月	国务院联防联控机制综合组	《关于进一步做好应对新冠肺炎疫情交通管控与运输保障工作的通知》	分级分类实行交通管控，坚持防疫与保畅并重，因时因势解除交通管控措施，健全完善交通管控工作机制。

续表

编号	日期	发文单位	政策	要点节选
21	2021 年 8 月	交通运输部、农业农村部	《关于全力做好农业生产物资运输服务保障工作的通知》	对于疫情中高风险区域相关部门和单位提出的农业生产物资运输需求，相关地区交通运输、农业农村主管部门要采取针对性保障措施，建立对接机制，实施“点对点”支持，一事一处理，全力保障农业生产物资运输。
22	2021 年 10 月	国务院联防联控机制综合组交通管控与运输保障专班	《关于进一步做好煤炭、天然气等能源物资运输保障工作的通知》	煤炭、天然气等能源物资运输车辆在疫情防控检查站点遇有交通阻滞等情况的，各地交通管控与运输保障工作专班要及时组织公安、交通运输部门加强指挥疏导，保障优先通行。
23	2021 年 11 月	交通运输部	《关于进一步做好新冠肺炎疫情地区民生物资运输服务保障工作的通知》	对于发自、途经疫情发生地区重要民生物资的运输车辆及司乘人员，要坚持“保安全、保供应”并重，严格执行疫情防控规定，实行全程“点对点”闭环运输，确保“封闭式管理、人员不接触、车辆严消毒”，保障其通行顺畅。
24	2022 年 3 月	国务院联防联控机制综合组	《关于统筹做好道路货运疫情防控和重点物资运输保障工作的紧急通知》	在严密防范疫情通过道路运输环节传播扩散的同时，全力做好应对疫情医疗防控物资、鲜活农产品、重点生产生活物资、农业生产资料、能源物资、邮政快递等各类重点物资运输保障工作。
25	2022 年 4 月	国务院办公厅	《关于切实做好货运物流保通保畅工作的通知》	严禁擅自阻断或关闭高速公路、普通公路、航道船闸。不得擅自关停高速公路服务区、港口码头、铁路车站和航空机场，或擅自停止国际航行船舶船员换班。

续表

编号	日期	发文单位	政策	要点节选
26	2022 年 4 月	国务院联防联控机制综合组交通管控与运输保障专班	《关于全力做好货运物流保通保畅工作的通知》	充分认识做好货运物流保通保畅工作的重要意义，全力做好公路保通保畅工作，加强从业人员服务保障，建立统一规范的通行证制度，分类精准做好货运车辆通行管理，全力保障水路运输通道畅通有序，全力做好上海港集装箱运输保障工作，切实保障国际航行船舶船员换班，切实加强动态跟踪督导检查。
27	2022 年 4 月	中国银保监会办公厅	《关于金融支持货运物流保通保畅工作的通知》	对于因疫情影响货车司机偿还汽车贷款暂时存在困难的，商业银行、汽车金融公司、企业集团财务公司、金融租赁公司等，均应视情合理给予延期、展期或续贷安排。
28	2022 年 4 月	交通运输部	《关于进一步统筹做好公路交通疫情防控和保通保畅工作的通知》	千方百计保障服务区正常运行，受疫情影响的高速公路服务区要坚持开放运营状态，不得擅自关停。科学合理设置公路防疫检查点，高速公路防疫检查点应设在收费站外广场及以外区域，严禁在高速公路主线和服务区设置防疫检查点。
29	2022 年 12 月	国务院物流保通保畅工作领导小组办公室	《关于落实国务院联防联控机制十条优化措施 科学精准做好交通物流保通保畅工作的通知》	严禁随意暂停或拒绝国际航行船舶船员换班，切实保障国际海上物流供应链畅通和船员合法权益。

第三章

推进稳行业稳经济双管齐下

交通运输是国民经济中具有基础性、先导性、战略性的产业，是重要的服务性行业和现代化经济体系的重要组成部分，是构建新发展格局的重要支撑和服务人民美好生活、促进共同富裕的坚实保障。过去三年，交通运输有利统筹经济社会发展和疫情防控工作，行业发展与支撑引领经济社会双管齐下，做到了疫情防住、经济稳住、发展安全。

一、顶层规划指导交通运输高质量发展

（一）《国家综合立体交通网规划纲要》出台

2021 年，党中央、国务院印发《国家综合立体交通网规划纲要》（以下简称《纲要》），是我国第一个有关综合立体交通网的中长期规划纲要，勾勒了未来 15 年国家综合立体交通网蓝图。《纲要》提出到 2035 年基本建成现代化高质量国家综合立体交通网，实现国际国内互联互通、全国主要城市立体畅达、县级节点有效覆盖，建立“全国 123 出行交通圈”（都市区 1 小时通勤、城市群 2 小时通达、全国主要城市 3 小时覆盖）和“全球 123 快货物流圈”（国内 1 天送达、周边国家 2 天送达、全球主要城市 3 天送达）。

（二）“十四五”交通运输规划体系有序建立

2021—2022 年，以国务院发布的《“十四五”现代综合交通运输体系发展规划》为引领，提出了统筹发展和安全，完善结构优化、一体衔接的设施网络，扩大多样化高品质的服务供给，培育创新驱动、融合高效的发展动能，强化绿色安全、开放合作的发展模式，构建现代综合交通运输体系，为全面建设社会主义现代化国家提供战略支撑，为“十四五”时期综合交通运输体系发展明确了发展思路。《“十四五”现代综合交通运输体系发展规划》提出，将安全发展贯穿于综合交通运输各领域、各环节，在高水平对外开发中提出要保障国际物流供应链安全，在安全应急保障能力中提出要提高交通网

络抗风险能力、维护设施设备本质安全、加强安全生产管理、强化安全应急保障。

行业部门出台多项“十四五”时期专项发展规划，包括《“十四五”铁路发展规划》《公路“十四五”发展规划》《水运“十四五”发展规划》《“十四五”民用航空发展规划》《“十四五”邮政业发展规划》《“十四五”快递业发展规划》等，在各专项规划中对于统筹安全与发展、提升应急保障能力均提出全面和细致的要求。此外，国务院安全生产委员会办公室印发《“十四五”全国道路交通安全规划》，提出围绕减少事故、保护生命，着力完善制度机制、健全责任体系、加强法治建设、强化基础保障，切实提高现代交通治理能力和道路交通整体安全水平。

为保障物流畅通，确保供应链产业链稳定，物流规划与战略部署不断完善，国务院办公厅首次印发《“十四五”冷链物流发展规划》《“十四五”现代物流发展规划》，国家发展改革委印发现代流通领域第一个五年规划《“十四五”现代流通体系建设规划》，中国民航局首次印发《“十四五”航空物流发展专项规划》。

（三）规划政策体系持续完善

2022 年，聚焦重点领域，从完善行业中长期发展规划、加强提升货运服务质量专项指导、提升客货枢纽辐射能级、强化交通运输融合发展政策支持等方面，出台一批重点政策，推进规划政策体系持续完善。

一是完善行业中长期发展规划。国家发展改革委和交通运输部印发《国家公路网规划》，提出形成“布局合理、功能完善、覆盖广泛、安全可靠”的国家干线公路网络。交通运输部和科技部印发《交通领域科技创新中长期发展规划纲要（2021—2035 年）》，提出坚持“目标引领、重点突破、协同融合、自主开放”的原则，从交通基础设施、交通装备、运输服务三个要素维度和智慧、安全、绿色三个价值维度布局六方面研发任务。交通运输部、国家发展改革委联合印发《长江干线港口布局及港口岸线保护利用规划》，提出到 2035 年，我国将全面建成布局合理、功能完善、集约绿色、安全智慧的现代化长江干线港口体系。

二是加强提升货运服务质量专项指导。国务院办公厅印发《推进多式联运发展优化调整运输结构工作方案（2021—2025 年）》，提出从提升多式联运承载能力和衔接水平、创新多式联运组织模式、促进重点区域运输结构调整、加快技术装备升级、营造统一开放市场环境、完善政策保障体系 6 个方面发力，到 2025 年，多式联运发展水平明显提升，基本形成大宗货物及集装箱中长距离运输以铁路和水路为主的发展格局，全国铁路和水路货运量比 2020 年分别增长 10% 和 12% 左右，集装箱铁水联运量年均增长 15% 以上。

三是指导提升客货枢纽辐射能级。财政部和交通运输部印发《关于支持国家综合货运枢纽补链强链的通知》，提出要用 3 年左右时间择优支持 30 个左右城市实施国家综合货运枢纽补链强链，目标是打造互联互通、便捷顺畅、经济高效、绿色集约、智能先进、保障有力的综合货运枢纽体系，增强互联互通和网络韧性，有力支撑产业链供应链稳定，更好促进经济高质量发展。针对客运枢纽，交通运输部、自然资源部等印发《综合客运枢纽投资补助项目管理办法》，提出投资补助资金应用于综合客运枢纽用地范围内各运输方式客运设施设备，包括各运输方式间及各运输方式与城市交通间的换乘设施设备，专用匝道、提供公共服务的综合信息系统等方面。

四是强化交通运输融合发展政策支持。在基础设施融合发展方面，交通运输部、国家能源局等部门印发《加快推进公路沿线充电基础设施建设行动方案》，提出到2025年底前，高速公路和普通国省干线公路服务区（站）充电基础设施进一步加密优化，农村公路沿线有效覆盖，基本形成“固定设施为主体，移动设施为补充，重要节点全覆盖，运行维护服务好，群众出行有保障”的公路沿线充电基础设施网络。在促进交通与产业融合方面，交通运输部、国家发展改革委等印发《农村公路扩投资稳就业更好服务乡村振兴实施方案》，提出到2025年，便捷高效、普惠公平的农村公路网络进一步完善，农村公路安全和服务保障能力进一步提升，服务全面推进乡村振兴成效显著，农民群众获得感、幸福感、安全感进一步增强。

2022年重点政策见表3-1。

表3-1　2022年重点政策列表

序号	文件名	印发号	印发部门	印发时间
1	《推进多式联运发展优化调整运输结构工作方案（2021—2025年）》	国办发〔2021〕54号	国务院办公厅	2022年1月7日
2	《国家公路网规划》	发改基础〔2022〕1033号	国家发展改革委、交通运输部	2022年7月4日
3	《长江干线港口布局及港口岸线保护利用规划》	交规划发〔2022〕110号	交通运输部、国家发展改革委	2022年11月18日
4	《交通强国建设评价指标体系》	交规划发〔2022〕7号	交通运输部	2022年1月16日
5	《交通领域科技创新中长期发展规划纲要（2021—2035年）》	交科技发〔2022〕11号	交通运输部、科技部	2022年1月24日
6	《关于支持国家综合货运枢纽补链强链的通知》	财建〔2022〕219号	财政部、交通运输部	2022年6月30日

续表

序号	文件名	印发号	印发部门	印发时间
7	《“十四五”全国道路交通安全规划》	安委办〔2022〕8号	国务院安全生产委员会办公室	2022年7月21日
8	《加快推进公路沿线充电基础设施建设行动方案》	交公路发〔2022〕80号	交通运输部、国家能源局、国家电网、中国南方电网	2022年8月1日
9	《农村公路扩投资稳就业更好服务乡村振兴实施方案》	交公路发〔2022〕82号	交通运输部、国家发展改革委、财政部、农业农村部、中国人民银行、国家乡村振兴局	2022年8月9日
10	《综合客运枢纽投资补助项目管理办法》	交规划发〔2022〕95号	交通运输部、自然资源部、国家铁路局、中国民航局、国家邮政局	2022年9月19日

数据来源：本报告整理。

二、交通固定资产投资拉动作用凸显

（一）交通运输投资保持高位运行

2020—2022年，交通运输行业全面落实稳经济一揽子政策和接续政策，积极扩大交通有效投资，为推动经济运行整体好转提供有力支撑。2020—2022年（下同），公、铁、水、航交通固定资产投资分别完成34783亿元、36220亿元、38545亿元，交通固定资产投资总规模呈现逐年递增趋势，2022年相比2019年增长19%。详见图3-1。

分方式来看，铁路投资略有下降，各年度分别完成7819亿元、7489亿元、7109亿元，2022年投资规模较2019年的8029亿元下降11%。水路投资额增长最快，各年度分别完成投资1330亿元、1513

亿元、1642 亿元，2022 年投资规模相比 2019 年增长 48%。公路投资稳步增长，各年度分别完成 24312 亿元、25995 亿元、29000 亿元，年均增速基本保持在 10%，其中高速公路增速最为显著，2022 年投资规模相比 2019 年增速达到 41%。民航投资基本保持稳定，各年度分别完成 1050 亿元、1222 亿元、1200 亿元，2022 年投资规模相比 2019 年增长 27%。

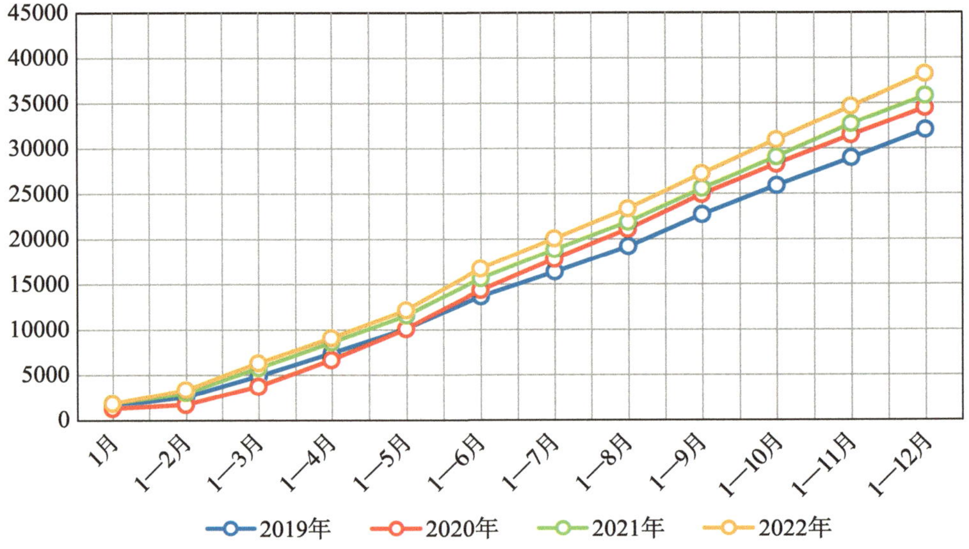

图 3-1　2019—2022 年交通固定资产投资总规模情况（亿元）

（二）多样化交通融资手段促投资

一是多项促投资政策出台，激发投资活力。2021 年，国家发展改革委印发《引导社会资本参与盘活国有存量资产中央预算内投资示范专项管理办法》，提出各地应当充分发挥中央预算内投资引导带动作用，引导社会资本积极参与盘活国有存量资产，将回收资金用于新的基础设施项目建设。国家发展改革委、自然资源部等 6 部门印发《关于加强投资数据资源共享 持续深化投资审批“一网通办”的指导意见》，提出通过推进跨层级、跨地域、跨部门的审批数据共享和业务协同，实现各级部门审批系统与投资在线平台的互联共享，并深化投资审批权责“一张清单”、投资数据“一体共享”、审批事项“一网通办”。2022 年，国务院办公厅印发《关于进一步盘活存量资产扩大有效投资的意见》，提出建立协调机制、建立盘活存量资产台账、灵活采取多种方式盘活不同类型存量资产、推动落实盘活条件、加快回收资金使用、加大配套政策支持力度、开展试点示范、加强宣传引导和督促激励等 8 方面具体要求。国家发展改革委印发《关于进一步完善政策环境加大力度支持民间投资发展的意见》，明确发挥重大项目牵引和政府投资撬动作用，支持民间投资参与 102 项重大工程等项目建设。

二是中央预算资金合理安排，地方政府专项债前置下达。2020—2022 年，中央预算内投资规模持续增长，分别为 6000 亿元、6100 亿元、6400 亿元，用于包括重大基础设施在内的重点领域建设。同时，国家发展改革委科学合理安排中央预算内投资，加快下达投资计划并督促项目加快开工建设，2022 年底项目开工率超过 96%，项目开工率达近 5 年的最高水平，资金实际使用规模较上年大幅增加。专项债供给节奏大幅前置，发行规模持续创新高，2022 年全年地方政府新增债务限额 4.37 万亿元，其中新增专项债额度 3.65 亿元、与 2021 年持平。同时，地方债发行进度加快，2022 年用于项目建设的 3.45 万亿元专项债于 6 月底基本发行完毕、8 月底基本使用完毕。专项债强化作项目资本金比例有所提升，根据中诚信国际对 2022 年专项债项目的不完全统计，各地安排超过 2500 亿元专项债资金用作重大项目资本金，投向超 500 个项目。其中，交通基础设施领域占比超八成。

三是创新设立政策性开发性金融工具支持重大项目建设。2022年创新设立政策性开发性金融工具（包括设立专项基金、定向发债、补充资本金、财政贴息等），由国家发展改革委牵头筛选形成备选项目清单，政策性银行按市场化原则选取项目投放资金并加强配套融资支持，分两批推出，共计7399亿元，涉及超过2700个重大项目。其中，以交通为代表的现代化基础设施建设项目是政策性开发性金融工具支持的重点领域之一。

四是REITs政策体系持续完善，试点取得积极成效。国家发展改革委发布《关于做好基础设施领域不动产投资信托基金（REITs）试点项目申报工作的通知》《关于进一步做好基础设施领域不动产投资信托基金（REITs）试点工作的通知》，总结基础设施REITs试点实操经验，从试点区域、基础资产范围、募集资金用途要求、资产要求等诸多方面进一步提出指导意见。2022年5月，国务院办公厅发布的《进一步盘活存量资产扩大有效投资的意见》指出，重点盘活存量规模较大、当前收益较好或增长潜力较大的基础设施项目资产。其中，高速公路作为基础设施REITs的重点领域之一，截至2023年3月底，全国已上市交易7只高速公路REITs，发行规模共计437.3亿元，约占基础设施REITs总规模的48.11%。

（三）综合交通网络规模不断扩大

一是铁路线网持续加密，高速铁路三年新增6000公里。2022年全国铁路营业里程达15.5万公里，较2019年新增营业里程1.6万公里；其中高铁4.2万公里，较2019年新增0.6万公里。全国铁路路网密度161.1公里/万平方公里，较2019年增加15.6公里/万平方公里。仅2022年就投产新线4100公里，其中高铁2082公里，济郑高铁郑州至濮阳段、黄冈至黄梅高铁、郑渝高铁襄阳至万州段、银兰高铁中卫至兰州段、杭台高铁、湖杭高铁、京唐城际铁路、南宁至崇左的南崇城际铁路、郑渝高铁襄阳至万州段等多条重点铁路线路开通运营。

二是公路里程持续增长，公路密度超过 55 公里 / 百平方公里。2022 年末全国公路里程 535.48 万公里，较 2019 年增加 34.23 万公里。公路密度 55.78 公里 / 百平方公里，较 2019 年增加 3.57 公里 / 百平方公里。全国四级及以上等级公路里程 516.25 万公里，占公路里程比重为 96.4%，较 2019 年增加 46.86 万公里。其中，二级及以上等级公路里程 74.36 万公里，占公路里程比重为 13.9%，较 2019 年增加 2.77 万公里；高速公路里程 17.73 万公里，较 2019 年增加 2.77 万公里。全国国道里程 37.95 万公里，省道里程 39.36 万公里，农村公路里程 453.14 万公里，较 2019 年分别增加 1.34 万公里、1.88 万公里、45.09 万公里。

三是港航设施质量稳步提升，高等级内河航道三年增加 1000 公里。2022 年全国内河航道通航里程 12.80 万公里，比 2019 年末增加 700 公里。其中各水系内河航道通航里程分别为：长江水系 64818 公里，珠江水系 16880 公里，黄河水系 3533 公里，黑龙江水系 8211 公里，京杭运河 1423 公里，闽江水系 1973 公里，淮河水系 17610 公里。等级航道通航里程 6.75 万公里，占内河航道通航里程比重为 52.7%，较 2019 年增加了 800 公里，其中三级及以上航道通航里程 1.48 万公里，占内河航道通航里程比重为 11.6%，较 2019 年增加了 1000 公里。2022 年全国港口万吨级及以上泊位 2751 个，比 2019 年增加 231 个，其中，沿海港口万吨级及以上泊位 2300 个，比 2019 年增加 224 个，内河港口万吨级及以上泊位 451 个，比 2019 年增加 7 个。

四是机场建设加快推进，首个货运枢纽机场建成运营。2022

年我国境内颁证民用航空运输机场254个，比2019年增加16个，2020—2022年各年度分别净增3个、7个、6个机场。2020—2022年迁建机场共有5个，分别是安康五里铺机场迁至安康富强机场、青岛流亭机场迁至青岛胶东机场、连云港白塔埠机场迁至连云港花果山机场、达州河市机场迁至达州金垭机场、湛江机场迁至湛江吴川机场。2022年7月，我国首个、亚洲首个专业货运枢纽机场——鄂州花湖机场建成运营，其定位为货运枢纽、客运支线、公共平台、货航基地，由顺丰与湖北省出资共建，是我国第一个社会资本、企业进入机场的项目，该机场建成为维护产业链供应链畅通稳定打造了新的物流通道。

三、交通物流保通保畅工作深入开展

（一）聚焦症结问题精准保障运输需求

根据不同阶段面临的形势背景、运输需求，采取了差异化、针对性的政策举措，有力保障交通物流保通保畅稳定运行。以2022年保通保畅工作推进为代表，根据生产生活过程中运输活动的堵点、卡点问题，采取了一系列针对性举措并取得了良好的成效。

1.2022年3至5月，解决通行堵点断点问题

2022年3月下旬开始，吉林、深圳、上海等地暴发局部疫情，国内疫情呈点多、面广、频发趋势，防控措施持续升级导致一些地方出现的通行受阻、车辆滞留、物流不畅等问题。据统计，4月10日，全国临时关闭高速公路收费站678个，关停服务区364个。

为此，国务院成立国务院物流保通保畅工作领导小组，并从顶层设计上建立了相应的工作机制和政策体系。国务院联防联控机制《关于切实做好货运物流保通保畅工作的通知》明确，全力保障货运物流特别是医疗防控物资、生活必需品、政府储备物资、邮政快递等民生物资和农业、能源、原材料等重要生产物资的运输畅通，切实维护人民群众正常生产生活秩序。各地按照一事一办、急事急办，受理广大货车司机反映的交通阻断、通行劝返等各类问题，发出转办单、督办函，加快整改，保障货车通行和人民基本生活物资需求，推进企业复工复产。

截至 5 月 4 日 24 时，全国临时关闭的高速公路收费站和关停的服务区全部清零，100% 恢复正常运转，货运物流持续恢复，全国高速公路货车通行量已比上月同期增长明显。

2. 2022 年 5 月初至 6 月中下旬，强化交通运输网络稳定运行

在交通网络恢复畅通后，部分地区仍然存在政策加码、多次查验、隔离管控等限制通行现象。在此阶段，各部门积极行动，细化完善相关政策，国家发展改革委积极推动各地建设并用好应急物资中转站，工业和信息化部进一步部署实施重点产业链供应链企业“白名单”制度，商务部发布重点地区重点外贸企业名单，人民银行推动 1000 亿元交通物流转向再贷款落地。各地方积极配合和高效落实，辽宁、内蒙古、山东、广东、甘肃、江西等 20 余个省（区、市）出台纾困支持政策，惠及货车司机超过 1000 万人。5 月 31 日，国务院印发《扎实稳住经济的一揽子政策措施》，要求全面取消来自疫情低风险地区货运车辆的防疫通行限制，各地防疫政策相应作出调整。

到 6 月 16 日，全国货车过度通行管控问题“动态清零”。6 月初，全国公路整车货运流量指数达到101.63，较4月最低点回升了32.7%，物流保通保畅总体取得积极成效。

3. 2022年6月下旬至年末，深入巩固保通保畅工作成效

随着运输通道基本畅通，物流保通保畅工作进入了持续巩固工作成效、全面支撑复工达产的阶段。在此阶段，针对重点领域、重点问题进行了统筹协调研究。针对外贸物流服务保障，了解外资外贸企业物流需求、存在的突出问题以及相关诉求，依托区域协调机制、协调推进信息共享、检查互认、政策互通、一事一协调予以解决。针对物资保障，成立能源运输保障工作专班，切实保障通道畅通，未雨绸缪，全力做好能源物资运输保障。针对企业运营压力，以交通物流降本减负为导向，确保货车司机享受通行费减免政策红利，强化交通物流领域金融支持，开展涉企违规收费联合检查，确保广大货车司机享受到政策红利。

（二）创新体制机制筑牢机制基础

1. 建立健全白名单制度

通过《关于规范实施货运车辆司乘人员“白名单”管理有关工作的通知》《关于规范实施货运车辆司乘人员白名单管理有关工作的补充通知》等政策，建立和完善了“白名单”制度。到2022年，全国部级“白名单”企业共1722家，省级“白名单”企业2.08万家，32个省市落实货车司乘人员“白名单”管理，建立货车司机健康码申述渠道，保障涉疫地区物资运输通畅和司乘人员权益。

专栏 3-1 针对重点企业物资运输保障“白名单”制度

对重点产业链供应链企业物资保障运输，对中高风险地区所在城市、中转接驳站的货运车辆司乘人员实行“车辆动态监控 + 视频监控”、闭环管理、精准采集信息、畅通申述绿色通道等“白名单”管理模式。

针对保障重点产业链供应链企业物资运输的货运车辆司乘人员，在穿行中高风险区域过程中实现闭环管理的基础上，建立“白名单”制度。督促相关收发货单位、货运经营者在货运车辆途经中高风险区域所在地级市时，综合采用“车辆动态监控 + 视频监控”或者护送引导以及其他方式，严格落实闭环管理措施；精准采集在中高风险地区所在地级市穿行时间超过 4 小时但不超过 8 小时的货车车牌号码、司乘人员手机号码，记录穿行的城市、时段等信息，经重点产业链供应链企业相应的地市级行业主管部门会同交通运输主管部门审核确认后，报请当地联防联控机制（领导小组、指挥部）确认汇总，并将有关信息统一函送省级通信管理局转中国信息通信研究院，由中国信息通信研究院负责取消符合上述条件要求的司乘人员通信行程卡中的“*”号。此外，对往返于地市级及以上人民政府设立的、位于低风险区，但所在市域有中高风险区、服务于疫情防控的应急物资中转接驳站货运车辆司乘人员，同样实行“白名单”管理。

2. 创新建立中转接驳站

中转接驳站是应急物资中转机制的重要创新，以“硬隔离”“零接触”为基本制度，可有效降低货运司乘人员疫情传播风险、保障各类重要生产生活物资能进能出快进快出。国家发展改革委、交通运输部等六部门联合印发《关于加快建设并用好应急物资中转接驳站的紧急通知》，对于应急物资中转接驳站的建设和运行管理制度作出规范。到2022年5月底，全国建设启用应急物资中转站200余个，到6月底，32个省份已预设或启用物资中转站并实行闭环管理，福建、上海、江苏等省积极探索实践并形成政策文件。

专栏3-2 中转接驳站建立及地方案例

国家发展改革委、交通运输部等六部门联合印发《关于加快建设并用好应急物资中转接驳站的紧急通知》，从各地区各部门提前谋划重点物资中转调运站、接驳点或分拨场地，分类分级抓紧建立和灵活启用，并充分利用现有设施资源和专业物流团队，强化中转接驳站建设和运营管理能力，推动与“白名单”管理制度的适应衔接等方面对于应急物资中转接驳站的建设和运行管理制度作出规范。

中转接驳站建设原则：各地区各部门应按照“宁可备而不用、不可用时无备”原则，依托物流园区、高速公路服务区等，提前谋划重点物资中转调运站、接驳点或分拨场地，原则上应设立在低风险区域，对于跨省设立的，由相邻省份给予支持。重点物资中转场地实行闭环管理，避免车辆司乘人员与场站工作人员接触。应急物资中转站、接驳点及分拨场地视疫情灵活启用，并向社会公告，按照“车辆严消毒、作业不交叉、人员不接触”的原则，实行闭环管理。

中转接驳站的建设和运行管理：由各地发展改革、交通运输、工业和信息化、公安、商务、卫生健康等部门协同加强指导支持，必要时组建专班，委派专人进驻，及时帮助协调解决设施改造、设备配备、疫情防控、车辆通行、质量检测、垃圾处理等问题。

在与白名单管理制度的适应衔接上，对进出全域封闭城市内物资中转站点的货车司乘人员，在严格落实闭环管理措施、24小时内核酸检测阴性情况下，实行通信行程卡“白名单”管理模式，经地市级以上联防联控机制（领导小组、指挥部）审核确认后，不记录在相应时段的通信行程信息，返回后能严格落实健康监测和核酸检测等疫情防控措施的，原则上不需隔离。

地方案例：重庆市制定并印发《重庆市人民政府办公厅关于印发中心城区应急物资中转站工作方案的通知》，按照近期选址、灾备选址、远期选址相结合布局模式，针对不同货物类型，准备 7 处应急物资中转站，占地 1328 亩，仓储面积 58.2 万平方米，日中转能力 1584 辆车、39280 吨货物。制定《中心城区应急物资中转站防疫工作指引（试行）》，明确细化中转站分级分类分区防疫要求和相关标准。

3. 建立“一企一策”“一链一策”保供保运方案

围绕重点企业及其关联企业物流需求，组织物流枢纽、物流企业加强与重点企业协同联动，搭建供需对接平台，全面摸排问题和需求，“一企一策”“一链一策”精准制定保供保运方案，及时协调解决并紧盯跟踪保障。以“白名单”企业为核心，摸清摸准企业前后端物流需求，统筹急迫需求提供优先服务。

其中，各地结合产业特点开展了一系列的保障工作。上海市、山东省针对生产制造企业及其配套厂商物流运输需求，主动对接相关企业，全力保障重点物资运输需求。四川省建立产业链供应链“白名单”企业和园区服务保障工作机制，靠前服务对接国家和省重点 512 家“白名单企业”，“一企一策”协调上海、江苏、吉林等部门，加强汽车零部件保通保供。福建省建立发展改革、工信、商务、交通运输等多部门协同机制，加强重点产业和重点企业生产物资组织调度，加强重点物资传播、粮食库容及集装箱空箱情况的跟踪监测。

专栏 3–3 “一事一协调”工作规范

国务院物流保通保畅工作领导小组办公室印发《物流供应链重点企业跟踪保障及“一事一协调”工作规范》，对“一事一协调”工作机制进行规范，推进流程包括诉求收集、研判受理、协调解决、回复反馈、整理归档六个部分。

重点企业主要包括国内、国际物流供应链上下游的生产制造、商贸流通、物流寄递、能源电力等领域的大型央企、国有重点企业以及规模化民营龙头企业。同时，包括参与国际物流先行先试、全国供应链创新与应用示范企业，以及国家物流枢纽、国家骨干冷链物流基地、示范物流园区建设运营企业。主要解决的问题包括企业在推进实施现代国际物流供应链体系建设、落实领导小组工作部署，以及为践行国家战略、维护和保障产业链供应链安全稳定的过程中，需要政府层面予以推动协调解决的问题及诉求。

具体包括：1. 国内重要民生物资、重点生产物资在铁路、公路、水运、航空、邮政快递等方面的运输服务保障问题；2. 国内干线交通网络（包括铁路、公路、水运、航空、邮政快递）保通保畅问题；3. 粮食及农业生产物资、能源矿石资源、疫苗等战略物资，战略性新兴产业的保进保出问题；4. 推进海外支点港口、中欧班列境外枢纽（集散中心）、重点海外机场货站、国际寄递物流设施等境外物流节点网络建设运营中，需国家层面协调解决的问题；5. 企业在拓展国际物流市场、补齐境外地面物流服务短板等方面，需国家层面协调解决的问题；6. 党中央、国务院交办的其他事项。

四、交通运输着力支撑稳就业促生产

（一）纾困解难稳定交通运输市场主体

交通运输行业是受新冠疫情冲击最为严重的领域之一，以航空公司为代表的交通运输企业严重亏损，客运量等主要指标断崖式下跌，生产经营面临多重困难。国家高度重视交通运输行业的恢复发展，出台了一揽子利好政策助企纾困解难，打好减税、降费、拓市场等“组合拳”，为交通运输行业保增长、促发展提供有力支撑。

一是强化行业帮扶政策支持。国家发展改革委等部门印发《关于促进服务业领域困难行业恢复发展的若干政策》中涉及 6 项针对公路水路铁路运输业、5 项针对民航业精准纾困扶持措施和 10 项服务业普惠性纾困扶持措施。出台政策减并港口收费项目，定向降低沿海港口引航费、完善拖轮费政策、阶段性降低货物港务费收费标准。指导各地全面推广高速公路差异化收费，严格落实鲜活农产品绿色通道政策，特殊时段减免收费公路货车通行费。据统计，2022 年交通运输业每百元营业收入税费负担下降 15.4%。

二是加强金融税费政策优惠支持。国家发展改革委、交通运输部、人民银行、财政部、国家税务总局、人力资源社会保障部、人民银行、中国银保监会、国务院国资委等部门出台《关于进一步强化金融支持防控新型冠状病毒感染肺炎疫情的通知》《关于做好交通运输业助企纾困扶持政策落实工作的通知》等政策，涉及减税退税降费、1000 亿元交通物流专项再贷款、车贷延期还本付息、社保缓缴等 40 余项含金量高的涉交通运输业助企纾困手段，降低企业融资成本，解决企业资金困难，满足服务业特殊困难行业恢复发展过程中的资金需求。港航企业实施减免库场使用费、带箱费等企业自主定价收费等优惠措施，与货主企业共同应对疫情影响，更好服务稳外贸。

三是因地制宜细化纾困扶持措施。各地根据自身特点和需求，差异化制定纾困扶持措施。如，广西壮族自治区道路运输发展中心建立助企纾困宣传服务“直通车”，广东省深圳地铁集团编制《深铁集团房屋租金减免工作方案》和《优惠政策手册》，青海省下达农村客运和出租汽车成品油价格改革财政补贴资金，重庆市交通局积极对接金融部门，帮助企业争取贷款、延期还款。

专栏 3-4　部分省市纾困解难政策

四川省：出台进一步支持中小微企业和个体工商户健康发展的财税政策、小微企业“六税两费”减免政策。

广东省：人民银行广东分行牵头出台促进服务业恢复发展“47条”、促进工业经济平稳增长“32条”、中小企业和个体工商户纾困发展“25条”等，引导交通机构运用多种货币政策工具，加大金融纾困力度。引导银行保险机构主动对接地方政府共享的铁公水航重点企业名单。

河南省：召开交通物流专项再贷款工作推进会，就面向对象、资金规模、贷款利率等再贷款支持政策进行解读。2022年安排疫情防控复工复产交通专项补助资金6000万元，安排油补资金对农村客运企业和符合条件的城市公交企业进行补贴。对运营车辆逾期未年审的，延长三个月办理期。

（二）有力保障复工返岗复产开工

一是多措并举着力保障农民工复工返岗。近3亿的农民工群体是复工返岗的“主力军”，相关部门密集出台聚焦复工复产的政策文件，为农民工复工返岗“保驾护航”。如，2020 年 2 月，交通运输部印发《关于全力做好农民工返岗运输服务保障工作的通知》，要求运输企业“一车一策”精心制定运输组织方案，组织“专人、专车、专厂、专线”，实现“点对点、一站式”直达运输。国铁集团积极开行专列、开辟专厢，满足外出务工人员的返岗需求。各航空公司在既有定期航班的基础上，专门安排复工复产包机航班，保障务工人员出行。四川、浙江、广东、福建等省份加强跨省合作，给农民工“返城”安排专车、专列、专机，全力打通返岗的“第一公里”和“最后一公里”。2020 年，全行业累计开行“点对点”农民工返岗包车 19 万多趟次、专列 400 余列及包车厢 1500 余个、民航包机 570 多架，“点对点”运送农民工超 480 万人，通过“点对点、一站式”直达运输服务，农民工“出家门、上车门、进厂门”。

二是多管齐下助力企业复产开工。国家发展改革委、交通运输部等有关部门和各地地方政府积极引导推动各类货运物流企业复工复产，打通“大动脉”、畅通“微循环”，加大对重点企业生产所需物资的运输保障力度，为其他行业复工复产铺就“快车道”。此外，在做好疫情防控工作的同时，进一步加大交通基础设施投资力度，统筹推动公路、铁路、水运等领域重点项目、控制性工程“应复尽复、应开尽开、能开快开”，优先实施国家高速公路待贯通段建设和交通繁忙路段扩容改造工程、高等级航道网扩容改造工程，优先保障交通扶贫脱贫攻坚项目。重大交通建设项目牵引带动作用正逐步有效、有力发挥。详见表 3–2、表 3–3。

表 3-2　交通运输业应对疫情影响的部分重要政策（复工复产）

日期	发文单位	政策	要点节选
2020 年 2 月	国务院应对新冠疫情联防联控机制	《关于切实加强疫情科学防控 有序做好企业复工复产工作的通知》	统筹制定分类分批复工复产方案，疫情防控、能源供应、交通物流等涉及重要国计民生的领域，要保障条件立即推动复工复产，重大工程和重点项目员工要及时返岗、尽早开工。
2020 年 2 月	交通运输部	《关于分区分级科学做好疫情防控期间城乡道路运输服务保障工作的通知》	分区分级恢复城乡道路运输服务；严格落实交通运输疫情防控措施；切实加强道路运输安全监管。
2020 年 2 月	交通运输部	《关于贯彻落实习近平总书记重要指示精神统筹做好疫情防控加快公路水运工程复工开工建设加大交通投资力度的通知》	优先保障重点项目、控制性工程，优先保障当年完工项目，优先保障交通扶贫脱贫攻坚项目。
2020 年 2 月	交通运输部	《关于加强公路水运建设工程新型冠状病毒感染肺炎疫情防控工作的通知》	结合当地气候特点，公路水运建设工程合理确定复工时间，有条件的工地可实行封闭管理。
2020 年 2 月	交通运输部	《关于全力做好农民工返岗运输服务保障工作的通知》	要指导运输企业，一车一策精心制定运输组织方案，组织“专人、专车、专厂、专线”，实现“点对点、一站式”直达运输。对省际、市际客运包车（市内运行、保障员工通勤的包车除外）按照核定载客人数的 50% 控制客座率。

续表

日期	发文单位	政策	要点节选
2020年2月	国务院国资委办公厅	《关于中央企业积极复工复产、稳定生产运行工作的通知》	承担运输保障的招商局集团等所属相关物流、商贸企业，在重点做好防疫物资等应急运输保障的基础上，为复工复产做好运输和物流服务。
2020年3月	国务院办公厅	《关于进一步精简审批优化服务精准稳妥推进企业复工复产的通知》	简化复工复产审批和条件，优化复工复产办理流程；加快实现复工复产等重点事项网上办，依托线上平台促进惠企政策落地，围绕复工复产需求抓紧推动政务数据共享；提升企业投资生产经营事项审批效率，为推进全产业链协同复工复产提供服务保障。
2020年3月	交通运输部	《关于统筹推进疫情防控和经济社会发展交通运输工作的实施意见》	分区分级、精准施策，毫不放松抓紧抓实抓细交通运输疫情防控各项工作；打通"大动脉"、畅通"微循环"，加快恢复交通运输秩序；保在建、促新开、强储备，努力增加交通有效投资；立足当前、着眼长远，坚决打赢交通脱贫攻坚战。
2020年3月	交通运输部	《关于精准有序恢复运输服务扎实推动复工复产的通知》	加强运输服务需求动态研判；分区分级精准恢复运输服务；科学合理控制客座率；加强入境人员交通运输防控；加快推动物流园区复工复产；加快推动维修驾培行业复工复产；创新推出便利经营措施；推动落实运输企业扶持政策。

续表

日期	发文单位	政策	要点节选
2020年3月	交通运输部、公安部、人力资源社会保障部、国家卫生健康委	《关于做好有关人员进出湖北省交通运输保障工作的通知》	精心组织“点对点”返岗返乡包车；有序恢复进出湖北道路客运服务；强化公路通行保障；全面加强防疫和安全管理；严格落实进京管理要求。
2020年4月	中央应对新冠肺炎疫情工作领导小组	《关于在有效防控疫情的同时积极有序推进复工复产的指导意见》	分区分级恢复生产秩序；推动全产业链复工复产；推动服务业复工复市；做好客运恢复和返岗服务；加强交通秩序保障。
2020年4月	交通运输部、商务部、海关总署、国家铁路局、中国民航局、国家邮政局、国铁集团	《关于当前更好服务稳外贸工作的通知》	畅通外贸运输通道；促进外贸运输便利化；降低进出口环节物流成本；营造良好外部环境；强化机制保障。
2020年5月	交通运输部	《关于统筹做好公路水运建设领域新冠肺炎疫情常态化防控与复工复产工作的通知》	推动公路水运建设复工复产提速扩面，做到“应复尽复、应开尽开、能开快开”。优先实施国家高速公路待贯通段建设和交通繁忙路段扩容改造工程、高等级航道网扩容改造工程，加大重点战略工程推进实施力度。
2020年5月	中国民航局	《关于建立复产复工国际客运包机计划审批“绿色通道”的通知》	经国务院联防联控机制（或其外事组）批准或者符合中外快捷通道要求的复产复工国际客运包机计划审批工作程序进行临时性调整，建立“绿色通道”，优化工作流程、缩短办理时间。
2021年2月	人力资源社会保障部、公安部、交通运输部、国家卫生健康委、国家乡村振兴局、中国民航局、国铁集团	《关于做好农民工返岗复工“点对点”服务保障工作的通知》	加强信息对接、做好行前服务、组织返岗运输、做好抵达交接、加强组织领导。

续表

日期	发文单位	政策	要点节选
2022 年 12 月 17 日	交通运输部	《关于加快推进道路客运复工复产保障人民群众平安健康顺畅舒心出行有关事项的通知》	全面恢复道路客运服务、精准实施疫情防控和保护措施、高效开展涉疫应急处置、切实强化安全生产管理、积极营造良好氛围。

表 3–3　交通运输业应对疫情影响的部分重要政策（助企纾困）

日期	发文单位	政策	要点节选
2020 年 1 月	人民银行、财政部、银保监会、证监会、国家外汇管理局	《关于进一步强化金融支持防控新型冠状病毒感染肺炎疫情的通知》	在疫情防控期间，对生产、运输和销售应对疫情重要医用物资、重要生活物资的骨干企业实行名单制管理，支持金融机构对名单内的企业提供优惠利率的信贷支持。对受疫情影响较大的物流运输等行业，通过适当下调贷款利率、增加信用贷款和中长期贷款等方式，支持相关企业。
2020 年 2 月	交通运输部	《关于新冠肺炎疫情防控期间免收收费公路车辆通行费的通知》	在新冠肺炎疫情防控期间，免收全国收费公路车辆通行费。免收通行费的时间范围从 2020 年 2 月 17 日 0 时起，至疫情防控工作结束。
2020 年 2 月	交通运输部	《关于做好疫情期间道路运输车辆技术保障工作的通知》	对道路运输车辆年审采取临时延期措施。对道路运输车辆年审时间到期但因疫情原因暂时无法进行车辆审验或不具备相关审验条件的，允许其年审周期自动向后延续至疫情结束之后 45 天。

续表

日期	发文单位	政策	要点节选
2020 年 2 月	财政部、国家税务总局	《关于支持新型冠状病毒感染的肺炎疫情防控有关税收政策的公告》	对纳税人运输疫情防控重点保障物资取得的收入，免征增值税。对纳税人提供公共交通运输服务、生活服务，以及为居民提供必需生活物资快递收派服务取得的收入，免征增值税。
2020 年 2 月	财政部、国家发展改革委、工业和信息化部、人民银行、审计署	《关于打赢疫情防控阻击战 强化疫情防控重点保障企业资金支持的紧急通知》	为应对疫情提供相关信息通信设备和服务系统的企业以及承担上述物资运输、销售任务的企业，提供资金支持。
2020 年 2 月	人力资源社会保障部、教育部、财政部、交通运输部、国家卫生健康委	《关于做好疫情防控期间有关就业工作的通知》	对春节期间（截至 2020 年 2 月 9 日）开工生产、配送疫情防控急需物资的企业，符合条件的可给予一次性吸纳就业补贴。
2022 年 2 月	国家发展改革委、财政部、人力资源社会保障部、住房城乡建设部、交通运输部、商务部、文化和旅游部、卫生健康委、人民银行、国务院国资委、国家税务总局、市场监管总局、银保监会、中国民航局	《关于促进服务业领域困难行业恢复发展的若干政策》	2022 年暂停铁路运输企业预缴增值税一年。2022 年免征轮客渡、公交客运、地铁、城市轻轨、出租车、长途客运、班车等公共交通运输服务增值税。2022 年中央财政对符合要求的新能源公交车，继续按照既定标准给予购置补贴，且退坡幅度低于非公共领域购置车辆。2022 年中央财政进一步加大车辆购置税收入补助地方资金力度，支持公路、水运和综合货运枢纽、集疏运体系建设等。2022 年暂停航空运输企业预缴增值税一年。

续表

日期	发文单位	政策	要点节选
2022 年 2 月	交通运输部	《关于做好交通运输业助企纾困扶持政策落实工作的通知》	各地交通运输部门要积极反映行业困难，推动地方政府加大对交通运输行业支持力度，统筹安排资金用于存在困难的新能源出租车、城市公交车等支出，多措并举改善交通运输市场主体经营状况，更好服务地方经济社会发展。
2022 年 3 月	财政部、国家税务总局	《关于促进服务业领域困难行业纾困发展有关增值税政策的公告》	自 2022 年 1 月 1 日至 2022 年 12 月 31 日，航空和铁路运输企业分支机构暂停预缴增值税，对纳税人提供公共交通运输服务取得的收入免征增值税。
2022 年 4 月	人力资源社会保障部	《关于做好失业保险稳岗位提技能防失业工作的通知》	对餐饮、零售、旅游、民航、公路水路铁路运输企业阶段性实施缓缴养老保险、失业保险、工伤保险费政策，其中，养老保险费缓缴期限 3 个月，失业保险和工伤保险费缓缴期限不超过 1 年，缓缴期间免收滞纳金。
2022 年 4 月	财政部、国家税务总局	《关于快递收派服务免征增值税政策的公告》	自 2022 年 5 月 1 日至 2022 年 12 月 31 日，对纳税人为居民提供必需生活物资快递收派服务取得的收入，免征增值税。

参考文献：

[1] 交通运输部2022年5月份例行新闻发布会 [EB/OL]. [2022-05-26]. https://xxgk.mot.gov.cn/2020/jigou/zcyjs/202205/t20220526_3657016. html.

[2] 地方债规模继续扩容 新增限额或近5万亿元 [N]. 金融时报, 2023-02-24.

第四章

保障国际产业链供应链运行

新冠疫情席卷全球，对全球产业链、供应链造成严重冲击，世界各国面临疫情防控与经济发展的双重考验。三年来，我国不仅有效遏制国内疫情扩散、推动自身经济恢复发展，而且积极助力国际抗疫、促进经济全球化发展，为全球抗疫和国际产业链供应链稳定运行作出了重大贡献。

一、疫情冲击下国内外产业链供应链布局加快调整

（一）疫情对全球产业链供应链造成严重冲击

为有效应对疫情冲击，各国纷纷加强疫情防控、升级防疫措施，出台旅行禁令、关闭娱乐场所、停办公共集会活动甚至全城封禁，经济社会发展按下“暂停键”，供应链上游原材料供给不足、下游产成品生产滞后等问题较为突出，汽车、飞机等长供应链产业发展更是困难重重。随着疫情防控经验的不断积累和新冠疫苗接种率的不断提高，居民生产生活渐入正轨，国际经贸往来逐步恢复，但国际货物运输仍面临诸多限制性措施，不仅影响国际物流系统运转效率，还推高了国际货物运输价格，使得国际运输市场资源配置机制失衡，部分地区能源、粮食、矿石等大宗商品运输受阻、库存高企的问题与生产制造企业缺少原材料、厂房空转的问题同时存在。

总体来看，自 2020 年 1 月起，在疫情冲击下全球供应链压力指数（Global Supply Chain Pressure Index，GSCPI）急剧上升，2020 年 4 月份达到了 3.26；接下来的需求萎缩使供应链压力有所缓解，2020 年 10 月一度降至 0.11；此后随着全球贸易回暖和海运“一箱难求”，全球供应链压力再次增大，甚至超过了疫情暴发初期的压力，并在 2021 年 12 月达到历史最高值 4.35。2022 年以来，虽然供应链压力有所下降，但仍远远高于 2020 年 1 月之前的压力指数（2019 年 12 月的压力指数为 0.02）。

（二）全球产业链供应链本土化调整下分工合作互利共赢仍是长期趋势

世纪疫情给全球产业链供应链带来巨大冲击，产业安全风险日益上升为重要议题，产业链供应链本土化趋势凸显。美国、欧盟、日本等发达经济体力图重振本国制造业，纷纷通过法律规定、经济补贴以及政治手段，鼓励本国制造业企业回流，使得全球产业链供应链呈现本土化或本国化趋势。但总体上看，各国利益高度融合、彼此相互依存的客观态势没有改变，经济全球化仍是历史潮流，各国分工合作、互利共赢仍是长期趋势。美国商会发布的报告显示，与中国“脱钩”严重威胁美国在贸易、投资、服务和工业等领域的利益，如果对所有中国输美商品加征关税，将令美国经济在2025年前每年损失1900亿美元，国内生产总值损失最高可达5000亿美元。2020年11月，中国、日本、韩国、澳大利亚、新西兰和东盟十国共15个亚太国家正式签署《区域全面经济伙伴关系协定》（RCEP），推动区域经贸合作迈上新台阶。

（三）我国在国际抗疫合作和保障国际产业链供应链稳定中发挥了重要作用

为抗击新冠疫情，我国秉持人类卫生健康共同体理念，积极开展国际抗疫合作，发起新中国成立以来最大规模的全球紧急人道主义行动，向众多国家特别是发展中国家提供物资援助、医疗支持、疫苗援助和合作，展现负责任大国形象。我国与世界卫生组织、其他国际组织和有关国家密切合作，向153个国家和15个国际组织提供数千亿件抗疫物资，向120多个国家和国际组织供应超过22亿剂新冠疫苗，有效缓解了全球抗疫压力，为保护世界人民的生命和健康作出了重大贡献。

我国作为世界第二大经济体，在较好控制国内疫情的同时有力维护了全球供应链稳定，为发展中国家经济发展带来了新机遇。2020—2022 年间，中欧班列和西部陆海新通道铁海联运班列、国际铁路联运列车、跨境公路班车等逆势跑出“加速度”，促进了沿线国家的互联互通和经贸往来，规避新冠疫情造成的国际物流中断风险，为全球经济复苏提供了扎实的物流保障。我国与柬埔寨、越南等国家合作推进跨境铁路、高速公路、工业园区等项目建设，帮助其提升基础设施水平，充分迎接世界经济发展所带来的机遇。2020 年我国率先实现复工复产，成为全球唯一实现正增长的主要经济体。2021 年我国经济增速为 8.1%，成为推动世界经济复苏的“稳定器”。2022 年我国实际使用外资首次超过 1.2 万亿元，在全球跨国贸易投资低迷之际有力推动经济全球化健康发展。

作为全球制造大国、贸易大国，我国在全球产业链供应链中的地位十分重要。百年未有之大变局与世纪疫情交织叠加，新一轮科技革命和产业变革突飞猛进，全球产业结构和布局深度调整。近年来，我国以劳动力总量和用工成本为核心的传统比较优势逐步弱化，全球产业体系和产业链供应链呈现多元化布局、区域化合作、绿色化转型、数字化加速的态势，我国产业加快迈向全球价值链中高端。

二、国际货运供需失衡和循环流转不畅问题较为突出

（一）国际海运箱舱难求，港口拥堵运价高企交织叠加

2020年三季度以来，海运集装箱运力供需失衡问题广受世界关注。在新冠疫情冲击下，港口装卸工人、集装箱卡车司机紧缺，港口作业出现“用工荒”，以集装箱运输为代表，集装箱周转滞后、港口集装箱大量堆积的现象屡见不鲜。除我国以外的经济体因劳动力可获得性降低，导致港口前沿运转效率降低，后方集疏运不畅，加之苏伊士运河搁浅等问题，引发海外港口大规模拥堵，如美西洛杉矶港、长滩港待泊集装箱船舶数量曾高达79艘，使得集装箱流通体系运转失灵，出现集装箱“堰塞湖”现象，拉长了箱船流转周期、造成大量集装箱运力“悬空”，多因叠加导致海运集装箱“一箱难求”，集装箱船舶“一舱难求”。相关数据显示，洛杉矶港、长滩港、奥克兰港、安特卫普港、汉堡港、鹿特丹港等诸多国外大型港口均出现严重拥堵。

与此同时，全球海运运价持续走高。以中国出口集装箱综合运价指数为例，2019年底不足1000点，2021年初已站上2000点，2022年初更是突破3500点，中国宁波舟山港至美国洛杉矶港的海运价格从疫情前的1000美元/FEU（Forty-feet Equivalent Unit，即以长度为40英尺的集装箱为国际计量单位）暴涨到2万美元/FEU以上。在全球港口拥堵逐步缓解、有效运力持续增长等因素的影响下，2022年国际集装箱运价从高位持续回落，2022年末回落至1300点，但仍远高于疫情前水平。

（二）陆路口岸拥堵频发，降低跨境班列班车运行时效

受国际海运运力流转不畅影响，部分海运、空运货流转移至铁路，国际班列运输需求激增，开行规模迅速扩大，口岸消杀检疫和“宽轨国家”车板短缺则在一定程度上制约了口岸能力的充分发挥，多因叠加导致部分边境铁路口岸满负荷甚至超负荷运行，多次出现口岸拥堵情况。例如，阿拉山口、霍尔果斯等口岸从 2020 年 6 月下旬开始出现了较严重的拥堵情况，大量班列积压在口岸无法准时出境，在国铁集团的要求下，多个中欧班列运营平台公司削减了 6—7 月的运力，以“缓堵保畅”。2021 年 10 月，因霍尔果斯出现新冠确诊病例，疫情防控措施进一步升级，所有过境集装箱和货车均需强制消毒，所有货物均需采样进行病毒检测，加之冬季温度较低导致防疫处理时间延长，约有 5000 个集装箱、数千辆货车停滞在中哈边境。对于跨境公路班车而言，边境公路口岸同样存在拥堵情况。例如，2021 年 12 月，由于对越南进口水果的核酸检测呈阳性或弱阳性，中越边境口岸采取了更为严格的防疫措施，友谊关口岸通行能力有所下降，待出口重车超过 2000 辆次，平均等待时长 15~20 天，各指定停车场超负荷运载。

（三）航空货运能力紧张，“客改货”模式深入推进

疫情期间，国际客运航班大面积熔断停航，传统国际客运航班腹舱带货模式基本失效，航空货运运力缺口主要通过全货机和“客改货”补齐。2019 年，全球客运班机腹舱货运运力高于全货机，占比分别为 59% 和 41%，客机腹舱带货占据主导地位。随着客运航班的大幅减少，全球航空货运运力下降逾 20%，部分航空货流转移至

跨境铁路运输。为解决运力不足的问题，航空公司加大全货机投入力度，并对部分客机进行适货改装，全货机的货运运力占比提高到了约 60%。同时，疫情期间货运能力供给不足也充分暴露出我国航空货运短板，国际航空货运能力与我国全球产业链地位不匹配的问题日益突出。由于航空货运供不应求、运价飞涨，导致大量货物积压，对我国制造业特别是产业链长、供应链复杂的高端制造业复工复产带来连带影响。2019 年末，我国全货机数量仅 174 架，占我国民航运输机队的 4.5%，占全球货机数量的 8.7%，2022 年突破 200 架，但全货机运力和国际航线布局较欧美仍差距悬殊。

三、国际货物运输有力保障国际产业链供应链稳定运行

（一）确保重要物资国际运输高效畅通

2020—2022 年，交通运输业着力加强不同运输方式的国际协同合作，统筹铁路、公路、航空、海运等各种国际运输资源，不断拓展国际物流通道网络，提升服务保障的能力，确保能源、粮食、矿产等重要物资运输的高效畅通。加强国际集装箱海运市场运行监测，引导主要班轮公司稳定我国出口航线运力和集装箱供给，做好主要外贸集装箱航线运力保障，落实重点物资运输船舶“四优先”措施，更好服务保障粮食、能源安全。同时，加快推进补短板、强弱项，如，对客舱内装货改装项目和不载客国际货运航班提供资金支持。根据《关于对民航运输企业在疫情防控期间稳定和提升国际货运能力实施资金支持政策的通知》，客舱内装货改装项目补助标准按照改造成本的 80% 予以补助，按飞机类型分成两档：单通道飞机每架最高补助

80 万元，双通道飞机每架最高补助 145 万元；对疫情防控期间执飞的不载客国际货运航班给予奖励，奖励标准按航班飞行里程和最大起飞全重分为八档，最高奖励 6 万元 / 班。

（二）建立健全国际物流协调机制

针对国际交通物流运行需求特点，2020 年，交通运输部会同 12 个部门成立了国际物流工作专班，实行 24 小时实体化运行，按照“一事一协调、一事一处理”的原则，全力保障国际物流供应链的畅通。2021 年，交通运输部会同相关部门成立了国际物流保障协调工作机制，印发《关于推进现代国际物流供应链发展的指导意见》，加快构建开放共享、覆盖全球、安全可靠、保障有力的国际物流供应链体系，统筹推进国际货物运输发展，保障进口货物“进得来”、出口货物“出得去”。对国际海运、航空货运、中欧班列、国际道路运输、国际寄递物流等方式加强协调，保证供应链的畅通。同时建立了国际物流重点联系企业制度，加强保障体系的构建。

（三）培育壮大具有国际竞争力的现代物流企业

在推进国际交通基础设施建设、强化国际运输组织协调的同时，深入推进国际运输市场竞争合作。为强链、补链、延链、强链，相关部门积极培育壮大具有国际竞争力的现代物流企业。2020 年 5 月，国际物流工作专班公布了第一批 54 家国际物流运输重点联系企业名单，招商局、菜鸟、京东、德邦等企业入选，其中综合物流企业 4 家、中欧班列运营企业 10 家、国际航运企业 1 家、国际航空货运企业 2 家、国际寄递物流企业 2 家、国际道路运输企业 35 家。同时，建立了重点企业“一对一”对接保障机制，全力保障货物运输“进得来”“出得去”。行业管理部门围绕重点产业链供应链“白名单”企业、外贸企业及其上下游关联企业的全面复工达产，按照“一链一策”“一企一策”，多措并举解决企业生产经营中的实际困难，全力维护产业链供应链稳定。

专栏 4-1　积极推进海外仓建设

2021 年，我国海外仓发展加速。菜鸟网络在十余个国家和地区设立海外仓，投入运营海外出口仓总面积超过 50 万平方米，实现为全球 224 个国家和地区提供端到端的物流配送服务；京东国际物流在美国、德国、波兰、马来西亚、越南、阿联酋等国家和地区建设海外仓，建立了覆盖逾 220 个国家和地区的国际航线。截至 2021 年 9 月，我国海外仓数量已经超过 1900 个。

四、海陆空多位一体畅通资源要素流通渠道

（一）国际海运“开足马力”扛起国际货运“大旗”

我国海运业围绕大宗散货和集装箱国际运输需求，加密国际航线航班，实行粮食、电煤、LNG（液化天然气）等重点船舶“引航、靠泊、作业”三优先，“一船一策”开辟重点物资船舶绿色通道，“一企一策”精准服务保障“白名单”企业运输需求，高效保障重要生产生活物资供应。加强进口计划管理，避免集中进口、集

中发运、集中到港，切实保障国际物流供应链稳定畅通。着力降低海运物流成本，全面取消港口设施保安费，降低港口引航费，阶段性降低货物港务费，深入开展交通物流领域涉企违规收费自查自纠，推动降费减负各项政策落到实处，营造一流港口生产环境。工业和信息化部、交通运输部积极协调我国集装箱制造企业全力扩大产量，使月产能由20万标箱提升至历史上最高的50万标箱。中远海运通过加挂港口等方式用足回程舱位，加快海外空箱回调。

（二）国际班列“逆势上行”畅通陆路交通“大动脉”

中欧班列凭借运时短、零接触等优势，大力承接海运、空运转移货物，成为欧洲以及共建“一带一路”国家进口医疗和生活物资的重要运输渠道，在稳定国际产业链供应链、助力中欧共同抗疫方面发挥了重要作用。西安、重庆、成都、郑州、义乌、苏州、沈阳、武汉、青岛、厦门、连云港等地开行中欧班列“防疫物资专列”，得到共建“一带一路”国家和国际社会的广泛赞誉。中欧班列为长虹、TCL、戴尔、联想、吉利、沃尔沃等400余家企业提供定制化的国际物流解决方案，最大限度满足其生产经营的运输需求。2021年初苏伊士运河货轮搁浅事件发生后，亚欧海运航线一度陷入停滞状态，中欧班列及时发挥应急战略通道作用，展现了陆路贸易运输的韧性和潜力。西部陆海新通道铁海联运班列逆势跑出“加速度”，开行规模从疫情前的2000列增长到2022年的7560列，覆盖国内17省60市113站，通达国外113个国家和地区的338个港口，运输品类增加至640多种，2022年RCEP成员国经该通道发运的外贸货物约6.74万标箱，经贸往来更加密切，中国与世界的链接不断强化。此外，中亚班列、中老铁路跨境货物列车、中越铁路跨境货物列车在疫情期间同样保持良好发展态势，开行规模和质量稳步提升，显著提升国际陆路运输需求保障能力。

（三）航空货运“逆风振翅”高效串接供需两端

为提高我国国际航空货运能力、保障疫情期间国际航空货运需求，中国民航局大力增加航空货运运力供给，调整枢纽机场时刻资源，方便全货机使用，为货运航班计划审批开辟“绿色通道”，鼓励中外航空公司执行货运加班包机，引导闲置客机执行货运航班。中国民航局及时启动重大运输任务，着力防范供应链“断链”风险。积极引导航空公司与重点外资外贸企业建立沟通联系机制，跟踪掌握行业运输需求，针对个别市场可能出现的运输需求激增等情况，及时安排货运加班包机。持续降低航空物流成本，下调全货机的停场费、货物邮件的地面服务费等相关费用。虽然疫情期间客机腹舱带货受到显著影响，但全货机和包机，以及“客改货”等方式有效补齐国际航空货运能力短板，承担起抗疫物资运输以及维持全球供应链通畅的重大使命。

（四）跨境班车“蹄疾步稳”助力跨境货流“不断档”

为保障重点方向跨境班车需求，交通运输部会同相关部门协调解决国际道路运输车辆入境受限、通关难等问题，为共建“一带一路”国家经贸合作提供物流运输保障。以西部陆海新通道跨境公路班车为代表，重庆、广西、四川等省（区、市）积极开行至越南、泰国、老挝、柬埔寨、缅甸等国家的跨境公路班车运输线路，班车年开行量迅速提升至超3000车次，货源由通用机械发展至汽摩、电子产品、原材料、日用品、水果等更多品类，服务生产、外贸企业100余家。成渝跨境公路班车联盟持续深化，成渝跨境公路运输平台品牌效应提升。目前，西部陆海新通道跨境公路班车联动边境20个口岸，布局分拨仓30余个，设立凭祥、老挝办事处，以重庆为中心，辐射全国15个省（区、市），覆盖沿线国家的部分城市。

第五章

区域交通运输体系加快发展

面对新冠疫情对经济社会发展带来的冲击，各地主动作为，推进区域交通运输稳健发展。2022 年，面对严峻复杂的国际形势、艰巨繁重的国内改革发展稳定任务以及持续的新冠疫情冲击，在国家区域协调发展战略、重大区域战略等指引下，我国区域交通发展格局进一步优化，为实现“六稳”“六保”目标提供有力保障，为开启建设社会主义现代化强国新征程提供支撑。

一、交通设施网络规模稳步增长，区域路网结构持续优化

四大板块交通基础设施建设总体仍呈现快速发展态势，东中部地区以高等级交通基础设施建设为主，西部地区民航机场建设进程持续加速，各地区板块间交通基础设施发展相对速度的差距进一步缩小。同 2021 年有所不同的是，受疫情和国际经济形势影响，2022 年客货运量普遍有所回落，各种运输方式客货运量均有不同幅度下降。

专栏 5-1 四大板块

按照地理位置，全国 31 个省份划分为东北地区、东部地区、中部地区、西部地区四大板块。

东北地区包括辽宁、吉林和黑龙江 3 个省，国土面积 78.8 万平方公里，占全国的 8.2%。2022 年东北地区生产总值达 57946 亿元，比上年增长 26.8%。常住人口 9644 万人，比上年减少 0.9%。

东部地区包括北京、天津、河北、上海、江苏、浙江、福建、山东、广东、海南等 10 个省（直辖市），国土面积 91.6 万平方公里，占全国的 9.5%。2022 年东部地区生产总值达 622018 亿元，比上年增长 5.0%。常住人口 56570 万人，比上年减少 0.06%。

中部地区包括山西、安徽、江西、河南、湖北、湖南等 6 个省，国土面积 102.8 万平方公里，占全国的 10.7%。2022 年中部地区生产总值达 266512 亿元，增长 6.5%。常住人口 36456 万人，比上年减少 0.03%。

西部地区包括内蒙古、广西、重庆、四川、贵州、云南、西藏、陕西、甘肃、青海、宁夏、新疆等 12 个省（自治区、直辖市），国土面积 687.9 万平方公里，占全国的 71.6%。2022 年西部地区生产总值达 256982 亿元，增长 0.5%。常住人口 36306 万人，比上年减少 5.6%。

（一）交通设施网络规模稳步增长，增速逐步回归疫情前水平

2022年，全国交通基础设施建设总体仍呈现快速发展态势。其中，中部地区高速铁路里程同比增长25.4%，增幅居各板块之首；西部地区新增铁路里程占全国新增里程的33.6%，新增公路里程占全国新增里程的68.4%，新增高速公路里程占全国新增里程的54.3%，新增民航运输机场数量占全国新增设施的83.3%，均居各板块之首。

具体来看，2022年东北、东部、中部和西部地区铁路营业里程占比分别为12.2%、24.9%、22.8%和40.2%，西部地区占比最大；高速铁路里程占比分别为9.9%、34.4%、30.1%和25.5%，东部地区占比最大；公路通车里程占比分别为7.8%、22.7%、26.7%和42.9%，西部地区占比最大；高速公路里程占比分别为7.8%、27.4%、22.9%和41.9%，西部地区占比最大；民航运输机场数量占比分别为11.3%、16.8%、17.2%和54.6%，西部地区占比最大（见图5-1和表5-1）。

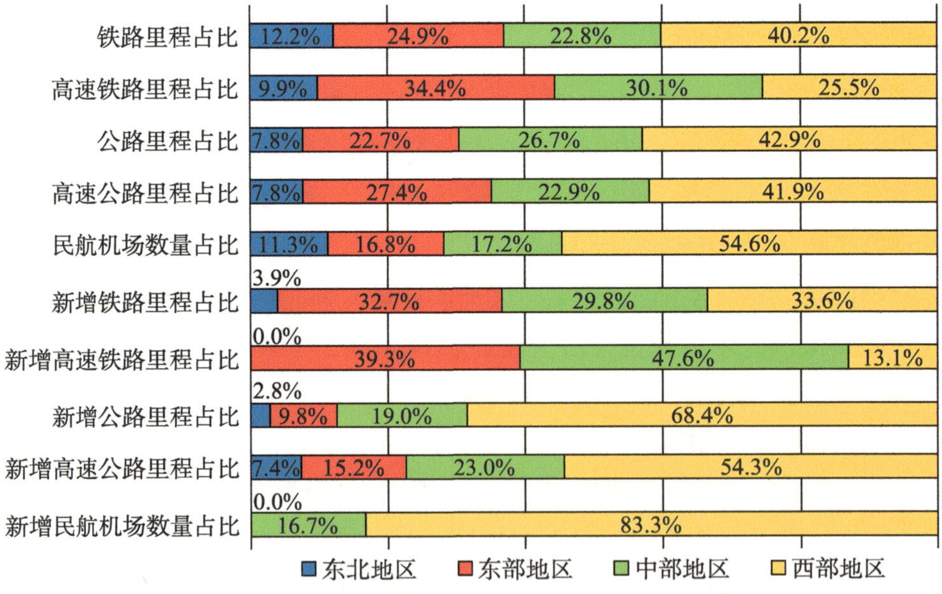

图5-1　我国四大板块2022年交通基础设施结构

表 5-1　　　　我国四大板块 2022 年交通基础设施情况

类别指标		东北地区	东部地区	中部地区	西部地区
现状规模	铁路营业里程（公里）	19006.5	38778.0	35496.0	62694.3
	高速铁路里程（公里）	4120.4	14290.0	12486.0	10589.0
	公路通车里程（公里）	414780.0	1212505.0	1426884.0	2290269.0
	高速公路通车里程（公里）	13934.0	48925.0	40993.0	74810.0
	已建成机场个数（注：指已开通运营）	27	40	41	130.0
同比增速	铁路里程同比增速（%）	1.1	4.5	4.5	2.8
	高速铁路里程同比增速（%）	0.0	17.1	25.4	7.1
	公路里程同比增速（%）	0.7	0.8	1.3	3.0
	高速公路里程同比增速（%）	5.9	3.4	6.2	8.2
	民航机场个数同比增速（%）	0.0	0.0	2.5	4.0
区域结构	铁路里程占全国比重（%）	12.6	25.7	23.5	41.6
	高速铁路里程占全国比重（%）	11.4	39.5	34.5	29.3
	新增铁路里程占全国新增里程比重（%）	3.9	32.7	29.8	33.6
	新增高速铁路里程占全国新增里程比重（%）	0.0	39.3	47.6	13.1
	公路里程占全国比重（%）	7.8	22.7	26.7	42.9
	高速公路里程占全国比重（%）	7.8	27.4	22.9	41.9
	新增公路里程占全国新增里程比重（%）	2.8	9.8	19.0	68.4
	新增高速公路里程占全国新增里程比重（%）	7.4	15.2	23.0	54.3
	民航机场数量占全国比重（%）	11.3	16.8	17.2	54.6
	新增民航机场数量占全国新增数量比重（%）	0.0	0.0	16.7	83.3
路网密度	铁路网密度（公里 / 万平方公里）	241.2	423.4	345.4	91.1
	高速铁路网密度（公里 / 万平方公里）	52.3	156.0	121.5	15.4
	公路网密度（公里 / 万平方公里）	5263.0	13239.8	13884.2	3329.4
	高速公路网密度（公里 / 万平方公里）	176.8	534.2	398.9	108.8
	机场密度（个 / 万平方公里）	0.3	0.4	0.4	0.2

数据来源：根据国家统计局、交通运输部、地方发展改革委提供的数据汇总整理。

（二）东中部地区以高等级交通基础设施建设为主

近年来，交通基础设施的建设重点主要集中在高速铁路和高速公路等高等级基础设施建设方面，区域路网结构持续优化。

具体来看，2022 年，东北地区铁路营业里程超过 1.9 万公里，同比增长 1.1%，其中，设计时速 250 公里以上的高速铁路里程约达 4120.4 公里，较上年持平（见表 5–2）。东北地区铁路网密度约为每万平方公里 241.2 公里，其中高速铁路网密度约为每万平方公里 52.3 公里。

东北地区公路通车里程约达 41.5 万公里，同比增长 0.7%，其中，高速公路约达 1.4 万公里，同比增长 5.9%（见表 5–2）；东北地区公路网密度约为每万平方公里 5263.0 公里，其中高速公路网密度约为每万平方公里 176.8 公里。

表 5–2　2022 年东北地区交通基础设施基本情况

指标	单位	2021 年	2022 年	2022 年增幅（%）
铁路营业里程	公里	18805.0	19006.5	1.1
# 高速铁路里程（设计时速 250 公里及以上）	公里	4102.0	4120.4	0.0
公路通车里程	公里	412054.0	414780.0	0.7
# 高速公路里程	公里	13158.0	13934.0	5.9
沿海规模以上主要港口码头泊位	个	—	—	—
# 沿海万吨级泊位	个	—	—	—
内河规模以上主要港口码头泊位	个	—	—	—
# 内河万吨级泊位	个	—	—	—
内河航道通航里程	公里	—	—	—
# 等级航道里程	公里	—	—	—
# 三级及以上航道里程	公里	—	—	—

数据来源：国家统计局、交通运输部、地方发展改革委。2021 年数据根据地方发展改革委提供的信息进行修订。

2022 年，东部地区铁路营业里程达 3.9 万公里，同比增长 4.5%，其中，设计时速 250 公里以上的高速铁路里程达 14290 公里，同比增长 17.1%（见表 5–3）。东部地区铁路线网密度约为每万平方公里 423.4 公里，其中高速铁路网密度约为每万平方公里 156.0 公里。

东部地区公路通车里程达 121.2 万公里，同比增长 0.8%，其中，高速公路达 4.9 万公里，同比增长 3.4%（见表 5–3）。东部地区公路线网密度约为每万平方公里 13239.8 公里，其中高速公路网密度约为每万平方公里 534.2 公里。

表 5–3　　2022 年东部地区交通基础设施基本情况

指标	单位	2021 年	2022 年	2022 年增幅（%）
铁路营业里程	公里	37107.0	38778.0	4.5
# 高速铁路里程（设计时速 250 公里及以上）	公里	12342.0	14290.0	17.1
公路通车里程	公里	1205396.0	1212505.0	0.8
# 高速公路里程	公里	47336 .0	48925.0	3.4
沿海规模以上主要港口码头泊位	个	—	—	—
# 沿海万吨级泊位	个	—	—	—
内河规模以上主要港口码头泊位	个	—	—	—
# 内河万吨级泊位	个	—	—	—
内河航道通航里程	公里	—	—	—
# 等级航道里程	公里	—	—	—
# 三级及以上航道里程	公里	—	—	—

数据来源：国家统计局、交通运输部、地方发展改革委。2021 年数据根据地方发展改革委提供的信息进行修订。

2022 年，中部地区铁路营业里程达 3.5 万公里，同比增长 4.5%，其中，设计时速 250 公里以上的高速铁路里程达 12486 公里，同比增长 25.4%（见表 5–4）。中部地区铁路线网密度约为每万平方公里

345.4 公里，其中高速铁路网密度约为每万平方公里 121.5 公里。

中部地区公路通车里程达 142.7 万公里，同比增长 1.3%，其中，高速公路达 4.1 万公里，同比增长 6.2%（见表 5–4）。中部地区公路线网密度约为每万平方公里 13884.2 公里，其中高速公路网密度约为每万平方公里 398.9 公里。

表 5–4　　2022 年中部地区交通基础设施基本情况

指标	单位	2021 年	2022 年	2022 年增幅（%）
铁路营业里程	公里	34575.0	35496.0	4.5
# 高速铁路里程（设计时速 250 公里及以上）	公里	9953.0	12486.0	25.4
公路通车里程	公里	1439883.0	1426884.0	1.3
# 高速公路里程	公里	38593.0	40993.0	6.2
沿海规模以上主要港口码头泊位	个	—	—	—
# 沿海万吨级泊位	个	—	—	—
内河规模以上主要港口码头泊位	个	—	—	—
# 内河万吨级泊位	个	—	—	—
内河航道通航里程	公里	—	—	—
# 等级航道里程	公里	—	—	—
# 三级及以上航道里程	公里	—	—	—

数据来源：国家统计局、交通运输部、地方发展改革委。2021 年数据根据地方发展改革委提供的信息进行修订。

2022 年，西部地区铁路营业里程约达 6.1 万公里，同比增长 2.8%，其中，设计时速 250 公里以上的高速铁路里程约达 10589 公里，同比增长 7.1%（见表 5–5）。西部地区铁路网密度约为每万平方公里 91.1 公里，其中高速铁路网密度约为每万平方公里 15.4 公里。

西部地区公路通车里程约达 229 万公里，同比增长 3.0%，其中，高速公路约达 7.5 万公里，同比增长 8.2%（见表 5–5）；西部地区公路网密度约为每万平方公里 3329.4 公里，其中高速公路网密度约为每万平方公里 108.8 公里。

表 5-5　　2022 年西部地区交通基础设施基本情况

指标	单位	2021 年	2022 年	2022 年增幅（%）
铁路营业里程	公里	61149.0	62694.0	2.8
# 高速铁路里程（设计时速 250 公里及以上）	公里	8983.0	10589.0	7.1
公路通车里程	公里	2223667.0	2290269.0	3.0
# 高速公路里程	公里	69140.0	74810.0	8.2
沿海规模以上主要港口码头泊位	个	—	—	—
# 沿海万吨级泊位	个	—	—	—
内河规模以上主要港口码头泊位	个	—	—	—
# 内河万吨级泊位	个	—	—	—
内河航道通航里程	公里	—	—	—
# 等级航道里程	公里	—	—	—
# 三级及以上航道里程	公里	—	—	—

数据来源：国家统计局、交通运输部、地方发展改革委。2021 年数据根据地方发展改革委提供的信息进行修订。

（三）西部地区民航运输机场建设加快

2022 年我国新增民航机场共 6 个，分别为昭苏天马机场、阿拉尔塔里木机场、鄂州花湖机场、塔什库尔干红其拉甫机场、山南隆子机场、日喀则定日机场，其中 5 个分布在西部地区。西部地区民航机场建设明显加快，新增民航机场数量占全国的 83.3%，居各板块之首。我国民航发展长期呈现“东密西疏”格局，西部地区航空服务水平滞后，航空资源和潜在市场尚未得到有效配置和有序开发。

随着旅游资源的不断释放以及社会经济的快速发展，航空出行需求同既有航空服务供给间的矛盾日益突出。而从发展条件看，西部地区地广人稀，地面交通建设成本高，民航运输机场能够更加精准有效地匹配公众出行需求，对提升公众出行效率，助推西部地区交通服务均等化均具有重要意义。

具体来看，2022 年东北地区已建成的民航运输机场达 27 个，其中投入运营的有 27 个，民航机场密度为 0.3 个 / 百万平方公里。东部地区已建成的民航运输机场达 40 个，其中投入运营的有 40 个，民航机场密度为每万平方公里 0.4 个。中部地区已建成的民航运输机场达 41 个，其中投入运营的有 41 个，民航机场密度为每万平方公里 0.4 个。西部地区已建成的民航运输机场达 130 个，其中投入运营的有 130 个，民航机场密度为 0.2 个 / 百万平方公里（见表 5-6）。

表 5-6　　2022 年四大板块民航机场建设情况

区域	指标	单位	2021 年	2022 年	2022 年增幅（%）
东北地区	民航运输机场数（已建成的）	个	27	27	0.0
	# 已开通运营的民航运输机场数	个	27	27	0.0
东部地区	民航运输机场数（已建成的）	个	40	40	0.0
	# 已开通运营的民航运输机场数	个	40	40	0.0
中部地区	民航运输机场数（已建成的）	个	40	41	2.5
	# 已开通运营的民航运输机场数	个	40	41	2.5
西部地区	民航运输机场数（已建成的）	个	125	130	4.0
	# 已开通运营的民航运输机场数	个	125	130	4.0

数据来源：国家统计局、交通运输部、地方发展改革委。2021 年数据根据地方发展改革委提供的信息进行修订。

二、客货运量同比有所回落，区域差异明显

（一）公路客运量持续下降，东北地区降幅最大

随着国家高铁路网“八纵八横”逐步形成、私家车的普及、网约车的兴起，交通出行模式更加丰富，公众出行方式发生了深刻变革，传统公路客运受到了极大影响，客流量出现了大幅度下滑。自2018年起，各区域板块公路客运量持续下降，2022年继续呈现下降趋势。

2020—2022年，叠加新冠疫情影响，公路客运量持续下降。2022年我国各板块公路客运量均不足2019年水平的三成。具体来看，2022年，东北地区公路客运量约达到2.4亿人，同比下降33.8%，降幅最为明显，相当于2019年公路客运量的25.6%。东部地区公路客运量约达到13.1亿人，同比下降23.7%，相当于2019年公路客运量的28.9%。中部地区公路客运量约达到8.4亿人，同比下降36.6%，相当于2019年公路客运量的23.9%。西部地区公路客运量约达到11.6亿人，同比下降31.2%，相当于2019年公路客运量的28.8%（见表5-7）。

表5-7　2019—2022年四大板块公路客运量基本情况

单位：万人

项目	东北地区	东部地区	中部地区	西部地区
2019年	95692	453676	350613	401192
2020年	45257	244775	176075	223319

续表

项目	东北地区	东部地区	中部地区	西部地区
2021 年	36994	171653	132059	167990
2022 年	24485	130890	83736	115528
2022 年同比增幅	−33.8%	−23.7%	−36.6%	−31.2%
相当于 2019 年的	25.6%	28.9%	23.9%	28.8%

数据来源：国家统计局、交通运输部、地方发展改革委。2021 年数据根据地方发展改革委提供的信息进行修订。

（二）民航机场旅客吞吐量小幅回落，中部地区降幅最大

2020—2022 年，旅客运输持续受到新冠疫情影响。继 2022 年民航机场旅客吞吐量出现小幅回升之后，2022 年受疫情点状散发影响，国内国际出行受到严重限制，各区域板块民航机场旅客吞吐量均出现不同幅度下降，各板块民航机场旅客吞吐量均接近 2019 年疫情前水平的 4 成左右。

具体来看，2022 年，东北地区民航机场旅客吞吐量约达 3573.0 万人，同比下降 34.6%，相当于 2019 年民航机场旅客吞吐量的 42.8%。东部地区民航机场旅客吞吐量约达 24836.4 万人，同比下降 43.9%，相当于 2019 年民航机场旅客吞吐量的 35.0%。中部地区民航机场旅客吞吐量约达 6238.1 万人，同比下降 44.8%，降幅最大，相当于 2019 年民航机场旅客吞吐量的 40.1%。西部地区民航机场旅客吞吐量约达 17356.1 万人，同比下降 41.6%，相当于 2019 年民航机场旅客吞吐量的 43.1%（见表 5–8）。

表 5-8　2019—2022 年四大板块民航机场旅客吞吐量基本情况

单位：万人

项目	东北地区	东部地区	中部地区	西部地区
2019 年	8350.4	70950.0	15551.3	40300.9
2020 年	4928.5	42738.0	10182.3	27889.0
2021 年	5462.0	44274.4	11293.0	29719.0
2022 年	3573.0	24836.4	6238.1	17356.1
2022 年同比增幅	−34.6%	−43.9%	−44.8%	−41.6%
相当于 2019 年的	42.8%	35.0%	40.1%	43.1%

数据来源：国家统计局、交通运输部、地方发展改革委。2021 年数据根据地方发展改革委提供的信息进行修订。

（三）公路货运量同比全面下降，东北地区降幅最大

2020—2022 年，优化调整运输结构，一直是加快建设现代综合交通运输体系的一项重点工作，各区域持续深入开展工作。货物运输结构持续优化，公路货运量占比总体呈现下降趋势，重点区域运输结构调整取得突破性进展。2022 年党的二十大报告明确提出要加快建设交通强国，为进一步加快发展方式绿色转型，调整交通运输结构，作出了部署、指明了方向。

相比于 2021 年公路货运量出现小幅回升，2022 年各区域板块公路货运量同比回归下降趋势，其中东北地区降幅最为明显。具体来看，2022 年，东北地区公路货运量约达 21.9 亿吨，同比下降 0.1%。东部地区公路货运量约达 129.0 亿吨，同比下降 8.9%。中部地区公路货运量约达 109.3 亿吨，同比下降 4.2%。西部地区公路货运量约达 111.1 亿吨，同比下降 0.4%。

与 2019 年同期相比，除东北地区公路货运量仍有小幅差距外，

其余三大板块公路货运量均已超过 2019 年水平，其中西部地区公路货运量相当于 2019 年的 112.6%，增长幅度最大（见表 5–9）。

表 5–9　　2019—2022 年四大板块公路货运量基本情况

单位：万吨

项目	东北地区	东部地区	中部地区	西部地区
2019 年	219396.0	1257908.0	971198.0	986951.0
2020 年	212364.0	1272639.0	838054.0	973358.0
2021 年	242357.0	1415135.0	1140946.0	1115453.0
2022 年	218832.0	1289538.0	1092529.0	1111027.0
2022 年同比增幅	–0.1%	–8.9%	–4.2%	–0.4%
相当于 2019 年的	99.7%	102.5%	112.5%	112.6%

数据来源：国家统计局、交通运输部、地方发展改革委。2021 年数据根据地方发展改革委提供的信息进行修订。

（四）民航货运量同比有所下降，中部地区率先恢复

2020—2022 年，我国航空货运量总体增长，各区域货邮吞吐量均实现不同程度的发展。2022 年各区域板块民航货邮吞吐量虽同比均有不同程度下降，西部地区降幅最为明显。具体来看，2022 年，东北地区民航机场货邮吞吐量约达 42.2 万吨，同比下降 19.3%。东部地区民航机场货邮吞吐量约达 1069.7 万吨，同比下降 17.6%。中部地区民航机场货邮吞吐量约达 126.1 万吨，同比下降 20.7%。西部地区民航机场货邮吞吐量约达 214.9 万吨，同比下降 21.2%（见表 5–10）。但较 2019 年同期相比，2022 年东北地区、中部地区、西部地区三大板块的民航货邮吞吐量平均已恢复至将近八成，其中中部地区民航货运率先恢复甚至超过疫情前水平，同 2019 年相比

增长 7%。

表 5-10　2019—2022 年四大板块民航机场货邮吞吐量基本情况

单位：万吨

项目	东北地区	东部地区	中部地区	西部地区
2019 年	53.1	1246.0	117.9	279.1
2020 年	57.1	1168.0	137.2	251.9
2021 年	52.3	1298.9	159.0	272.8
2022 年	42.2	1069.7	126.1	214.9
2022 年同比增幅	−19.3%	−17.6%	−20.7%	−21.2%
相当于 2019 年的	79.5%	85.9%	107.0%	77.0%

数据来源：国家统计局、交通运输部、地方发展改革委。2021 年数据根据地方发展改革委提供的信息进行修订。

（五）港口集装箱吞吐量同比上升，东部地区最为明显

2020—2022 年，我国港口集装箱吞吐量在波动中增长。同 2021 年国际集装箱运输需求持续旺盛，海运市场运力供需失衡相比，2022 年，海运市场“一箱难求”状况趋于缓和，行业整体回归理性，但仍保持总体上涨趋势。从统计数据看，在沿海及内河规模以上港口货物吞吐量同比普遍下降的情况下，集装箱吞吐量同比均有不同程度增加。

具体来看，2022 年，东北地区沿海规模以上港口货物吞吐量约为 7.4 亿吨，同比下降 6.0%，相当于 2019 年的 86.0%；集装箱吞吐量约为 1195 万 TEU（Twenty-feet Equivalent Unit，即以长度为 20 英尺的集装箱为国际计量单位），同比增长 5.3%，相当于 2019 年的 70.8%。东部地区沿海规模以上港口货物吞吐量约为 80.1 亿吨，同比下降 9.2%，相当于 2019 年的 99.3%，集装箱吞吐量约为 24174

万 TEU，同比增长 4.2%，相当于 2019 年的 115.0%；内河规模以上港口货物吞吐量约为 35.8 亿吨，同比下降 2.9%，相当于 2019 年的 109.6%，集装箱吞吐量约为 2456 万 TEU，同比增长 1.9%，相当于 2019 年的 111.5%。中部地区内河规模以上港口货物吞吐量约为 15.5 亿吨，同比增长 6.1%，相当于 2019 年的 132.0%，集装箱吞吐量约为 740 万 TEU，同比增长 13.8%，相当于 2019 年的 140.2%。西部地区沿海规模以上港口货物吞吐量约为 3.7 亿吨，同比增长 3.7%，相当于 2019 年的 145.2%，集装箱吞吐量约为 702 万 TEU，同比增长 16.8%，相当于 2019 年的 183.8%；内河规模以上港口货物吞吐量约为 3.1 亿吨，同比下降 25.8%，相当于 2019 年的 106.5%，集装箱吞吐量约为 237 万 TEU，同比下降 14.7%，相当于 2019 年的 99.6%（见表 5–11）。

表 5–11　　2022 年四大板块港口货物吞吐量情况

区域	指标	单位	2021 年	2022 年	2022 年增幅	相当于 2019 年的
东北地区	沿海规模以上港口货物吞吐量	万吨	78768.0	74051.0	–6.0%	86.0%
	# 集装箱吞吐量	万 TEU	1135.0	1195.0	5.3%	70.8%
	内河规模以上港口货物吞吐量	万吨	0.0	0.0	—	—
	# 集装箱吞吐量	万 TEU	0.0	0.0	—	—
东部地区	沿海规模以上港口货物吞吐量	万吨	882670.0	801219.0	–9.2%	99.3%
	# 集装箱吞吐量	万 TEU	23197.0	24174.0	4.2%	115.0%
	内河规模以上港口货物吞吐量	万吨	368257.0	357614.0	–2.9%	109.6%
	# 集装箱吞吐量	万 TEU	2410.0	2456.0	1.9%	111.5%
中部地区	沿海规模以上港口货物吞吐量	万吨	0.0	0.0	—	—
	# 集装箱吞吐量	万 TEU	0.0	0.0	—	—
	内河规模以上港口货物吞吐量	万吨	146310.0	155238.0	6.1%	132.0%
	# 集装箱吞吐量	万 TEU	650.0	740.0	13.8%	140.2%

续表

区域	指标	单位	2021 年	2022 年	2022 年增幅	相当于 2019 年的
西部地区	沿海规模以上港口货物吞吐量	万吨	35822.0	37134.0	3.7%	145.2%
	# 集装箱吞吐量	万 TEU	601.0	702.0	16.8%	183.8%
	内河规模以上港口货物吞吐量	万吨	42312.0	31405.0	−25.8%	106.5%
	# 集装箱吞吐量	万 TEU	278.0	237.0	−14.7%	99.6%

数据来源：国家统计局、交通运输部、地方发展改革委。2021 年数据根据地方发展改革委提供的信息进行修订。

第六章

交通运输发展重要经验

在以习近平同志为核心的党中央坚强领导下，我们经受了世界变局加快演变、疫情冲击、国内经济下行等多重考验，实现第一个百年奋斗目标，开启向第二个百年奋斗目标进军新征程。过去三年，交通运输领域作为疫情防控的重要环节，有力支撑统筹经济社会发展和疫情防控工作，形成了宝贵经验。

一、不忘初心，始终坚持以人民为中心

交通运输领域始终坚持人民至上、生命至上，在“外防输入、内防反弹”总策略和“动态清零”总方针领导下，为切实解决交通物流潜在不确定性问题逐步凸显，切实保障美好生活需要，从人民生产生活需要出发，从人民切身感受出发，从人民关切关心诉求出发，持续强化交通运输战略保障。

（一）急人民所急，加强防疫物资战略保障

积极响应疫情防控需要，主动顺应疫情防控政策调整新要求，统筹交通物流领域自身疫情防控要求和经济社会其他领域需要交通物流给予的支撑保障。在强化交通物流环节疫情防控的同时，切实回应人民群众在疫情防控中的急难愁盼，夯实交通物流支撑。

一是饱和式供给保障运输需求。聚焦重要物资、重要区域、重要通道，提升高峰时段、关键通道保障能力。如，强化疫情防控重点医疗物资和生活物资保障，根据疫情防控初期湖北多地需要，保障山东、江苏、安徽、湖南、广西等蔬菜产地与湖北间跨区域往来运输，设立绿色通道。

二是强调防疫物资运输效率。保障跨区域稳定通行，优化关键物资运输时效，如，对运输医疗物资、生活必需品，优先保障运力，对相关车辆“不停车、不检查、不收费”，保障优先通行。

三是强化要素保障支撑。协调解决资源和调运问题，确保安全

稳定供应，如，加大储备力度，落实和完善政府临时储备制度，宁可备而不用，宁可多备少用，最大限度把各类生活必需品保障好。

（二）忧人民所忧，保障生产生活基本需要

立足疫情冲击影响，从人民生产生活实际需要出发，设身处地，统筹生产生活需要，强化交通物流环节必要支撑，依托有效运输组织，保障交通物流安全运行，服务经济社会发展要求。

一是保障重点人群出行需要。围绕务工、求学等需求，加强专项政策支撑，以农民工务工为代表，如，出台政府组织的农民工包车免费通行政策，开设班列包机等专项保障支撑，定向满足具体需要。

二是拓展应急运输支撑范围。将重要生产生活物资与应急物资整体统筹，保障生产生活基本需要。在开通防疫应急运输“绿色通道”、对运送应急物资和人员的车辆实施免费并优先便捷通行政策的同时，将重要生活、生产物资运输纳入应急运输管理并同步优先免费通行，继续执行鲜活农产品运输“绿色通道”政策，保障生产生活物资稳定供应。

三是保障交通出行防疫安全。针对交通环节中潜在感染风险较大的情况，加强出行安全举措，如，推进铁路、公路水路交通工具上座率控制在50%以下，减少出行环节安全担忧。

（三）想人民所想，解决交通出行后顾之忧

疫情影响不可避免地增加了人民群众交通出行不确定性，并进一步增加出行潜在成本，为此，交通运输领域充分立足人民生产生

活实际需要，推进保障客运组织稳定运行，配合各地前灵活安排工作的措施，便捷人民出行需要。

一是加强交通出行普惠保障。加大交通出行税费优惠力度，提升交通物流优惠政策保障普适性、均衡性，保障各类人群、多种用途的出行需求。以收费公路免费通行政策优惠为代表，延长小型客车重大节假日免费通行政策，免收通行费的对象为依法通行收费公路的所有车辆，包括所有客车、货车、特种车辆等。

二是减少人民出行调整成本负担。部分地区出现局部疫情，带来临时性、突发性出行变化，为应对出行变化带来的影响，出台针对性政策，减少人民出行调整成本，合理简化出行调整程序。其中，以票务调整为代表，如，铁路方面，旅客在开车前自愿改变行程需退票的，铁路部门均不收取退票手续费，对无法在网上办理退票的旅客，铁路部门继续推出延长退票时限的服务措施；民航方面，已购买民航机票的旅客自愿退票的，各航空公司及其客票销售代理机构应免费办理退票，不得收取任何费用。

二、以变应变，转化经验优化应对策略

统筹发展和安全，积极应对、主动作为，因时因势优化调整防控政策，交通运输领域围绕我国疫情防控阶段形势变化，持续总结经验教训，不断优化调整工作思路和手段，切实发挥统筹疫情防控和经济社会发展工作支撑，推动经济和社会秩序加快走向恢复。

（一）长短结合，系统推进韧性交通建设

韧性交通概念在交通运输领域应用进一步深入，推进韧性交通理论研究、政策应用及建设实践，强化交通基础设施稳健性和冗余性，提升对所处交通环境的变化预测，确保在经受突发事件时可持续稳定运行或实现快速恢复。

一方面，强化韧性交通政策应用，以“十四五”时期为重点，深入推进人性交通理念应用，推进韧性交通发展水平提升。另一方面，细化韧性交通发展重点任务。**一是理顺韧性交通全生命周期发展思路，**立足突发情况对综合交通运输体系整体运行影响，着眼交通基础设施全生命周期发展，强化常态化交通环境风险评估，做好常态化预防和准备工作，加强对于面临冲击时潜在不良影响的抵御和吸收，运行严重受限时作出响应和适应举措，提高冲击后快速恢复能力。**二是统筹韧性交通长期发展布局，**根据韧性交通建设理念及实践经验，兼顾短期及长期韧性建设，韧性交通通常具有稳健性、冗余性、应变性、恢复性、学习转化性及适应性等主要特征，在中长期发展中予以系统强化。

（二）平急统筹，全面提升应急管理水平

以有效应对疫情影响为推动，应急交通、应急物流发展加快推进，应急管理水平全面提升。**一是响应急时重点诉求，**以高峰、急时、特情下交通物流承载能力、反映时效提升和稳定运行为重点，出台多项政策措施满足应急运输要求，加快补齐应急物流短板，提升战略物资、应急物流、国际供应链等保障水平，对全要素运输、专业物流活动开展、人员运输等相关具体情况进行明确，保障生产生活

工作稳步推进。**二是立足平时发展，加快推进应急管理谋划布局，**《“十四五”现代综合交通运输体系发展规划》设立专门章节明确“强化安全应急保障”，强调健全综合交通运输应急管理体制机制，完善应急协调机制和应急预案体系，加强交通运输调度与应急指挥平台建设。推进区域性公路应急装备物资储备中心建设。**三是提出综合交通运输安全应急能力提升重点工程，**聚焦关键基础设施安全防护、应急保障能力建设、水上救助能力提升等三大领域提出重点工程和重大项目。

（三）由点及面，持续探索政策措施创新

立足交通运输与经济社会发展互动关系，围绕新冠疫情影响，落实疫情防控政策要求，聚焦重点环节，创新提出应对措施办法。其中，以国际航空运输“熔断”机制为代表，中国民航局发布《关于疫情防控期间继续调减国际客运航班量的通知》，实施国际客运航班熔断政策，坚持“外防输入、内防反弹”总策略和“动态清零”总方针，以“熔断”机制为切入点，统筹国际航空客运及管理领域整体安排，有效支撑。中国民航局、外交部、国家卫生健康委、海关总署、移民局等共同建立专班机制，以入境航班落地后旅客核酸检测结果为依据，对航班实施熔断和奖励措施，提出中国国内每家航空公司经营至任一国家的航线只能保留 1 条，且每条航线每周运营班次不得超过 1 班；外国每家航空公司经营至中国的航线只能保留 1 条，且每周运营班次不得超过 1 班。在“五个一”政策（一航司、一国家、一航线、一星期、一航班）下，随后逐步“奖励航班”“熔断航班”及其他双边协定等政策调整，精准指导国际民航运输组织开展。此外，公路方面“一断三不断”“三不一优先”政策，铁路方

面“七快速”政策，水运方面“四优先”政策，也通过政策创新，有力保障了行业稳定运行。

三、集中力量，充分发挥体制机制优势

集中力量办大事是社会主义制度优越性的重要体现。交通物流应急处置普遍具有跨领域、跨部门的特点，涵盖范围广、协调单位多、涉及内容细。交通运输领域通过明确宏观思路和推动微观实践双管齐下，充分发挥体制机制整体优势，凝聚起众志成城齐心协力的磅礴力量，奠定了交通运输领域支撑疫情防控的扎实基础。

（一）锚定方向，形成宏观高效统筹机制

成立国务院应对新型冠状病毒感染的肺炎疫情联防联控工作机制，为疫情防控大局明确方向。成员单位共32个部门，联防联控工作机制下设疫情防控、医疗救治、科研攻关、宣传、外事、后勤保障、前方工作等工作组，分别由相关部委负责同志任组长，明确职责，分工协作，其中多个部门涉及对交通物流领域具体需求。同时，各级地方政府和部门设立相关配套机制，进一步顺畅体制机制运行。

（二）齐心协力，共同推进堵点卡点难题

针对交通运输领域出现的具体问题，依托宏观统筹机制，发挥综合管理部门协调统筹功能和行业管理部门行业推进作用，以

工作专班或领导小组机制推进协调统筹，有效解决堵点问题。具体体现如下：

一是完善春运工作配套机制，2021 年 1 月 10 日，国务院联防联控机制春运工作专班成立，组成单位在原春运部际协调工作机制 12 家成员单位（国家发展改革委、公安部、人力资源社会保障部、交通运输部、应急管理部、中国气象局、国家铁路局、中国民航局、中央军委后勤保障部、中华全国总工会、共青团中央和国家铁路集团）基础上，增加国家卫生健康委、教育部、文化和旅游部 3 个部门。工作专班组长由交通运输部部长担任，国家发展改革委、交通运输部、国家卫生健康委分管负责同志任副组长，其他部门和单位分管负责同志为成员，各部门和单位相关司局级负责同志任联络员。坚持系统谋划、统筹安排，稳中求进、精准施策，注重平衡、把握好度，印发春运疫情防控和运输服务保障总体工作方案，确保春运期间人民群众平安健康便捷舒畅出行，确保重点物资运输畅通有序。

二是保通保畅相关工作配套机制，形成国务院联防联控机制综合组交通管控与运输保障专班，指导各地成立专门相应机构，出台《关于全力做好货运物流保通保畅工作的通知》《关于切实做好河南省重点地区应对新冠肺炎疫情交通管控与运输保障工作的通知》等相关政策文件。统筹做好货运物流疫情防控和保通保畅工作，全力保障货运物流特别是医疗与防控物资、生活必需品、政府储备物资、邮政快递等民生物资和农业、能源、原材料、重点工业品等重要生产物资运输畅通，切实维护人民群众正常生产生活秩序。

（三）足履实地，强化行业应对措施落实

聚焦专门领域，加强宏观政策分解落实，推进宏观指导与微观实践衔接落实。以冷链运输为例，针对国际冷链运输潜在风险，国务院联防联控机制综合组发布了《进口冷链食品预防性全面消毒工作方案》，有效防范新冠疫情通过进口冷链食品（含食用农产品）输入风险，实现“安全、有效、快速、经济”目标，在确保进口冷链食品安全的同时，提升口岸通关效率，避免货物积压滞港，保障产业链供应链稳定。

在此基础上，行业部门进一步拆解行业具体要求，细化明确行业疫情防控指导，强化重点领域政策指引。如，交通运输部出台《公路、水路进口冷链食品物流新冠病毒防控和消毒技术指南》，加强从业人员防护，严格运输工具消毒，进一步督促进口冷链食品运输企业严格执行信息登记制度，如实登记装运货物、车船、司乘人员、船员、装卸货及收货人员等信息，不得承运无法提供进货来源的进口冷链食品，坚决切断冷链物流病毒传播途径。同时，根据疫情防控要求调整，推进相关指南调整更新，及时落实最新要求。

四、交通天下，坚持保障国际互联互通

2020 年三季度以来，国际交通运输运力流转不畅问题持续凸显，影响全球产业链供应链组织。货运物流多个环节“供不应求”现象突出，面对国际运输呈现的挑战，我国依托疫情防控成效带来的生产能力优势和完整的产业链供应链体系保障，有力推进国际运输平

稳运行，坚持国际交通物流联通，保障全球产业链稳定运行。

（一）疏堵结合，保障国际供应链稳定运行

为保障国际物流稳定，交通运输部等 12 个部门成立国际物流工作专班，全面协调解决国际物流中存在的问题，研究出台提高国际货运能力的政策措施。为保障海运畅通，稳定外贸运输基本盘，从畅通运输通道、促进运输便利化、降低进出口物流成本等方面着手，专门开辟国际快船运输，不断拓展航线，通过减少挂港、提高航速，缩短运输时间，增加运载量。2020 年初，由于国际航空运力严重萎缩，现有陆路、铁路以及海运运输运力尚未形成对航空运力不足的有效弥补，造成了国际邮件快件积压滞留在口岸，有关部门积极应对，多措并举，组织企业通过寻求海运和国际铁路运输渠道以及增加海外仓等方式，全力保障国际寄递渠道的畅通，行业呈现出逆势增长、稳步回升的态势。

（二）标本兼治，保障国际产业链稳定运行

各地各部门因地制宜采取一系列举措，维护全球产业链供应链稳定运行。如，广东港口开辟“绿色通道”，盐田港船舶自动识别系统等多种科技设备，加快了船舶进出港审批手续进度，为进出港货轮提供便利。深圳港在 2022 年 3 月局部疫情期间，平均每日靠泊船舶 132 艘，集装箱吞吐量 6.4 万标箱，出入港拖车 2 万余辆，港口整体运行平稳有序，仍全力为全球稳定供应链筑牢海上通道。江西南昌为制造业园区正常运行，确保材料进去、货物出来，对驾驶员包括卸货工人封闭管理，进出货车要消毒，保障了防疫、企业生产以

及供应链的安全。山东打通产业链供应链堵点，协助国内的外资和合资企业在疫情影响下有效应对风险挑战，针对产业链薄弱环节和企业实际需求，确保工业经济安全稳定运行。

五、博采众长，广泛发挥社会各界作用

充分发挥社会各界力量，统筹摸排薄弱环节，切实提升交通物流应急响应服务的覆盖面和延伸性，重点强化重点地区、偏远区域、农村地区等保障支撑能力，加强突发公共事件实地应急服务保障，强化现代化交通物流应急保障，发挥交通物流各领域应急响应发展潜力。

（一）部门领航，把握多部门多领域合作方向

由综合管理部门和行业部门共同推进，在布局行业整体应对策略的同时，夯实社会力量参与基础，着重推进跨方式、跨部门、跨领域衔接，为各界参与奠定基础。推进交通物流各环节既有政策标准统一，加强应急物资采购、仓储、运输、调配等相关环节政策衔接，推进铁路、民航、公路、水运等环节应急运输过程中对于物体包装等相关标准统一，提升应急响应服务的整体协同性。强化不同部门间政策相互衔接，加强海外应急资源调配等重点领域保障支持，及时对接海关、检验检疫等相关政策要求，并推进相关部门对应急响应过程中的紧急运输考虑予以政策保障。

（二）企业发力，发挥多元主体主动性能动性

推进各类社会力量参与，共同推进交通物流支撑统筹疫情防控与经济社会发展工作，充分发挥各方优势。加强企业对接协作，发挥各级主体功能作用。其中，重点发挥社区、企业单位多元治理主体的作用，鼓励社区、企业单位等自组织配送、快递，加强小区域微循环，减少城市内跨区域大流转。根据生产生活实际需要，推进配送、快递服务向中小城市和农村地区发展延伸，如，以社区、街道为单位加强配送、快递人员追踪管理，并将配送、快递人员纳入相关病例的接触人员范围。

（三）智库护行，强化重点领域研究支撑保障

在社会各界协作过程中，研究单位发挥了重要的支撑作用，交通物流问题成为多个类型学科研究的关注领域和研究开展的组织线索，以交通物流为切入点，延展至关联产业运行、产业链供应链组织、流通循环等相关领域重大问题，为政策制定和企业决策提供了有效支撑，并帮助人民群众更加深入了解认识统筹疫情防控和经济社会发展工作的重大意义。其中，国家发展改革委综合运输研究所作为宏观经济领域唯一综合运输研究单位，立足宏观经济发展需要，聚焦综合交通运输体系整体运行，围绕设施建设、服务组织、新业态应用等重要问题，形成了课题、文章、著作等一系列丰硕成果，有力支撑了多项规划政策文件编制出台。

参考文献：

[1] 杨超，唐鹏程，郝旭宽，李兴华. 韧性交通建设实践与启示[J]. 综合运输，2021，43（8）：134–138.

[2] 梁丽娟，陈思聪，宋大珩，等. 抗疫情 抓发展！各地各部门多举措维护全球产业链供应链稳定[EB/OL]. [2022-03-31]. https://baijiahao.baidu.com/s?id=1728823131386144391&wfr=spider&for=pc.

行业篇

第七章

铁路发展三年回顾和未来展望

新冠疫情发生三年多来，铁路部门始终以习近平总书记对铁路工作的重要指示批示精神为根本遵循，深入贯彻“疫情要防住、经济要稳住、发展要安全”的重要要求，统筹疫情防控与经济社会发展，勇担交通强国铁路先行历史使命，有力有效应对疫情带来的多重考验，奋力推动铁路高质量发展取得新成效。

一、铁路高质量发展取得新成效

（一）固定资产投资维持高位，基础设施网络更加完善

2020—2022 年，铁路基础设施建设有序推进，重大项目扎实推动实施，全国铁路固定资产投资共计完成 2.24 万亿元，与 2019 年相比，在延续高位的同时略有收紧（见图 7–1）。面对新冠疫情冲击，铁路固定资产投资维持高位运行，充分发挥了重要的稳投资、稳增长作用。2020—2022 年，投产新线达到 1.32 万公里，其中高速铁路 6771 公里，所占比例为 51.1%。这些铁路新线的开通极大地促进了区域经济的发展，提高了铁路运输的效率和服务水平。

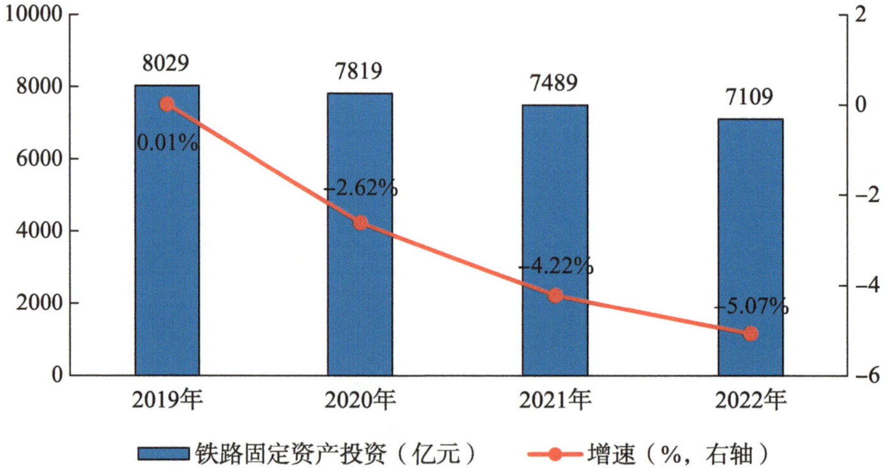

图 7–1　2019—2022 年铁路固定资产投资及增长情况

资料来源：2019—2022 年铁道统计公报。

铁路基础设施网络不断完善。全国铁路营业里程由 2019 年 14

万公里增加到 2022 年的 15.5 万公里，增长 10.7%。其中高速铁路营业里程由 3.5 万公里增加到 4.2 万公里，增长 20%。2022 年，全国铁路路网密度 161.1 公里 / 万平方公里，比 2019 年末增加 15.6 公里 / 万平方公里；复线里程 9.2 万公里，复线率 59.6%，比 2019 年提高 0.6 个百分点；电气化里程 11.4 万公里，电气化率 73.8%，比 2019 年提高 1.9 个百分点。2019—2022 年全国铁路网规模变化情况见图 7–2。

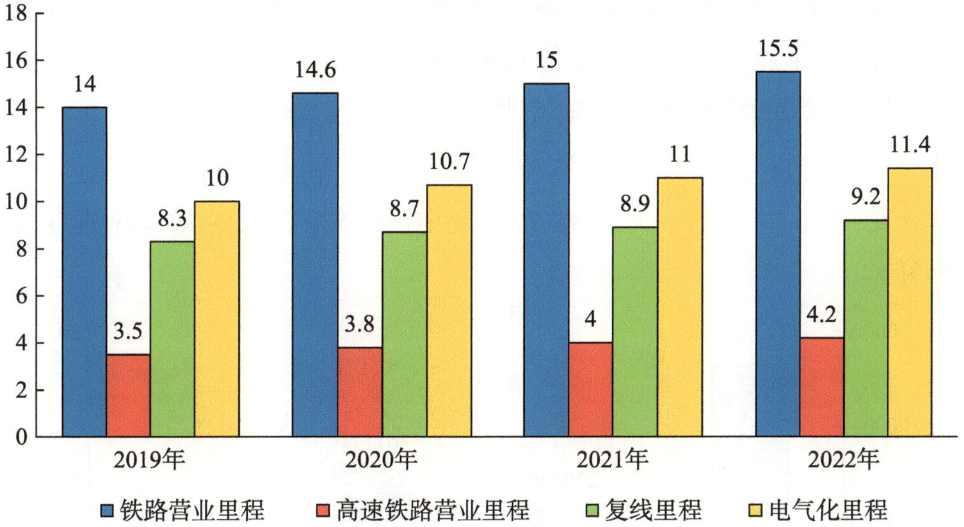

图 7–2　2019—2022 年全国铁路网规模变化情况（万公里）

资料来源：2019—2022 年铁道统计公报。

西部铁路“留白”填补速度加快。截至 2022 年底，西部地区铁路营业里程达 6.3 万公里，占全国铁路营业里程超过 40%，比 2019 年增加 0.7 万公里。其中，设计时速 250 公里以上的高速铁路里程约达 1.06 万公里，比 2019 年增长 5.6%。2022 年西部地区铁路网密度约为 91.1 公里 / 万平方公里，高速铁路网密度约为 15.4 公里 / 万平方公里，为促进区域协调发展和巩固脱贫攻坚成果提供了有力支撑。

（二）客运受疫情冲击严重，货运韧性强劲

1. 客运低位运行，运输需求有待进一步释放

2020—2022 年，全国铁路共完成旅客发送量 64.88 亿人，分年度看，2020 年全国铁路旅客发送量出现断崖式下跌，由 366002 万人下降到 220350 万人，下降幅度达到 39.8%。2021 年新冠疫情持续蔓延，全国铁路旅客发送量逆势增长，同比上升 18.5%，这主要源于 2020 年新冠疫情冲击下低基数拉高 2021 年同期增速。2022 年疫情继续对国内交通运输市场产生不利影响，铁路客运再受重创，全国铁路旅客发送量为 167296 万人，同比下降 35.9%，仅为疫情发生前（2019 年）的 45.7%。全国铁路旅客发送量及增速情况见图 7–3。

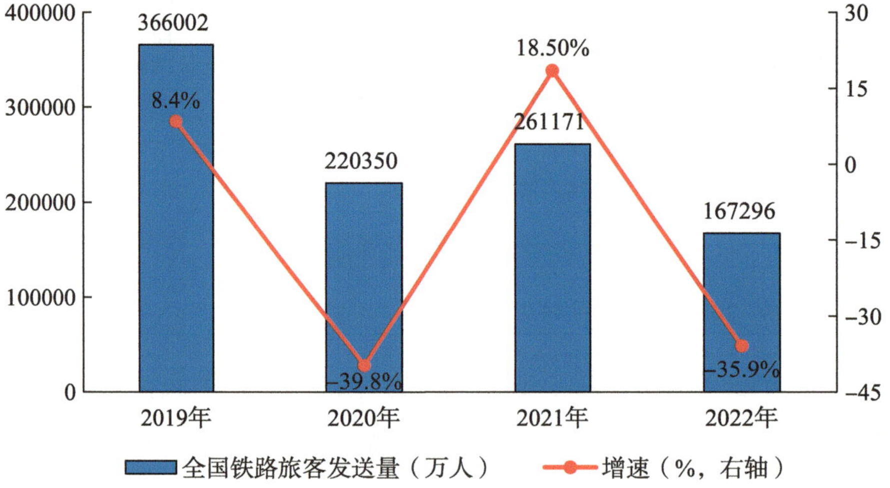

图 7–3　2019—2022 年全国铁路旅客发送量及增速情况

资料来源：2019—2022 年铁道统计公报。

2020—2022 年，全国铁路旅客周转量累计为 2.44 万亿人公里，同比增速分别为 −43.8%、15.7% 与 −31.1%。2022 年全国旅客周转量

仅为 2019 年的 44.7%。总体来看，疫情冲击下铁路客运始终处于低位运行，远低于 2019 年同期客运水平，运输需求有待进一步释放。

2. 货运保持韧性，保畅稳供扎实有力

新冠疫情发生以来，铁路货运攻坚克难，展现出了强劲的发展势头和韧性，实现连续增长，为保障物资循环畅通与供应链安全稳定提供了有力支撑。从发送量看，2020—2022 年，全国铁路共累计完成货物发送量 143.1 亿吨，同比增速分别为 3.20%、4.90%、4.42%。2022 年全国铁路货运总发送量达到 498424 万吨，比 2019 年增长 13.6%（见图 7–4）。从周转量看，2020—2022 年全国铁路货运总周转量为 9.97 万亿吨公里，同比增速分别为 1.0%、8.9% 与 8.1%。2022 年铁路货运总周转量达到 3.6 万亿吨公里，比 2019 年增长 19%。

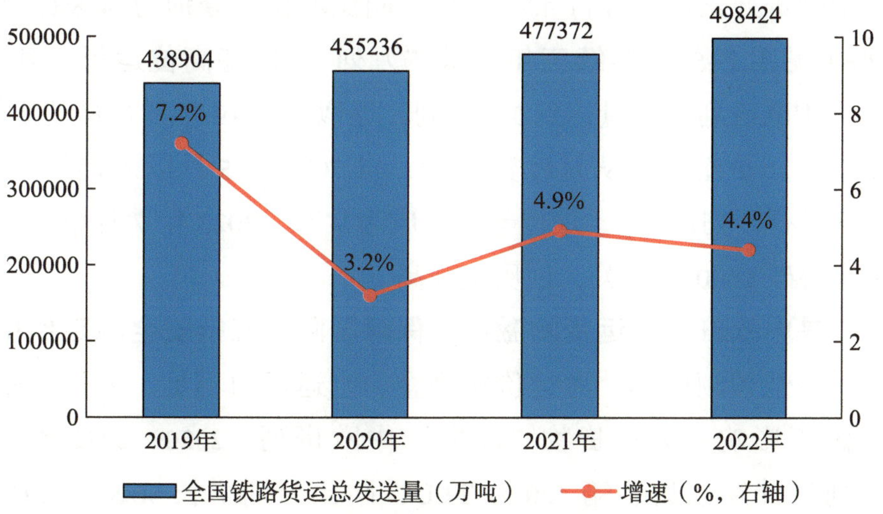

图 7–4　2019—2022 年全国铁路货运总发送量及增长情况

资料来源：2019—2022 年铁道统计公报。

同时，在跨区域运输中，铁路较公路运输更具优势，铁路货运在保通保畅中的作用进一步提升。公路运输效率一定程度上受到高速公路进出口频繁管制、临时静默管理等疫情防控措施的影响，铁路货运优势凸显。2022 年，铁路货运占全社会共完成营业性货运量比重达到 9.67%，较 2019 年提高 0.36 个百分点。总体来看，铁路货运继续维持增长态势，保持韧性，为稳定生产生活物资供给发挥了重要的积极作用。

（三）中欧班列逆势增长，西部陆海新通道建设成效显著

1. 中欧班列逆势上扬，运行质量稳步提升

一是中欧班列开行规模跑出“加速度”。面对新冠疫情的严重冲击，中欧班列以韧克难，逆势增长，开行数量增长强劲。2020—2022 年，中欧班列累计共开行 4.36 万列，同比增长率分别为 50.8%、22% 和 9%（见图 7-5），连续三年突破“万列”，保持高位运行。其中，2022 年中欧班列开行量达到 1.6 万列，近似为 2019 年开行量的 2 倍，再次刷新历史纪录。从月度数据看，自 2020 年 5 月以来连续 32 个月单月开行千列以上，“月行千列”成为常态。2023 年 7 月单月开行量首次突破 1600 列大关，创历史新高。

二是中欧班列发运货物激增，保障国际供应链安全稳定作用凸显。受疫情频频反弹、海运价格高企、空运运力不足、公路口岸不畅等因素影响，大量货物“涌向”中欧班列。2020—2022 年，中欧班列累计发运集装箱 420 万 TEU，同比分别增长 56.5%、29% 与 10%，连续三年保持在“百万 TEU”之上，市场份额进一步提升。2022 年发运集装箱 160 万 TEU，较 2019 年翻番，发挥了重要战略通道作用。

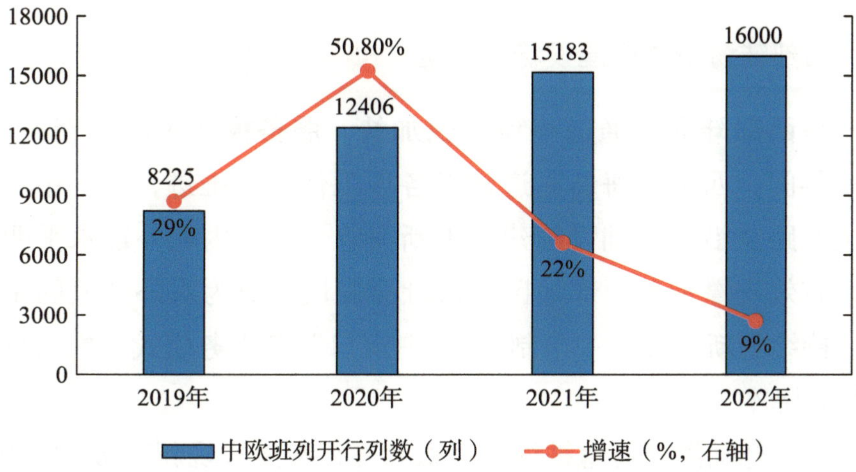

图 7-5　2019—2022 年中欧班列开行列数及增长情况

资料来源：中国一带一路网。

三是运行质效跨越式提升。从重箱率看，2020—2022 年，中欧班列重箱率高位企稳。2022 年 1—11 月，中欧班列综合重箱率达 99%，较 2019 年提升 5%，空箱问题已成过去式。从运行时间看，疫情之下中欧班列平均运行时间 20~25 天，与海运相比具有突出优势。此外，中欧班列品牌建设不断强化，数字化班列建设持续完善，建设中欧班列信息集成平台，实现信息互联互通。

四是国际市场网络加快拓展，集结中心建设提速。2022 年，中欧班列联通中国境内 108 个城市，通达欧洲 25 个国家 208 个城市，比 2019 年增加 8 个国家和 152 个城市，通达城市数量比疫情前增长了 2.7 倍。成都、郑州、重庆、西安、乌鲁木齐 5 个枢纽节点城市建设中欧班列集结中心成效显著，促进中欧班列开行由“点对点”向“枢纽对枢纽”转变，加快形成“干支结合、枢纽集散”的高效集疏运体系。

2. 西部陆海新通道建设稳步推进

一是西部陆海新通道建设步伐加快，服务模式不断创新升级。疫情三年间，西部陆海新通道建设各项工作扎实推进，东、中、西三条主通路及沿线基础设施建设不断完善。通道内联外通水平明显提高，有效支撑带动西部地区经济社会发展，成为对外开放的重要引擎。持续创新升级“一单制”“单一窗口”等服务模式，推动物流提质增效降本。

二是西部陆海新通道铁海联运班列开行数量实现新突破。2020—2022 年，累计共计开行铁海联运班列 1.95 万列，同比增长分别达 104.90%、33.09% 和 44.19%。2022 年，西部陆海新通道铁海联运班列日均发车约 24 列，开行数量达到 8800 列，与 2019 年相比几乎翻两番。

（四）绿色转型持续推进，低碳发展迈出新步伐

一是铁路节能减排效果明显。2020—2022 年，铁路部门坚持绿色发展理念，进一步发挥大运量、高能效、低排放的运输优势，节能减排成效显著。从综合能耗看，2022 年国家铁路能源消耗折算标准煤 1512.58 万吨，比 2019 年减少 122.19 万吨，下降 7.47%。单位运输工作量综合能耗 3.91 吨标准煤 / 百万换算吨公里，比 2019 年减少 0.03 吨标准煤 / 百万换算吨公里，下降 0.76%。从主要污染物排放量看，2022 年国家铁路化学需氧量排放量由 1732 吨下降到 1448 吨，比 2019 年减少 284 吨；二氧化硫排放量由 5286 吨下降到 1228 吨，比 2019 年减少 4058 吨。

二是铁路部门积极推动低碳转型，助力实现“双碳”目标。铁路部门加快技术创新，大量投用节能低碳的动车组和新型机车，有

效降低铁路运行碳排放。新时代十年，国家铁路完成货物发送量324亿吨，国家铁路增加的货运周转量与公路完成同样的周转量相比，累计减少二氧化碳排放约2316万吨。同时，铁路部门持续加大绿化投入，进一步巩固既有铁路绿化，新建铁路全面建成绿色通道，有效吸纳了碳排放物，助力实现碳达峰碳中和目标。

二、多措并举抗疫情保畅通

面对突如其来的新冠疫情，铁路部门高效统筹疫情防控和经济社会发展，坚持“外防输入、内防反弹”总策略和“动态清零”总方针，科学精准加强疫情防控工作，保障了广大旅客和货物安全畅通，有力支撑国际产业链供应链稳定，助力企业复工复产。

（一）精准实施“一日一图”，动态优化客运供给

铁路部门根据疫情防控政策和客流变化，动态调整铁路运力，精准实施“一日一图”。在新冠疫情严重冲击下，旅客出行需求受到影响，铁路客运出现断崖式下跌。由于疫情呈现多点散发、多地频发的态势，各地区在综合研判疫情发展形势的基础上，对疫情防控政策进行动态调整。这造成铁路运输沿线区域管控措施和要求呈现一定程度的差异，既要有效防止高风险区域疫情外溢，又要兼顾保障中低风险地区居民合理流动，同时还需根据疫情发展形势进行不断调整，从而对长距离、跨区域、成网络的铁路旅客运输运力供给与线路安排提出了巨大的挑战。为更好满足旅客出行需要、精准对接各地运力需求，铁路部门加强与属地政府沟通，最大限度实现

疫情防控信息共享，持续动态优化调整列车开行方案。具体措施主要包括暂停疫情严重地区部分始发列车、减开涉疫地区旅客列车等，实施铁路运行线路“一日一图”，避免疫情进一步扩散。铁路部门还充分利用数字化技术，通过对旅客出行大数据监测，及时分析客流变化，灵活精准“按需开车”，积极推进客运提质计划，最大限度降低疫情影响。

同时，国铁集团实行免退票费政策，方便旅客根据疫情防控要求及时调整行程。新冠疫情刚发生时，正是人口大规模流动的春运时期，旅客出行受到不同程度的影响，需要改变出行安排，改签、退票在所难免。为更好配合疫情防控、满足广大旅客退票需求，铁路部门先后五次出台免费退票措施。第一次是出台免收到达和离开武汉的火车票退票费措施；第二次是将免费退票措施由武汉扩至全国；第三次是为配合春节假期延长安排，铁路部门再次出台免费退票措施；第四次是将已关闭火车站的退票期限延长至车站恢复后 30 天，对必须到车站窗口办理退票手续的旅客退票期限延长至 2020 年 3 月 25 日；第五次是为配合灵活安排工作措施，继续推出延长退票时限的服务。铁路部门免退票费政策实施，极大便利了旅客行程调整，最大限度减少了“非刚性”出行需求，有力规避了春运客流返程高峰的出现，进一步降低疫情传播风险。

此外，铁路部门加强售票管理，严格控制旅客列车客座率，防范运输过程中疫情传播风险。国铁集团限售或停售涉疫地区车票，控制载客量，统筹兼顾疫情防控与跨区域的出行需要。为了进一步避免旅客集聚，铁路部门实行分散售票策略，禁售无座车票，尽量减少人与人之间的密切接触。12306 还开启了隔座售票的模式，降低客运人员密度，最大限度降低疫情传播风险，保障旅客出行安全。

（二）发挥铁路网运力优势，全力保障货运畅通

铁路部门充分发挥自身优势，重点强化医疗资源与物资保障，为疫情防控工作提供运力支撑。铁路货运具有运量大、人员接触少、稳定性强的显著特征，在疫情冲击下，相对于其他运输方式的优势进一步凸显。在新冠疫情刚发生时，国铁集团迅速启动应急预案，设置专门绿色通道，坚持特事特办、急事急办，快速精准规划线路、制定运输方案，开行防疫物资专列，争分夺秒将口罩、防护服、药品、急救设备等物资运送湖北武汉地区，切实支撑医疗防疫物资运输保供工作。同时，铁路部门加强与联防联控相关部门的沟通，及时掌握抗疫物资运送需求，统筹安排、优化调度，保障抗疫物资快速高效安全送达，为疫情防控工作作出了贡献，彰显了“铁”的担当。

同时，铁路部门坚持以货补客，保障重要生产生活物资运输高效顺畅。疫情期间，为应对客运断崖式下跌的负面影响与冲击，铁路部门坚持以货补客，深入实施货运增量行动。全面优化货运布局，大力发展多式联运，实施铁路 95306 整体升级，促进货运量持续增长，在全国货运市场份额进一步提升。针对一些地方一度出现的电力、煤炭供需紧张的矛盾，铁路部门充分发挥全路“一张网”的优势，集中统一调度，坚守电煤保供底线，在全路开展电煤保供专项行动，迅速增加铁路运力，优化装卸流程、提升运输效率，进行点到点精准保供运输，在艰难时刻关键领域有力维护了国家能源安全和经济社会平稳运行。

（三）跨境班列逆势上扬，支撑国际产业链供应链稳定

中欧班列逆势增长，架起“生命桥梁”，支撑防疫物资运输顺畅

稳定。由于中欧班列采取国际铁路联运分段运输，具有“无须人员跨境流动”的典型特征，有效避免人员密切接触可能带来的疫情传播风险，保持稳定运行，为国外特别是共建“一带一路”国家提供了大量防疫物资，成为国际抗疫合作的“生命通道”。2020 年 3 月 21 日，全国首趟装载出口防疫物资的中欧班列从义乌西站启程，驶向西班牙马德里，驰援当地疫情防控，其中防疫物资主要包括约 11 万只医用口罩和 766 套防护服。此后，中欧班列源源不断地将中国生产的防疫物资运往国外，为应对疫情防控、促进国际抗疫合作作出积极的贡献，生动诠释了守望相助、休戚与共的人类命运共同体理念。

此外，中欧班列积极承接海运、空运转移货物，成为重要战略通道，助力国际产业链和供应链安全稳定。疫情影响下，全球范围运输网络受阻、国际产业链和供应链不稳定性骤增，对国际贸易带来了巨大的挑战与不确定性。尤其是北美港口拥堵造成集装箱“一箱难求”的困境，推动海运价格不断升高，对全球供应链造成严重的负面影响。再叠加疫情频频反弹、空运运力不足、公路口岸不畅等因素的综合影响，海运、空运和公路运输货物持续向铁路转移，推动中欧班列开行列数实现新突破。2020—2022 年，中欧班列累计共开行 4.36 万列，连续 32 个月“月行千列”，发运集装箱 420 万 TEU，被称为助力国际贸易的“钢铁驼队”。西部陆海新通道则为西部地区的货物运输提供了便捷的国际联运服务，跨境班列开行为进出口贸易提供了有力支撑，成为重要战略通道，助力国际产业链和供应链安全稳定，不断提升供应链韧性。

（四）开行铁路务工专列，助力复工复产

受新冠疫情影响，工人返岗复工存在现实困难。**一是各地防疫政策存在差异，**外地务工人员返岗跨地区流动不便捷。由于疫情处于多点散发态势，各地政府根据疫情发展情势制定防疫政策并动态调整。务工人员返岗途中可能遇到新冠疫情封控措施，不能顺利返回工作岗位。**二是务工人员长距离、跨区域流动将会加大疫情传播风险，**尤其不利于输入地的疫情防控。但对于经济发展而言，务工人员返岗对于企业复工复产则具有重要意义。中国拥有世界上最大规模的流动人口，2020 年流动人口规模达到 37582 万人，占全国人口的 26.6%。流动人口基本呈现从中西部地区向东南沿海省份转移的态势，是流入地复工复产不可或缺的组成部分。2020 年 2 月，交通运输部印发《关于全力做好农民工返岗运输服务保障工作的通知》，要求运输企业"一车一策"精心制定运输组织方案，组织"专人、专车、专厂、专线"，实现"点对点、一站式"直达运输。

为精准对接企业复工复产需求，最大限度保证返程畅通有序，铁路部门开行务工专列。国铁集团积极与地方政府、人社部门和用工企业进行对接，根据务工人员出行需求安排运输线路。务工专列对出发地和到达地相对集中的务工客流，采取开行专列或包车厢的方式，实行"点对点"运输，降低疫情传播风险。铁路务工专列创造了与疫情防控形势相适应的运输新模式，既维护了旅客身体健康和生命安全，也为企业复工复产提供了强有力的运力支撑。

三、勇当服务和支撑中国式现代化建设的“火车头”

自2023年1月8日起，我国对新型冠状病毒感染实施“乙类乙管”。经过疫情三年的冲击和影响，铁路运输将在2023年复苏。作为国民经济的大动脉，铁路在服务和支撑中国式现代化建设中肩负着重要使命与责任。

（一）持续提升铁路运输韧性

一是不断增强铁路交通运输网络韧性。《“十四五”现代综合交通运输体系发展规划》中要求提高交通网络抗风险能力。针对本次疫情冲击下，铁路网络中的“堵点”“卡点”等薄弱环节，着重补齐短板。铁路设施网络将更加完善，不断提升交通网可替代性与可修复性，从而在应对突发事件的不利影响时，能够更好保障重要地区、产业和能源的交通运输需求。

二是持续完善应急处置工作体制机制。面对疫情中暴露的交通物流环节风险，加强应急响应机制建设。进一步优化应急救援体系建设，规范应急统一指挥，培育壮大应急力量，加强资源统筹使用，做到应急有备。同时，定期组织应急演练，确保遇有突发情况能够第一时间快速响应，科学果断有效处置，提升应急处置水平，为保通保畅提供坚实的基础。

（二）深化铁路运输供给侧结构性改革

随着疫情形势持续向好，铁路客运正在不断复苏，货运市场保持快速增长，将继续行稳致远。未来，铁路将继续深化供给侧改革，持续增强运输公共服务能力。

一是促进铁路客运新业态新模式健康发展。铁路客运需求发生改变，“不走远，周边玩”成为主要趋势。围绕着人民日益增长的美好生活需要，铁路部门主动适应新需求新业态，创新发展新思路，有序发展定制化、个性化、专业化的出行服务产品，以更好满足“交旅融合”为导向，推动旅游专列等新模式发展，提供高品质、多样化的旅游客运服务，优化旅客出行体验。

二是持续推动传统货运组织向现代物流体系拓展。当前，铁路货运总体上已步入供需结构调整期。铁路供给侧结构性改革意味着要围绕市场竞争和提升一体化运输链条效率的要求，对传统铁路运输经营管理组织模式进行重构。铁路行业不仅要针对新时期经济发展和货运需求特点，大力改善以时效性和完整性为重点目标的货运组织改革，更要深入推进以构建现代企业制度为重要内容的市场化改革进程。只有在运输生产组织和经济组织两个方面共同发力，齐头并进，才能真正完成铁路供给侧结构性改革任务，实现支撑和引领经济发展的目标。

（三）高质量推进铁路规划建设

一是不断强化枢纽建设。我国铁路营业里程已达 15.5 万公里，网络覆盖率和服务水平不断提升，特别是高速铁路网已基本形成“四纵四横”格局，并加快向“八纵八横”发展。在线路设施网络不断拓展的同时，枢纽建设的重要性日益凸显。围绕构建现代化基础设施体系要求，优化铁路交通枢纽布局，增强枢纽内外联通、衔接转运能力。以现代信息技术为媒介，打造智慧铁路运输枢纽。

二是适度超前谋划布局新一轮铁路基础设施建设。立足中长期发展需要，结合“十四五”时期相关规划政策指导，以重大项目为抓手，加快谋划一批战略意义重大、带动作用强的铁路运输项目，优化基础设施供给结构和质量。推进新一代高速磁悬浮交通系统试验线建设和试点布局，根据技术试验情况适时推进超高速铁路示范线路建设。

三是加快推进铁路专用线进港区、连园区，推动多式联运发展。围绕“一站式”“门到门”的运输需求，持续精准补齐发展短板，加密铁路专用线网络建设，积极推动铁路专用线进企、进厂、进园，实现沿海沿江港口与铁路干线的无缝衔接，打通货运服务“前后一公里”，提升货运全链条的运行效率。

（四）主动对接服务国家重大战略

一是助力构建全面开放新格局。党的二十大报告对推进高水平对外开放作出全面部署，铁路部门将扎实推进国际经济合作走廊建设，聚焦关键通道、关键城市和关键项目，着力联通陆路，为高质量共建“一带一路”、西部陆海新通道建设当好先行牵引，推动中欧班列发展质量提升，不断强化共建基础设施“硬联通”，深化共商规则标准“软联通”，确保国际供应链产业链稳定畅通。

二是支撑国家重大战略实施。加快出疆入藏、沿江沿海沿边等战略骨干通道建设，填补路网空白，差异化完善区域各板块铁路网络，服务支撑西部大开发、东北全面振兴、中部地区崛起、东部地区加快推进现代化，促进区域协调发展。着重实施一批重大项目、重点工程，拓展铁路网络通达深度，增强与其他运输方式有效衔接与匹配，更好服务于京津冀协同发展、长江经济带发展、长三角一体化发展、黄河流域生态保护和高质量发展，高标准、高质量建设雄安新区，成渝地区双城经济圈建设等重大战略。契合主体功能区战略，优化铁路运输布局，适应引领国土空间的综合协调与立体开发。持续推进干线铁路、城际铁路、市域（郊）铁路、城市轨道交通融合衔接，推动“四网融合”，打造轨道上的城市群和都市圈，助力新型城镇化建设。

三是不断推进铁路运输与区域经济深度融合发展。依托铁路运输通道，培育壮大沿线新极点和经济合作走廊，形成区域经济带状联动。促进铁路货运与相关产业联动融合发展，推动铁路货运服务与制造业联动发展，鼓励铁路运输企业根据制造业流程需要，建立供应链战略合作关系，强化技术与组织改造，把物流服务融合到生产供应链各个环节，满足制造企业定制化生产、精准供应链管理以及产供销一体的物流需求；同时，推动铁路运输服务与商贸流通业联动发展，推动铁路运输物流公共信息平台与重点商贸流通信息系统有效对接，实现互联互通和资源共享。

参考文献：

[1] 铁路五次“亮剑”“输”的是效益 赢的是民心［EB/OL］.［2020-03-06］. http://www.china-railway.com.cn/xwzx/rdzt/tlky/wlpl/202003/t20200306_101169. html.

[2] 奚金燕. 全国首趟搭载防疫物资的中欧班列从浙江义乌发出［EB/OL］.［2020-03-22］. https://www.yidaiyilu.gov.cn/p/120659. html.

第八章

公路发展三年回顾和未来展望

新冠疫情给正常的社会生产和人民生活带来了巨大冲击。交通运输业是国民经济基础性、先导性、服务性行业，是连接生产和消费的重要环节。世界银行和国际货币基金组织的数据表明，2020—2022年是全球经济发展面临的最艰难时期之一，受新冠疫情、通货膨胀、能源危机等多重因素影响，各国经济增长都受到了不同程度的抑制。在这样的大背景下，我国公路行业总体上取得了令人瞩目的成就，不仅在建设规模上保持了较高的水平，而且在建设质量上也有显著的提升，展现出强大的韧性和活力，为统筹疫情防控和经济社会发展作出了重要贡献。

一、公路行业发展取得务实成就

（一）公路建设规模持续扩大

基础设施是我国经济社会发展的重要支撑。近年来，我国公路快速发展，建设投资维持高位运行，已成为稳投资、稳增长的重要领域。“十三五”以来，我国公路建设投资与 GDP 的比率约为 2.4%，其中国家公路建设投资占公路建设投资的比例基本稳定在 36% 左右，在稳投资、稳增长方面作用十分显著。2020 年，面对突如其来的新冠疫情、世界经济深度衰退等多重严重冲击，我国围绕市场主体的急需制定和实施宏观政策，持续加大公路等基础设施投资，稳住了经济基本盘。2020—2022 年，在外贸和消费受到较大影响的情况下，以高速公路为重点的公路投资持续增长，成为拉动投资、推动经济发展的重要抓手，压舱石作用再次凸显。

分年度看，2020 年完成公路固定资产投资 24312 亿元，比上年增长 11.0%。其中，高速公路完成 13479 亿元，增长 17.2%；普通国省道完成 5298 亿元，增长 7.6%；农村公路完成 4703 亿元，增长 0.8%。2021 年完成公路固定资产投资 25995 亿元，比上年增长 6.0%。其中，高速公路完成 15151 亿元、增长 12.4%，普通国省道完成 5609 亿元、增长 5.9%，农村公路完成 4095 亿元、下降 12.9%。全年全国 832 个脱贫县完成公路固定资产投资 7582 亿元。2022 年完成公路固定资产投资 28527 亿元，比上年增长 9.7%。其中，高速公路完成 16262 亿元、增长 7.3%，普通国省道完成 5973 亿元、增长 6.5%，农村公路完成 4733 亿元、增长 15.6%。全年全国 832 个脱贫县完成公路固定资产投资 8273 亿元。详见图 8–1 至图 8–3。

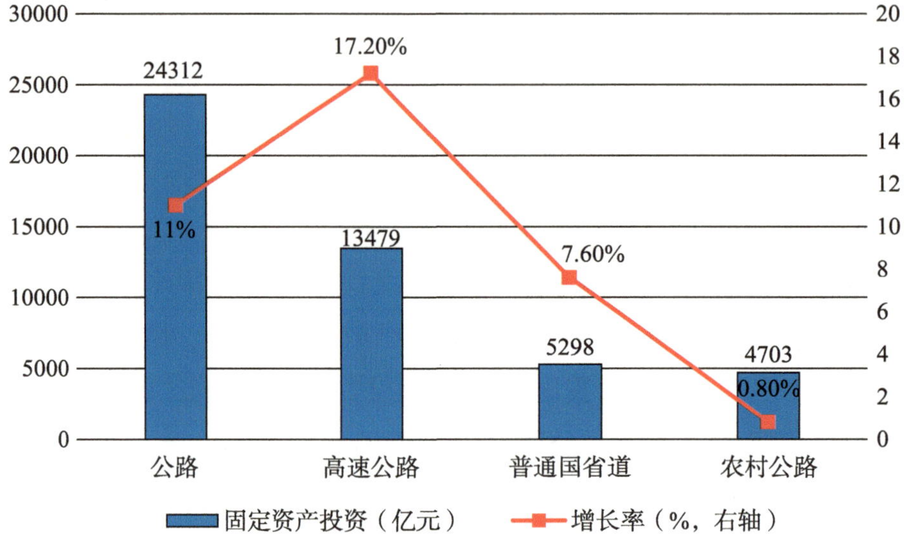

图 8–1　2020 年我国公路固定资产投资情况

资料来源：2020 年交通运输行业发展统计公报。

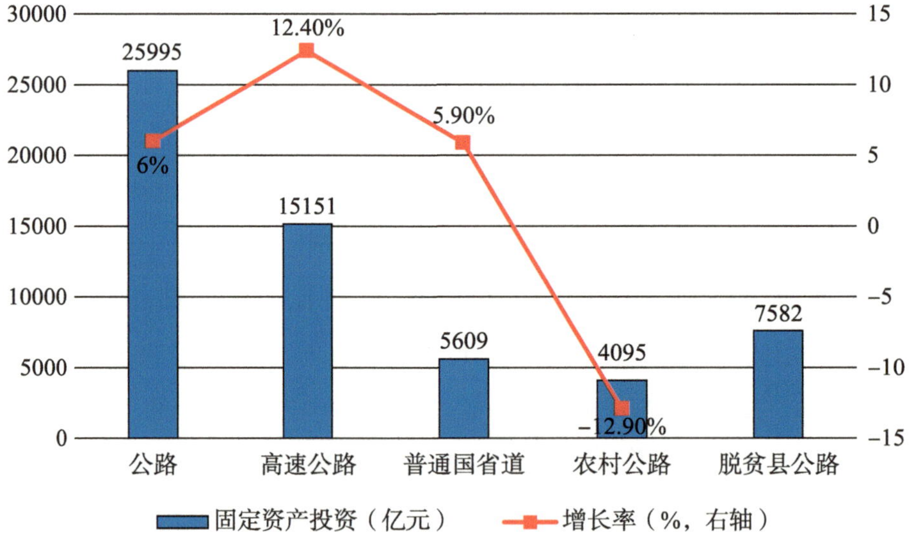

图 8–2　2021 年我国公路固定资产投资情况

资料来源：2021 年交通运输行业发展统计公报。

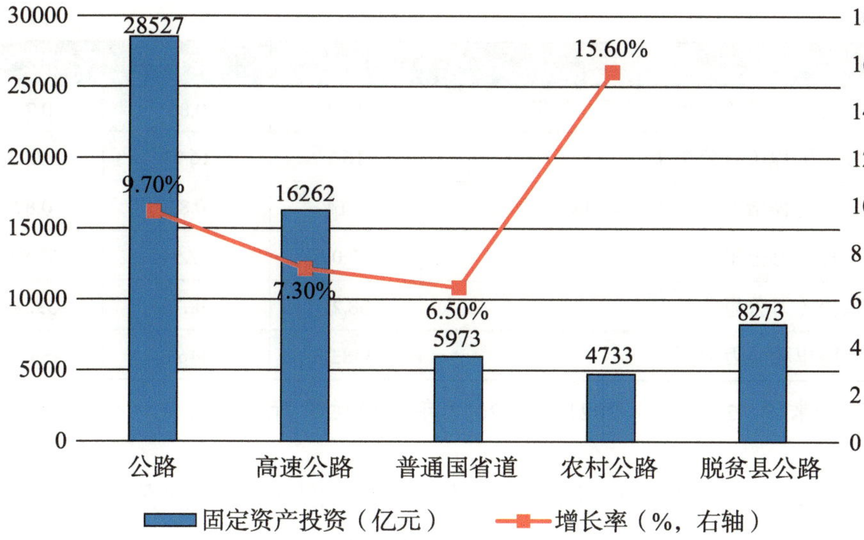

图 8-3　2022 年我国公路固定资产投资情况

资料来源：2022 年交通运输行业发展统计公报。

如表 8-1 所示，2022 年末全国公路里程 535.48 万公里，比上年末增加 7.41 万公里。公路密度 55.78 公里 / 百平方公里，增加 0.77 公里 / 百平方公里。高速公路里程 17.73 万公里、增加 0.82 万公里，国家高速公路里程 11.99 万公里、增加 0.29 万公里。2022 年末全国国道里程 37.95 万公里，省道里程 39.36 万公里。农村公路里程 453.14 万公里，其中县道里程 69.96 万公里、乡道里程 124.32 万公里、村道里程 258.86 万公里。2022 年，我国新增高速公路里程约 8200 公里，建成了杭绍台高速等一批具有战略意义和示范效应的重大项目。

表 8-1　　2020—2022 年我国公路建设规模

指标	2020 年	2021 年	2022 年
年末公路总里程（万公里）	519.81	528.07	535.48
年末公路总里程增加量（万公里）	18.56	8.26	7.41
公路密度（公里 / 百平方公里）	54.15	55.01	55.78

续表

指标	2020 年	2021 年	2022 年
公路密度增加量（公里 / 百平方公里）	1.94	0.86	0.77
高速公路里程（万公里）	16.1	16.91	17.73
高速公路里程增加量（万公里）	1.14	0.81	0.82
国道里程（万公里）	37.07	37.54	37.95
省道里程（万公里）	38.27	38.75	39.36
农村公路里程（万公里）	438.23	446.6	453.14

资料来源：2020 年、2021 年、2022 年交通运输行业发展统计公报。

2020—2022 年，在全球经济低迷的情况下，我国公路建设展现出了强劲的发展势头和韧性，路网规模持续位居世界前列，特别是高速公路里程持续位居世界第一。我国公路建设不仅为国内经济社会发展提供了重要的基础设施支撑，也为全球经济复苏和可持续发展作出了积极贡献。

（二）公路建设质量不断提高

在建设规模不断扩大的同时，我国公路建设质量也持续提升，积极推广应用智能化、信息化、数字化、绿色化等先进理念和技术，提高了公路的安全性、舒适性和耐久性。

一是加强资源集约利用与生态保护。统筹综合交通通道规划建设，加强通道内各种运输方式资源优化配置、协调衔接，扎实推进绿色公路建设，新建工程按照标准进行建设，有条件的既有工程进行提质改造。

二是加快推动交通绿色低碳发展。印发公路水路行业绿色低碳发展行动方案和《加快推进公路沿线充电基础设施建设行动方案》

等文件，推动在重点区域高速公路服务区、客运枢纽等建设充电桩、充电站，发布交通运输行业重点节能低碳技术推广目录。

三是大力推进智慧融合发展。积极布局建设智慧公路，无人驾驶、车路协同、数字化应用等不断涌现。交通与旅游深度融合，旅游公路建设不断推进，呈现出欣欣向荣的喜人景象。2021 年 10 月，我国成功举办第二届联合国全球可持续交通大会，这一场以可持续交通为主题的全球性会议在北京召开，表明我国在绿色交通领域取得的成就已得到联合国与国际社会普遍认可。

（三）公路科技创新蓬勃涌现

为适应公路建设需要，我国加大了公路科技创新的投入和力度，重点推进智能网联汽车、自动驾驶、新型材料、新能源等新技术的研发和应用，取得了一系列重要的成果，提高了公路的智能化水平。

在高速公路方面，成功实现了高速铁路与高速公路跨大江大河桥梁共用；开发了智能驾驶辅助系统、车联网技术、智能收费系统等，提高了高速公路的安全性和效率；探索了高速公路沿线建设光伏发电、风力发电等新能源项目，实现了高速公路的绿色化和低碳化。

在国省干线公路方面，开展了多项重大工程和示范项目，如国道 318 线西藏林芝至墨脱段改建工程、京港澳高速广东段智慧化改造工程等，突破了多种复杂地质条件下的隧道、桥梁、边坡等关键技术难题，提升了国省干线公路的通行能力和服务水平。

在农村公路方面，加快农村公路网的完善和提升，实现全国 98% 以上的行政村通沥青（水泥）路。同时，推进农村公路智能化、标准化、绿色化建设，如应用无人机、卫星遥感等技术进行道路巡查和监测等。

科技创新成果应用不仅提升了我国公路行业的核心竞争力，也为全球交通领域的发展贡献了中国智慧和方案。同时，我国积极参与国际交流合作，推动“一带一路”倡议下的跨境公路建设和运营，与沿线国家共享了我国的经验和技术，为促进区域互联互通和经济社会发展发挥了重要作用。

2020—2022年是我国公路行业发展的重要时期，在党中央、国务院的领导下，在相关部门指导下，在社会各界的支持下，在疫情防控和复工复产的双重考验下，在全国各级政府和广大交通工作者的共同努力下，我国公路行业坚持科技创新和开放合作，扎实扩大基础设施规模，不断提高质量效益和服务水平，取得了令人瞩目的成绩，并为实现“十四五”规划目标奠定了坚实基础。

二、疫情对公路行业影响及应对措施

（一）疫情对公路运输业主要影响

新冠疫情在对全球经济造成较大冲击的同时，也对公路运输业产生了巨大压力。公路运输业一方面要充分发挥经济发展支撑保障作用，另一方面自身发展也受到了极大影响。在疫情期间全国各地采取封闭防控措施的情况下，公路运输量大幅下滑，加上出行者较多选择了“自驾”的疫情防控举措，公路客运企业由于客运量减少所导致的效益下滑十分明显。

1. 公路客运量断崖式下滑

新冠疫情期间，公众出行呈现“非必须不动、急需少动、必须自驾出行”的特点，春运呈现“返乡规模减小、返程周期拉长、峰值低于往年”的特征。为做好疫情防控工作，各地不同程度采取了出行管控措施，最大限度减少人员流动，一些疫情形势严峻的地区发出通告，要求严格控制市民出行，严禁一切聚集性活动；急需或者采购基本生活物资的尽量少出行，如有些地区要求每户家庭每两天可指派1名家庭成员，戴上口罩出门采购生活物资；确实必须出行的，大多采用私家车等个性化方式，随着公众自我防控意识的逐步增强，尽量避免乘坐公共交通工具出行，必须的短途出行大多通过自驾方式，甚至部分假期长途返程旅客也选择自驾。

分年度来看，2020 年公路领域完成营业性客运量 68.94 亿人，比上年下降 47.0%，完成旅客周转量 4641.01 亿人公里，下降 47.6%。2021 年完成营业性客运量 50.87 亿人，比上年下降 26.2%，完成旅客周转量 3627.54 亿人公里、下降 21.8%。2022 年完成营业性客运量 35.46 亿人，比上年下降 30.3%，完成旅客周转量 2407.54 亿人公里、下降 33.7%。

2. 公路货运量总体稳定

公路货物运输呈现“总需求减少、刚性需求稳定、防疫物资需求大幅增加”的特点。受疫情带来的工厂复工延迟、企业停工减产，制造业、房地产、基建投资短期基本停滞，消费需求大幅减少等因素影响，公路货物运输需求明显走弱，在总需求减少的同时，粮油肉蛋蔬菜等生活必需品物资运输需求具有一定刚性，运输规模仍然保持基本稳定；为满足疫情防控工作，防疫物资运输需求明显增加，特别是发往疫情严重地区的需求短时间内大幅增加。

分年度看，2020 年公路领域完成营业性货运量 342.64 亿吨，比上年下降 0.3%，完成货物周转量 60171.85 亿吨公里，增长 0.9%。

2021 年完成营业性货运量 391.39 亿吨，比上年增长 14.2%，完成货物周转量 69087.65 亿吨公里、增长 14.8%。2022 年完成营业性货运量 371.19 亿吨，比上年下降 5.5%，完成货物周转量 68958.04 亿吨公里、下降 1.2%。

（二）公路行业积极应对疫情

2020—2022 年，我国加大了对公路运输业的扶持力度，出台了一系列政策措施，如减免或免收高速公路通行费、降低油价税费、提供财政补贴等，最大限度缓解企业的经营压力，激发市场活力。

1. 坚决阻断病毒传播

在党中央统一指挥下，交通运输部及时启动应急响应，成立领导小组，建立联防联控机制。全面织密交通防控网，严格落实交通运输工具及场站防控要求。严格“外防输入”，切实做好行业从业人员、入境人员疫情防控，强化进口冷链食品疫情防控。坚决做好首都等重点地区疫情防控工作，精准高效应对局部地区散发性疫情。同时做好系统内部疫情防控工作。

2. 全力保障应急运输

建立多部门协调机制，提高应急运输响应和服务能力；做好对疫情地区应急运输保障工作，根据医疗物资、生活物资运输以及应急救援需求，划定医疗救援车辆、防疫物资运载工具优先通道方案，制定优先通行规则。交通运输部成立物流保障办公室，24 小时实体化运转，发挥综合交通合力，保障应急运输。在新冠防控初期，全力驰援打赢武汉保卫战、湖北保卫战，严格实施离汉离鄂通道管控，全力保障 4.2 万余名援鄂医护人员快速到位，高效组织防疫物资和重要生产生活物资运输。

3. 为复工复产当好先行

畅通交通运输大动脉，建立通用的运载工具标识，复工企业原材料供应、物流运输以及城市生活必需物资运输车辆不限行。畅通交通运输微循环，针对场站及运载工具的卫生防控，制定通行技术规程和分级应急响应。开辟返岗流和返校流专车服务绿色通道。分区分级恢复道路客运、城市交通服务，着力保障农资等物资运输和邮政快递、城市配送正常运营。全力做好春运错峰返程工作，采取“点对点”等举措保障超 1 亿农民工返岗就业。

4. 减免高速公路通行费

为最大限度减少新冠疫情对国民经济的不利影响，推动全面复工复产，经国务院同意，2020 年 2 月交通运输部发布了《关于新冠肺炎疫情防控期间免收收费公路车辆通行费的通知》，宣布 2 月 17 日至 5 月 5 日免征所有车辆的通行费，大力降低物流成本。同时“免费不免服务”，有力支持企业复工复产。据统计，共免收全国收费公路客、货车辆通行费 1593 亿元。

5. 积极开展助企纾困

受疫情冲击等多重因素影响，公路运输市场主体生产经营遇到了较大的困难。交通运输部全面落实稳经济一揽子政策和接续政策，会同有关部门细化政策措施，开展了一系列工作加大对受疫情影响较大企业的纾困支持力度，着力稳定交通运输市场主体，为稳住经济大盘、保持经济运行在合理区间贡献了交通力量。

一是加强政策供给，发挥政策集成效应。指导各地全面推广高速公路差异化收费，严格落实鲜活农产品绿色通道政策，2022 年第四季度减免收费公路货车通行费 10%，以上这些政策措施共减免优惠金额约 966 亿元。联合人民银行设立交通物流专项再贷款，配合有关部门出台减税降费措施，社保费用缓缴、财政资金补贴、金融信贷支持等 40 余项纾困解难的政策。

二是多措并举，推动纾困政策应享尽享。各地交通运输部门建立完善工作机制，制定实施细则，推动纾困政策落实落细。开展综合督查和专项督导，压实各级交通主管部门管理责任，动态发布帮扶政策清单，加强政策宣传和解读，帮助市场主体全面知晓，能享会办。加强政银企对接，强化部门间信息共享，便利市场主体应享尽享。

三是强化运行监测，政策红利充分释放。加强行业经济运行和企业经营情况监测，跟踪政策落实情况。建立完善与财税金融等部门联动机制，协调解决政策执行中的难题。统计数据显示，2022 年交通运输业每百元营业收入税费负担下降 15.4%。交通物流专项再贷款、汽车央企和金融机构货车贷款延期还本付息等政策落地见效，有效减轻了企业和从业人员负担，助力交通运输市场主体稳定和健康发展。

三、公路行业发展展望及措施建议

展望未来，在“十四五”规划和 2035 年远景目标指引下，在构建新发展格局、贯彻新发展理念、生态文明和美丽中国建设的大背景下，我国公路行业将继续改革开放，深化科技创新，加强国际合作交流，加速提质增效，实现高质量发展，有力支撑加快交通强国建设。

（一）公路行业发展趋势

1. 基础设施改造任务加重

国家、行业和地方的公路相关“十四五”规划和中长期规划均要求推进既有基础设施改造升级，提高服务水平，提供高品质产品，满足人民日益增长的美好生活需要。同时，随着新技术的发展，交通基础设施也需要迭代升级，以适应新的需求和挑战。例如，可能需要为无人驾驶汽车建设专用道路，为物流园区或固定线路建设电气化公路，或者为电动车增设充电站。

2. 跨境基础设施持续完善

随着高质量共建“一带一路”深入实施，我国与周边国家的交通运输合作将继续加强，跨境交通基础设施如高速公路、普通国省道及口岸公路等需要进一步补强完善，从而促进区域及全球贸易、旅游和经济发展。

3. 智慧公路建设不断深入

随着5G、物联网和人工智能技术的广泛应用，智慧公路将逐步推广建设，交通系统将实现更高效的信息传递、分析和处理。这将大幅提高公路使用效率、缓解交通拥堵、降低能耗，并有效减少交通事故。自动驾驶技术将在安全性、可靠性和经济性方面取得突破，得到更广泛的应用。智慧公路相关政策和技术标准将不断更新和改进，预计自动驾驶将在货运、出租车服务和公共交通等领域率先实现规模化应用，为整个公路行业带来变革。

4. 公路绿色发展全面推进

公路行业将持续强化生态保护和资源集约利用，加快推进绿色公路建设，推进基础设施设计、建设、运营、养护、管理全过程绿色高质量发展，节约集约利用土地、线位等资源，引导不同方式、不同等级的线性交通基础设施共用通道，改扩建工程充分利用既有走廊和设施。随着政策支持和公众环保意识的提高，绿色出行方式如公共交通、自行车、步行等将得到更广泛的践行。

（二）公路发展建议

1. 积极发挥交通固定资产投资稳增长作用

充分把握交通强国建设机遇，聚焦新基建发展，统筹好交通运输领域补短板和防范化解重大风险，以推进深化交通运输供给侧结构性改革为主线，着力服务京津冀等国家重大区域战略，顺应当前都市圈、城市群发展对交通运输的需求，努力扩大有效投资，充分发挥交通固定资产投资对稳定经济发展的基础性作用。提高中央资金投资的精准性、针对性，将投资重心更多转移到普通国省干线公路等方面，重点补画西部交通留白。丰富交通基础设施建设筹融资渠道，抓住用好基础设施领域不动产投资信托基金（REITs）试点等政策，盘活存量资产，降低杠杆率。做好“十四五”规划中期调整工作，谋划有关重大公路项目储备。

2. 提升我国在全球产业链供应链的话语权

系统性推进我国交通物流全球化布局，建设多元化运输通道，积极服务交通运输企业“走出去”，为远洋运输、国际寄递、交通建设等企业提供更好发展环境，提升我国供应链在全球范围内的稳定性、安全性和韧性。充分利用现有中央资金渠道，积极推进国家物流枢纽建设，进一步完善集疏运体系，加快形成与现代化经济体系相适应的国家物流枢纽网络。同时，实施好国家发展改革委、交通运输部《关于进一步降低物流成本的实施意见》，着力降低物流制度成本、要素成本、税费成本、信息成本、联运成本等。

3. 扎实做好公路运输促进消费扩容提质

充分发挥交通促进消费作用，适应疫情后交通运输需求变化趋势，提升交通运输供给能力，支撑服务现代化经济体系建设。着力推进城际交通基础设施建设、完善农村公路网，为激发消费潜力创造基础条件。针对疫情后商务、旅游等出行多样化、便捷化需求，提升客货运服务的便利性、经济性，助力服务消费升级。推广新技术、新业态、新模式在公路行业应用，推进公路与旅游、能源、信息、绿色等产业深度融合，激发各方新动能。

4. 全面提升公路运输应急保障能力

总结固化本次疫情防控中交通运输主管部门应急运输保障经验，着力完善应急交通基础设施体系，优化应急运输通道，在重点城市周边谋划布局应急物资配送物流园区，加强公路交通应急管理。提高交通应急监测预警能力，在京津冀、长三角、粤港澳大湾区等重点区域加强交通应急信息资源共享与处理，快速研判和评估突发事件的发生概率和影响范围，完善交通应急预警发布机制。加快建设铁路、公路和民航一体化应急救援体系，着力完善综合交通运输应急指挥机制，优化应急保障队伍，增强跨部门协同救援能力，推进交通运输行业治理体系和治理能力现代化。

第九章

水运发展三年回顾和未来展望

新冠疫情暴发以来，我国水运行业发展受到较大影响，客运面临制约、货运价格大幅震荡。水运行业直面冲击，全力保障国际国内供应链稳定畅通，货运量、港口货物吞吐量稳步增长，固定资产投资连续攀升，水运基础设施总体规模保持世界第一，不断推进向绿色低碳智能方向转型，服务能力不断提升，基础性、先导性、战略性作用明显，为经济社会发展提供了有力支撑和坚实保障。未来行业发展面临的外部环境不确定性进一步加剧，要素趋紧、韧性提升等发展要求进一步增强，需要持续推动行业高质量发展，提升服务构建新发展格局的能力。

一、2020—2022 年水运行业发展情况

（一）水路客运受到较大冲击

新冠疫情直接影响旅客出行，水路客运市场需求疲软，客运量大幅下滑（见图 9-1）。2022 年我国水路营业性客运量下滑至 1.16 亿人次，同比下降 28.8%，2020—2022 年年均下降 25% 左右，完成旅客周转量 22.6 亿人公里，同比下降 31.7%，年均下降 34%。2022 年我国港口旅客吞吐量为 3886 万人，同比下降 18.6%，年均下降 24%，其中沿海港口旅客吞吐量 3847 万人，同比下降 17.3%，年均下降 22%。疫情期间，我国邮轮产业遭到了巨大的冲击，运营市场陷入停滞，企业遭遇困境，我国暂停国际邮轮运输，航线处于停航停摆状态。

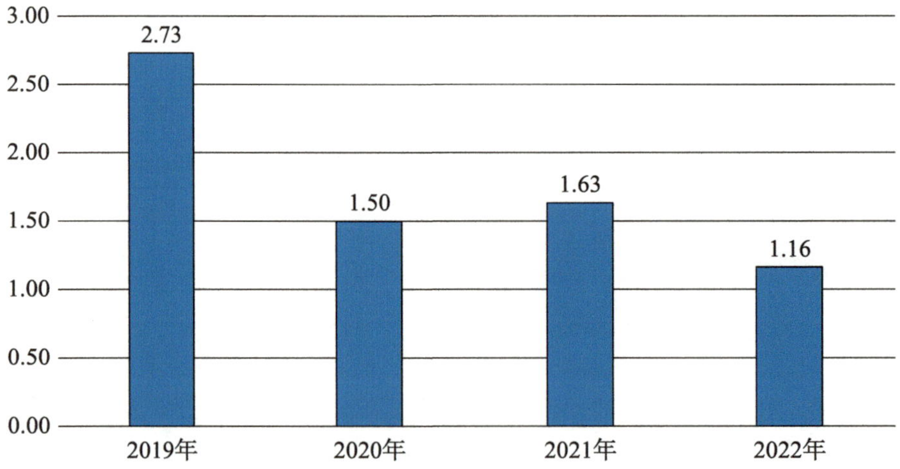

图 9-1　水路客运量（亿人）

数据来源：交通运输行业发展统计公报。

（二）水路货运总体保持较快增长

疫情形势延宕反复，但承担了大量跨区域货物运输的水运保持了运输通道畅通，在保障全球产业链供应链稳定和国内国际循环畅通中发挥了重要作用。2022 年我国水路完成营业性货运量 85.5 亿吨（见图 9-2），同比增长 3.8%，2020—2022 年年均增长 4.6%，完成货物周转量 121003 亿吨公里，同比增长 4.7%，2020—2022 年年均增长 5.2%。各年度水路货运量有所波动，2020 年疫情冲击影响较大，货运量和周转量分别同比下降 3.3% 和 2.5%，2021—2022 年随着国内疫情防控形势总体好转，增速有所反弹。

2022 年内河货运量 44.0 亿吨、同比增长 5.1%、2020—2022 年年均增长 4.0%，长江干线货运量超过 30 亿吨，连续十余年位居内河航运世界第一，内河货物周转量 19026 亿吨公里、同比增长 7.3%、2020—2022 年年均增长 5.3%；海洋货运量 41.5 亿吨、同比增长 2.5%、2020—2022 年年均增长 5.3%，海洋货物周转量 101977 亿吨公里、同比增长 4.2%、2020—2022 年年均增长 5.2%。

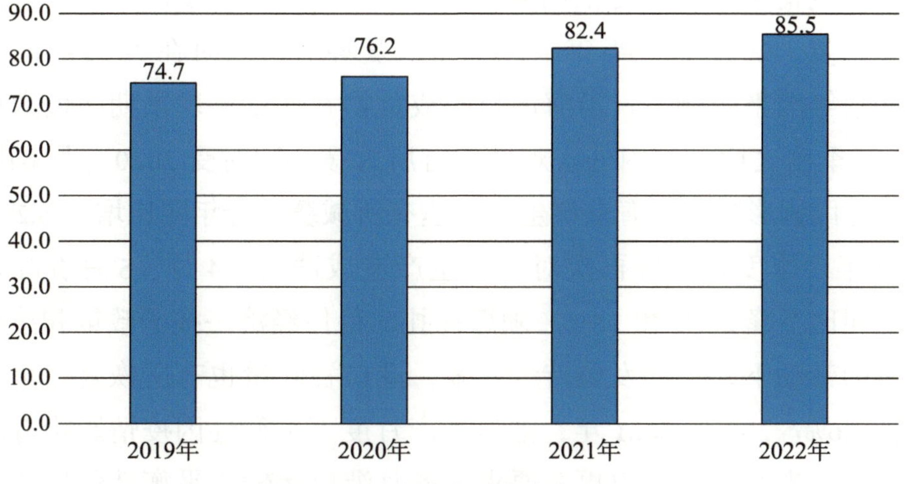

图 9-2　水路货运量（亿吨）

数据来源：交通运输行业发展统计公报。

（三）港口吞吐量有所波动

1. 港口货物吞吐量

港口生产总体保持平稳增长。疫情发生以来，港口运输总体稳定畅通，为确保“出口货物出得去、进口货物进得来”发挥了巨大作用。2022 年我国港口完成货物吞吐量 156.8 亿吨，同比增长 0.9%，2020—2022 年年均增长 4.0%。其中沿海港口完成货物吞吐量 101.3 亿吨、同比增长 1.6%、2020—2022 年年均增长 3.3%，内贸总体好于外贸，内贸吞吐量年均增长 4.0%，外贸吞吐量年均增长 2.3%。

港口生产不平衡性增大。2020 年上半年沿海港口受疫情冲击超乎预期。一季度港口运输需求骤降，沿海港口完成货物吞吐量同比下降 3.9%，2 月由于终端市场需求受挫严重，导致大宗货物、集装箱等疏港量降低，卡车工人复工难以及外部交通管制使得公路运输受限，货物在港堆存时间延长，周转效率下降，港口吞吐量降幅达到 7.1%，创金融危机以来的新低。2020 年二季度以后，在坚持常态化疫情防控下有力推动复工复产，港口生产逐步回升，实现超预期恢复。2021 年上半年延续快速恢复势头，同时在 2020 年同期低基数等因素影响下，沿海港口完成货物吞吐量实现预期两位数增长；三季度之后，国内外宏观经济有所放缓，同时受 2020 年同期高基数等因素影响，沿海港口生产增速有所减缓，全年同比增长 5.2%。2022 年二季度，疫情再次对港口生产造成冲击，4 月、5 月吞吐量分别同比下降 2.8% 和 1.9%。随后在扎实稳住经济一揽子政策和接续政策的带动下，经济发展持续恢复，港口吞吐量也有所恢复，全年增长 1.6%。2020—2021 年，港口生产月度不平衡性因疫情影响有所加大，对生产组织提出更高要求，各月港口运输不平衡性创近年来的新高，不平衡系数较正常年份提高 3~5 个百分点，2022 年基本恢复至疫情前水平。详见图 9-3。

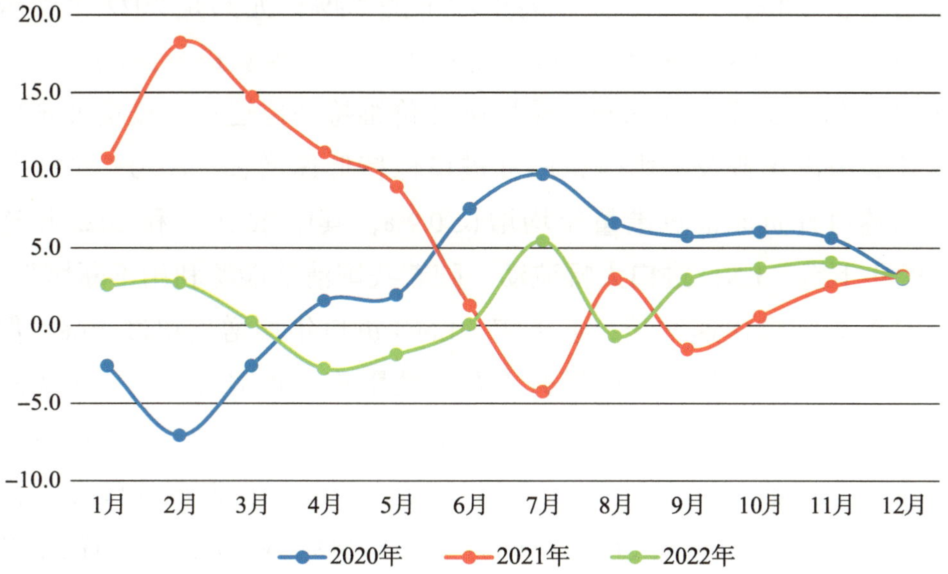

图 9-3 2020—2022 年沿海港口吞吐量月度增速（%）

数据来源：交通运输部。

2. 沿海港口分货类吞吐量

2020—2022 年，沿海港口重点货类生产呈现分化态势，其中集装箱、煤炭、粮食总体保持较快增长，铁矿石进口维持高位，原油进口受到价格大幅波动影响有所减缓，LNG 进口出现大幅波动。

集装箱保持较快增长。2022 年，沿海港口完成集装箱吞吐量 2.6 亿 TEU 左右。2020—2022 年年均增长 4.1%，其中 2020 年受疫情影响最为严重，增速为 1.5%，为近年来最低值。当年 2 月份集装箱吞吐量同比下降 17.2%，降幅超过金融危机时期，2021 年和 2022 年分别同比增长 6.4% 和 4.6%。

煤炭总体保持平稳增长，内外贸有所分化。2020—2022 年沿海港口煤炭及制品吞吐量年均增长 3.2%，其中北方港口煤炭下水量年均增长 3.8%，外贸煤炭进港年均下降 2.4%，尤其是 2022 年受俄乌冲突导致国际煤炭价格大幅上涨影响，外贸煤炭进量港同比下降 16.9%。**原油进口低速增长。**受国际油价维持高位运行、疫情冲击以及新能源汽车普及等影响，原油进口保持低速增长，2020—2022 年沿海港口外贸原油进港量年均增长 0.9%，其中 2021 年和 2022 年连续两年下滑。**LNG 进口大幅波动。**随着我国清洁能源利用不断增强，LNG 消费需求快速增长，近十年，LNG 进口年均增长超过 20%，但 2022 年受到国际价格大幅攀升以及疫情影响，我国天然气市场需求疲软，消费量出现历史首次同比下降。2022 年完成外贸 LNG 进口同比下降 19.5%，2020—2022 年年均增长 1.7%。**铁矿石进口维持高位。**近年来，我国钢铁行业不断推进供给侧结构性改革，钢铁生产进入峰值平台期，铁矿石进口总体维持高位。2017 年以来，沿海港口外贸铁矿石进港量维持在 10 亿 ~11 亿吨的高位水平，2022 年同比增长 0.5%，2020—2022 年年均增长 2.0%。**粮食吞吐量实现快速增长。**我国人民生活水平不断提升，对于粮食的消费需求逐步增长，2020—2022 年沿海港口粮食吞吐量和外贸进港量年均分别增长 6.9% 和 11.3%。

（四）水运基础设施总体规模保持世界第一

水路固定资产投资快速增长。交通基础设施具有投资规模大、落地见效快、综合效益好、带动作用强的特点，是适度超前开展基础设施投资以及扩内需、稳增长、促就业的重要领域之一。近年来，交通运输主管部门积极推进扩大有效投资，水运逐渐成为服务构建新发展格局的重要通道和关键节点，一系列水运重大工程建设为经济社会发展提供了坚实保障。水运建设投资在经历了多年连续呈现负增长之后，为增加有效投资以及满足运输需求的发展，2020—2022年水运建设投资连续3年呈现恢复性增长态势，2022年完成1679亿元，创历史新高（见图9-4），2020—2022年年均增长13.9%，其中内河建设资产投资完成867亿元、年均增长12.2%，沿海建设投资完成794亿元、年均增长14.9%。

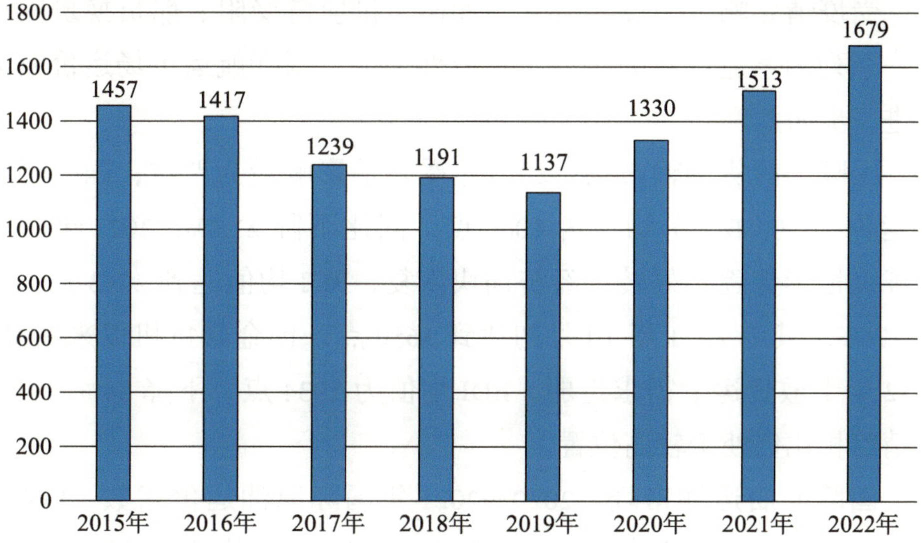

图9-4 水运建设投资（亿元）

数据来源：交通运输部。

水运基础设施体系加速完善。近年来，我国加快实施黄金水道扩能工工程、运河连通工程、沿海港口提升工程等，水运基础设施总体规模保持世界第一，水运基础设施结构不断优化、短板加速补齐。以高等级航道为核心，内河稳步推进干线航道扩能升级，到2022年底，我国内河航道的通航里程有12.8万公里，其中三级及以上航道超过1.48万公里，较2019年增加1000公里，增长7.2%。全国港口拥有生产用码头泊位21323个，其中万吨级及以上的泊位是

2751个，较2019增加231个，沿海港口2300个、增加224个，内河港口451个、增加7个，基本形成了长三角、津冀、粤港澳等世界级的港口群。

（五）航运市场运价大幅波动

受疫情影响，全球经济受到冲击，供应链受阻、船员换班困难等一系列因素造成运力供给不稳定性加剧，国际航运市场运价波动性进一步加大。

国际干散货运输市场。2020年受疫情影响最为严重，国际干散货运价指数（BDI）均值为1066点，同比下降21.2%，2021年随着全球疫情形势逐步好转，经济加快恢复，BDI均值达到2943点、增长176%，其中2021年10月初达到5650点，创金融危机以来新高，2022年干散货运输需求走弱，BDI均值为1934点、下降34%，但与疫情前相比仍处于较高位置。

国际原油运输市场。2020—2021年国际原油运价指数（BDTI）连续两年下滑，均值分别为721点和644点，分别同比下降15.6%和10.6%。2022年，俄乌冲突进一步造成国际油价大幅波动，全球原油运输格局发生变化，俄罗斯原油转向欧洲以外的其他地区，欧洲寻求其他能源来源填补缺口，美国加大原油出口，全球油轮运输的运距增加明显。国际原油运价大幅攀升，BDTI均值为1391点，同比增长116%，创2005年以来新高，其中2022年11月底接近2500点，创近十年来新高。

国际集装箱运输市场。疫情暴发初期，国际集运市场需求下降，2020年上半年的航运市场特别是集装箱班轮市场处于低谷，随着2020年下半年直至2021年全球贸易的复苏，海运需求逐步恢复，而疫情导致的货运需求不均衡性增加、集疏运不畅、港口拥堵等问题，使船舶运行效率下降，从而使得市场供求关系迅速逆转，船舶运力紧张状况迅速凸显，推升集装箱班轮运价出现历史上少有的大幅度上涨。2021 年中国出口集装箱运价指数（CCFI）均值达到 2616 点，同比增长 166%，2022 年均值继续攀升至 2792 点，并于 2 月初达到 3588 点的历史高点。2022 年下半年以来，全球供应链逐步畅通、船舶周转效率不断提升，而全球经济复苏发力造成集装箱运输需求不足，国际集装箱运输市场供需形式趋于宽松，进行呈现下行趋势，逐步向疫情前水平回归。

（六）港航上市公司效益总体改善

港口上市公司盈利较快增长。我国 16 家 A 股港口上市公司共完成营业收入 1934 亿元，2020—2022 年年均增速为 4.2%；实现净利润 379 亿元，2020—2022 年年均增速为 13.1%。2020 年受疫情冲击，吞吐量下滑、主动减免收费，港口上市公司盈利同比下降 4.1%，2021 年在运输需求快速回升的带动下，港口企业盈利快速增长，净利润同比增长 40.3%，2022 年盈利增速总体有所放缓，同比增长 7.4%。其中，上港集团在航运等业务的带动下，2022 年实现净利润 172 亿元，创历史新高，占全部 A 股港口上市公司的比重为 45.5%，较疫情前提升 11 个百分点。

航运上市公司盈利高速增长。我国 13 家 A 股航运上市公司共完成营业收入 4903 亿元，2020—2022 年年均增长 32%，实现净利润 1243 亿元，2020—2022 年年均增长 158%，高运价带动企业实现罕见盈利高涨。2020—2021 年航运上市公司盈利快速改善，分别同比增长 172 和 377%，2022 年集装箱运输市场运价高位回落，航运上市公司盈利增速有所下滑，增速为32.4%。中远海控得益于集装箱运价高位运行，盈利屡创新高，2022年达到1096亿元，占全部A股航运上市公司比重在90%左右。

二、水运行业发展采取的措施

（一）行业直面疫情冲击，全力保障货运畅通

降低物流成本、推进船员换班。2020年初，突如其来的新冠疫情直接冲击沿海港口，航运公司大量撤并线，进出口货物查验防疫流程增加，大量货物在港口滞留。尤其是年初冷藏集装箱接卸和堆存问题引发全社会高度关注。港口行业积极响应国家降费减税号召，从2020年3月1日起免征港建费，货物港务费、港口设施保安费下调20%，大幅减轻货主企业成本，大力推进货物疏港。随着疫情发展，海员换班问题成为全球港航业疫情防控的难题。在国务院联防联控机制协调下，港航企业在相关部委的防控要求下，安全、有序地开展船员换班工作，2020年当年累计完成国际航行船舶中国籍船员换班十几万人次，有效保障了船员合法权益和国际物流供应链畅通。发布十二版《港口及其一线人员新冠肺炎疫情防控工作指南》，被国际海事组织以指导文件向世界推荐，为世界抗击疫情作出应有贡献。

进一步推进港口收费减并、服务交通物流保通保畅。《港口收费计费办法》连续修订，交通运输部联合印发《关于减并港口收费等有关事项的通知》促进口岸营商环境优化，减并港口收费项目，定向降低沿海港口引航费，完善拖轮费收费政策，印发《关于阶段性

降低货物港务费收费标准的通知》进一步下调政府定价收费标准。同时，各港在延长集装箱货物免费堆存期、减免堆存费、加大“船边直提”等方面提供各项优惠政策，进一步降低实体经济生产成本，服务交通物流保通保畅，提升产业链安全稳定，畅通国民经济循环。

成本增加、用工短缺对港口生产带来较大挑战。沿海港口是“外防输入”的第一线，为统筹做好安全生产和疫情防控，各企业实施了较为严格的防疫举措，企业以及从业人员在防疫规定、专班制度中付出了巨大的财力物力人力，据统计常态化疫情防控措施给沿海港口企业集装箱平均每箱增加 20~30 元成本、散杂货物平均每吨增加 2 元成本。疫情期间，港口企业对高风险岗位人员执行严格的闭环管理和隔离措施，相关人员的身心健康问题逐步增多，用工短缺问题在部分港口时有发生。

（二）大力解决“一箱难求”问题，保障国际国内供应链稳定畅通

2021 年，随着世界经济疫后复苏，大宗商品和货物需求反弹，各国疫情频发，导致全球港口拥堵，海运供应链持续吃紧，运输成本飙升，集装箱一度出现“一箱难求”现象。**一是需求回升。**2020 年在突如其来的疫情冲击下，全球贸易发展受挫，由于我国通过一系列措施率先有效控制疫情，大量需求向我国转移，2020 年下半年至 2021 年全球贸易的复苏，海运需求逐步恢复，对于集装箱空箱的需求快速增长。**二是空箱周转受到影响。**受集装箱境外流通周转不畅、海运回调空箱减缓影响，加之陆上中欧班列等方式分流，导致空箱短缺。**三是欧美港口拥堵加剧。**受到疫情影响，码头操作、海员换班、码头工人换班、相关检验检疫、集疏运等相关环节效率下降，周转下降打破了原有的基本平衡态，根据上海航交所的发布 2021 年

10月全球主要港口主干航线班轮在港停时数据，洛杉矶和长滩在港停时分别达到11.3天和10.6天，欧洲港口如鹿特丹、安特卫普、汉堡等港口在港停时普遍在2天以上，我国如上海、深圳在港停时2~3天。面对空箱短缺和价格上涨，我国集装箱生产快速增长，造箱企业月度产量逐渐提升至历史最高的50万TEU/月，同时海运回调空箱增长，集装箱周转效率不断加快，“一箱难求”的状况很快得到改善。

（三）港口加快推动资源整合应对市场变化

目前我国沿海省份的港口资源整合加快推进，各省基本形成了“一省一港”格局。浙江海港集团、江苏港口集团、辽宁港口集团、山东港口集团、福建港口集团、河北渤海港口集团等相继成立，其他省份也在积极谋划推进省内港口资源整合。此外港口整合步伐逐步由沿海向内河加快推进，安徽、江西等内陆省份相继成立港口集团，推动省内港口一体化发展。港口格局变化带来的影响将逐步加深，对于市场规制、行业治理等方面的要求越来越高。随着港口资源整合带来的业态变化，全产业链集中度将逐步提升，原有经营方式与竞争格局改变，同时在港口资源整合中，招商、中远等航运央企背景主体更多地参与其中，随着长三角一体化推进、粤港澳大湾区建设，整合、合作不断向产业链上下游延伸、联动的同时，逐步横向扩展范围。随着一体化进程发展，各港分工逐步更趋合理，资源利用效率明显提升，集疏运体系更加优化，港口企业议价能力显著增强，有效避免了区域内港口的同质化竞争。但整合带来的是港口竞争模式的转变，在运输需求整体放缓的背景下，区域港口间竞争愈加激烈，且随着港口间、港航间、港产间进行整合、合作，竞争模式逐渐从单个港口间的竞争演变成港口群之间、港口所参与的整个供应链之间的竞争。

（四）疫情推进港航业数字化、智能化转型

港口行业通过预约制、零接触等线上线下结合的方式推动数字化水平提升。交通运输部印发《交通运输领域新型基础设施建设行动方案（2021—2025 年）》提出智慧港口建设行动以及智慧港口建设重点工程，为推进港口自动化、智能化建设提供了根本遵循与政策支持。我国自动化集装箱码头和在建规模均居世界首位，从 2016 年厦门远海码头实现自动化改造并投产，打破了国内自动化集装箱码头发展的空白，国内自动化集装箱码头的发展驶入快车道，随着人工智能、5G 通信、区块链、大数据、无人驾驶等技术在港口落地运用，推动港口在自动化水平有极大提升的同时向智慧港口转变。

重点港口工程加快推进。目前，我国主要的全自动化码头分布在厦门港、青岛港、上海港、深圳港、日照港、天津港等 8 个港口，共计 33 个码头。一大批样板工程相继建成，全球首个智慧零碳码头在天津港投产，广州港南沙港区四期码头作为全球首个江海铁多式联运全自动化码头、粤港澳大湾区首个全新建造的自动化码头正式投入运行，全国首个海铁联运集装箱码头——北部湾港钦州自动化集装箱码头正式启用，山东港口青岛港“连钢创新团队”坚持自主创新理念，高标准建成拥有自主知识产权的全自动化码头，为全球自动化码头建设运营提供了“中国经验”和“中国方案”。

推进散货码头及传统码头智慧化改造。散货码头自动化加快推进，烟台港 40 万吨级矿石码头打造首个全球全自动干散货码头，通过全系统、全流程、全自动作业进一步提升码头综合作业效率。传

统码头智慧化改造加快推进。全球首创传统集装箱码头全流程自动化升级改造项目在天津港全面竣工。在推进集装箱自动化码头建设的同时，港口行业不断推广应用自主研发的自动化集装箱码头生产管理系统和设备控制系统，扩大自动化码头技术在内河港口的应用，沿海港口进一步向自动化、数字化、智能化方向迈进。

航运业在数字化转型方面加快探索。新冠疫情使航运业这一传统的人力密集型行业受到极大冲击，充分放大了航运业对数字化需求的紧迫性。区块链技术在航运市场得到尝试应用，2020年，全球航运商业网络（GSBN）向实体化迈出关键一步，中远海运集运、达飞轮船、中远海运港口、赫伯罗特、和记港口、东方海外、青岛港集团、新加坡港务集团、上港集团完成股东协议书签署。2018年马士基和IBM合作推出的TradeLens，是一个中立的、基于区块链技术的集装箱物流数字化平台，但相关项目于2022年度宣布终止。

（五）积极尝试推进高水平对外开放

随着我国对外开放步伐的加快，在区域布局上，实现了从沿海沿边开放到设立自贸试验区、自由贸易港，中国自贸区已经形成“1+3+7+1+6+3”的新格局，海南自贸港建设在水运领域取得多点突破，暂时调整实施《中华人民共和国船舶登记条例》，对于仅从事海南自由贸易港内航行、作业的船舶，取消船舶登记主体外资股比限制，创新船舶登记制度，颁发新版船舶“多证合一”证书。“沿海捎带”是指外国国籍船舶在我国沿海港口之间从事外贸集装箱重箱的国内段运输，2021年底，国务院发布批复文件，同意暂时调整相关规定，允许在上海自由贸易试验区临港新片区开展沿海捎带业务试点，2022年初交通运输部发布《关于试点实施有关中资非五星旗船舶沿海捎带政策的公告》，5 月 31 日，我国首单外资非五星旗船舶沿海捎带业务在上海港洋山港区正式落地，标志着我国港口及航运业在进一步扩大开放作出积极的尝试。

三、水运行业发展面临的形势与发展趋势

（一）面临的形势

1. 国际形势

一是世界经济环境不确定性增大。国际局势风高浪急，世界经济动荡不安，政治经济格局加速演变，逆全球化思潮抬头，单边主义、保护主义明显上升，不稳定性、不确定性显著上升。国际环境日趋复杂严峻，仍处在一个充满变数的时期，世界经济前景明显黯淡，复苏乏力，根据国际货币基金组织（IMF）预计，2022—2027 年全球经济增速与货物贸易出口增速均值均为 3% 左右，低于之前水平。经济贸易的低迷状态很可能趋于长期化。

二是地缘政治冲突进一步加剧。全球地缘政治趋于紧张，俄乌冲突让欧洲面临“二战”以来最严重危机，也给全世界带来战争的阴霾，进一步加剧全球能源、粮食危机及通货膨胀。欧美等西方国家采取的制裁措施与俄罗斯的反制措施，加之“北溪管道爆炸”等突发事件进一步影响全球产业链供应链稳定，加剧全球能源、粮食等大宗商品市场价格波动，欧盟和俄罗斯能源贸易的“中断”和“改道”极大改变了全球能源贸易结构。

三是国际力量对比深刻调整、大国博弈进入新阶段。世界百年未有之大变局加速演进，世界之变、时代之变、历史之变的特征更

加明显。习近平总书记指出，“全球治理体制变革正处在历史转折点上。国际力量对比发生深刻变化，新兴市场国家和一大批发展中国家快速发展，国际影响力不断增强，是近代以来国际力量对比中最具革命性的变化”。各国综合实力对比不断发生变化，发达国家经济增长乏力，新兴经济体和发展中国家力量逐渐崛起，东升西降趋势日渐明朗，新兴经济体和发展中国家占世界经济比重将持续提升，国际力量对比将更趋平衡，世界经济版图发生深刻变化。

四是国际供应链、产业链加速重构。世界单边主义和保护主义严重冲击国际经济秩序，地缘政治冲突加剧，全球化趋势受到阻碍，产业链面临本地化与区域化趋势。大国博弈日益激烈，全球产业链、供应链加速重构。供应链全球化的步伐会朝着两个重要的方向演化。一是本地化趋势。将产业配置尽量考虑本地化周边化，以实现较强的掌控力。二是多元化趋势。将产业配置在多个区域和国家，减少对产业链上某个核心国家的依赖，以实现风险规避。

2. 国内形势

一是中国式现代化的宏伟蓝图为我国经济发展赋予新的增长动能。党的二十大报告提出，要以中国式现代化推进中华民族伟大复兴，我国将加快构建新发展格局，着力推动高质量发展，加快构建以国内大循环为主体、国内国际双循环相互促进的新发展格局。深入实施京津冀协同、长江经济带、粤港澳大湾区、长三角一体化、黄河流域生态保护和高质量发展等区域重大发展战略，积极扩大内需，形成全国统一大市场，推进高水平对外开放，促进绿色低碳转型。

二是我国经济已转向高质量发展阶段。我国经济发展质量不断提升，进一步向现代化迈进。前沿科技迅猛发展，产业结构水平不断升级，逐步从工业大国向工业强国迈进，不断推进区域协调发展和新型城镇化建设。我国发展具备了更为坚实的物质基础、更为完善的制度保证，继续发展具有多方面优势和条件。未来一段时间我国经济仍将实现中高速增长，预计增速在 4%~6%，高于全球经济平均增长水平，GDP 的全球占比将继续上升。

三是经济发展面临的不确定性增大。全球通胀处于高位，增长动能减弱，美元持续加息带动其他国家货币贬值以及消费萎缩导致外需逐步减弱，近几年我国面临需求收缩、供给冲击、预期转弱三重压力，人口总量和结构分布、消费需求特征、要素供给模式等发生深刻变化，给我国经济发展带来较大压力。

（二）行业发展面临的要求及发展趋势

一是外部要素趋紧要求行业提升发展动能。国家出台严控围填海、长江大保护等资源要素供给收紧政策后，部分水运建设项目前期工作推进困难。各级政府财政资金紧张，水运公共基础设施建设资金来源不畅。2021 年 1 月 1 日起，港建费全面停征，车购税收入大幅下滑，水运领域尚未建立稳定的中央财政资金保障机制，资金约束将长期存在。地方政府财政压力较大，配套资金不足。

二是行业发展韧性要求进一步提升。过去三年对港航的韧性和储备能力提出了更高要求，需要港口、航运保证一定的控制力和系统冗余能力，疫情、地缘冲突、市场波动等因素加剧市场运行波动，对港口枢纽、航运服务的韧性和安全提出了更高的要求。党的二十大报告提出“着力提升产业链供应链韧性和安全水平”“加强重点领域安全能力建设，确保粮食、能源资源、重要产业链供应链安全，加强海外安全保障能力建设”，国家对于物流供应链的要求逐步从

"效率优先"向"效率与安全并重"转变。安全稳定畅通高效的国际国内物流服务体系，是保障经济运行、推进高质量发展和服务构建新发展格局的重要保障。

三是行业智慧绿色要求进一步增强。党的二十大报告提出"必须坚持科技是第一生产力"，科技正不断塑造发展新动能新优势，提出"推动绿色发展，促进人与自然和谐共生"绿色低碳转型要求。在技术创新方面，水运行业需要进一步挖潜"互联网 +"、新的信息技术等在行业的应用，发掘新的业务形态并提升效率。在绿色发展方面，需要进一步加大港口、航运清洁能源使用比重，加强港口污染防治与节能减排。近年来碳达峰碳中和等绿色低碳发展要求逐步提升，国家继续推进"能耗双控"政策，运输的波动性可能在政策的影响下有所加剧，需要进一步从更深层次、更广范围、更高要求推动绿色发展。

四是腹地对于综合服务功能的要求进一步提升。全社会对于全程物流链发展、服务精细化要求将不断提升，人民对美好生活的向往不断提升，定制化产品和服务的需求增多，对港航运输的要求从原先的货物运输可达逐步向货物运输可靠、可见、可持续发展，全程物流供应链需求激增，运输服务的精细化要求不断提升。港口及航运公司均在向上下游产业链延伸，将大力发展全程物流运输作为重要方向。

五是港产城融合发展成为港口城市重点诉求。长期以来，各方面普遍对"港产城"融合发展认识不足，港口、产业、城市发展相互分割，缺乏港口规划与产业规划、城市规划的有效衔接，港口、产业、城市三者联动水平不高。随着京津冀协同发展、长江经济带、长三角一体化发展、自由贸易试验区与自由贸易港建设等重大国家战略深入实施，需要进一步发挥港口的平台和载体优势，大力推动老码头升级改造、构建货运专用通道等措施有效解决港口与城市在土地、环境、交通上的矛盾，同时加快发展临港产业集群，促进“港产城”深度融合发展。

六是货运需求将呈现“高基数、低增速”增长特点。当前，我国新冠疫情防控平稳转段，影响将不断减弱，未来几年，我国宏观经济基本面将得到改善，步入稳步回升发展阶段，产业结构进一步优化升级，新型城镇化建设稳步推进，未来较长一段时期，我国水运需求仍将保持增长，但增速将进一步趋缓。随着我国经济不断发展，港口集装箱仍将保持较快增长态势，内贸带动作用进一步增强；煤炭消费预计将在“十四五”期间达峰，港口煤炭吞吐量将基本保持平稳；原油随着消费需求的回升，进口运输将出现恢复性增长；我国不断推进清洁能源利用，天然气进口运输将呈现快速增长态势；钢铁生产消费进入峰值平台期，铁矿石进口运输将有所下滑。

第十章

民航发展三年回顾和未来展望

民航业是我国经济社会发展重要的战略产业，在国家综合交通运输体系中具有不可替代的地位和作用。改革开放以来，我国经济快速发展，国民收入持续增长，人民可支配收入不断增加，为我国民航业的发展提供了良好的经济环境。过去三年，我国民航业在有效应对疫情冲击的同时，平稳度过了不利因素的影响，在复杂的环境中交上了一份满意的答卷。

一、着力扎根提量增效，民航引领交通强国

（一）中国民航整体稳步发展

过去十年间，我国民航净增机场 61 个，其中近半数增加在中西部地区。经济欠发达地区的机场建设及通航发展，为当地带来了经济交流，为推动区域协调发展增添了动能。当前，我国航空服务网络基本覆盖超过九成的地级行政单元，服务我国 88% 的人口。围绕服务国家区域发展的重大战略，中国民航大力推动世界级机场群建设，目前，京津冀、长三角、粤港澳大湾区及成渝世界级机场群已现雏形，目前已经建设成包含三大门户复合枢纽、八大区域性门户枢纽、十二个干线机场的现代化机场体系。为响应国家“一带一路”倡议，中国民航积极打造“空中丝绸之路”，与 100 多个共建“一带一路”国家签署双边航空运输协定，与 64 个沿线国家保持定期客货运通航，努力构建安全可靠、便捷高效、绿色集约、互惠包容的“空中丝绸之路”，助力共建“一带一路”高质量发展，稳步推进我国国际影响力、感召力、塑造力实现新提升。

（二）疫情影响民航快速发展

1. 疫情三年民航运输元气大伤

2019 年以前，我国民航业的收入主要来源于客运和通航，这样的收入结构使得民航业收入弹性较大，收入与载客量和货运量紧密相关。同时，在支出结构中，除燃料成本外，民航业的支出大都不

受航班班次和运量影响，弹性的收入与刚性的支出使得民航业面对突发事件无法快速调整应对。2020—2022 年间，我国民航行业运输量呈现断崖式下跌，屡次突破近十年新低，半数以上航班被迫取消，部分受影响严重的地区执行班次甚至为零。疫情给航线航班的运营带来了极大的负面影响，部分重点航段执行航班量急速下降，大量中小机场停航。随着疫情状态持续向好，民航业正在不断复苏，截至 2023 年 4 月，国内客运市场已基本与 2019 年同期持平，货运市场保持快速增长。

2. 民航客运市场遭受疫情重创

2019 年，我国民航旅客运输量为 6.6 亿人次，受疫情冲击，2020 年已下降至 4.2 亿人次，降幅超过 1/3，国内客运量最大的 4 条骨干航线（京沪、京广、沪深、京蓉）航班量急速下滑，计划执行率不足 30%，2022 年航空客运再遭重创，下滑至 2.5 亿人次，已不足 2019 年的 4 成。飞机起降架次方面，受疫情冲击，2020 年与 2022 年飞机起降架次降幅均超过 20%，其中 2022 年降幅接近 27%，整体起降架次已从 2019 年的 1166 万架次降至 2022 年的不足 716 万架次，下降接近 40%（见图 10–1）。为降低疫情感染风险，大量旅客取消出行计划。为应对航空客运需求大幅下降，航空公司纷纷降低客运运力投入。以国航、东航、南航为例，2020 年，3 家航空公司客运运力投入分别下降 45.8%、43.73%、35.79%。2021 年运力投入基本与 2020 年持平。受疫情影响，2022 年三大航客运运力投入分别再次下降 36.89%、40.13%、29.1%。总体上客座率已从 2019 年的 80% 以上降至 2022 年的不足 70%，降幅接近 20%。

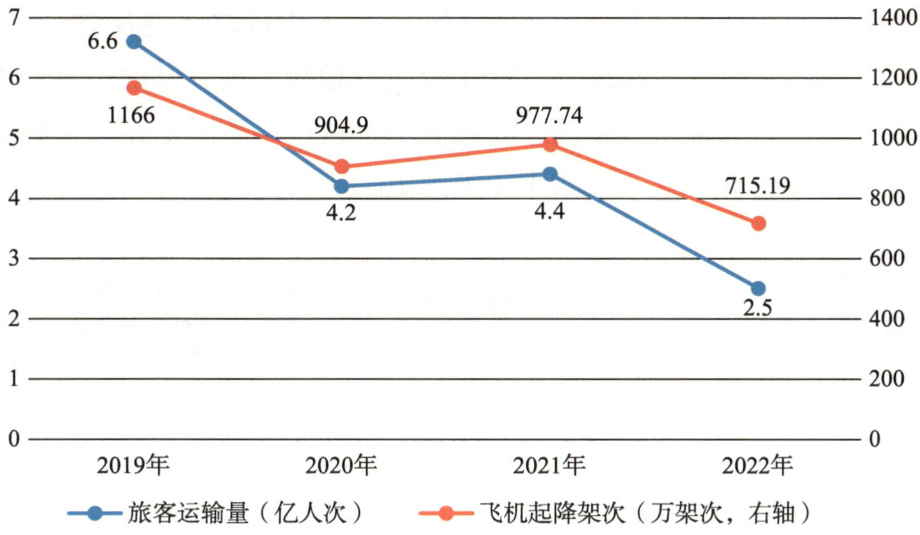

图 10-1　2019—2022 年我国民航旅客运输量与飞机起降架次

数据来源：2019—2022 年民航统计公报。

3. 货运市场疫情之下以韧克难

近年来，我国民航整体货邮吞吐量保持相对稳定水平，其中，东部地区大幅领先，占比超过 80%，其余地区份额较小但增长相对稳定。

我国航空货运市场主要以腹舱带货和全货机运输为主，但受到新冠疫情相关影响，我国客运航线大量停航，由此造成腹舱带货能力遭到极大削弱，同时，由于国际上部分国家的进出境管制措施和进出口政策发生变化，国际全货机航线网络也受到极大影响。同时，叠加国际油价不稳定、地缘冲突、经济危机等不利影响，我国航空货运市场遭到极大冲击，我国航空货运攻坚克难，不断探索恢复措施，适当增加运力，在疫情常态化阶段基本恢复至 2019 年水平。航空运输的高时效性优势，使其在运输防疫物资方面发挥了重要作用。

2020 年，我国各地区货邮吞吐量有所下降，但随之迅速反弹；2021 年恢复 2019 年水平；2022 年，疫情反复、地缘冲突、原油价格上涨等多方面不利因素持续影响，导致航空货运市场萎靡不振，货邮运输量达到 2016 年以来最低水平（见图 10–2）。

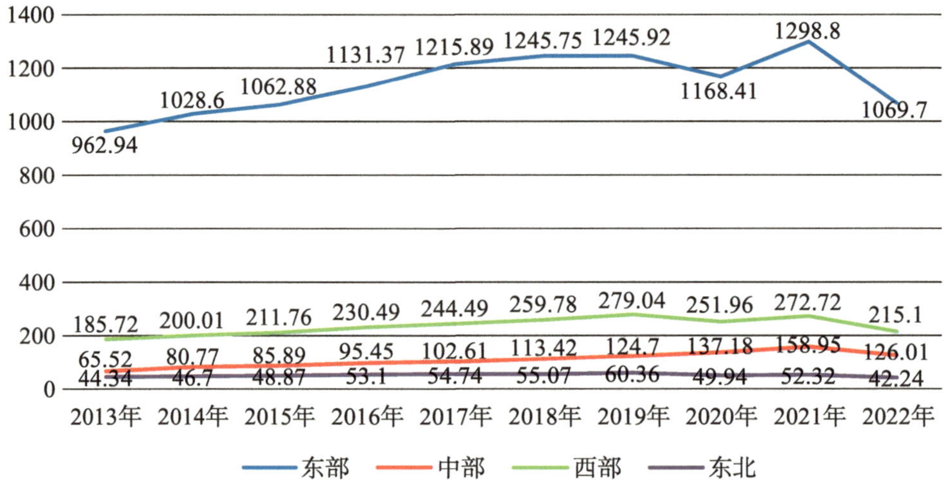

图 10–2　2013—2022 年我国各地区货邮吞吐量（万吨）

数据来源：2013—2022 年民航统计公报。

二、中国民航攻坚克难，扎实助力经济发展

（一）基础设施不断完善，保障民航快速恢复

为了及时保障民航运输快速恢复，中国民航基础设施建设稳步推进，对行业高质量发展的支撑作用进一步显现。全面构建由三大世界级机场群、十大国际航空枢纽、二十九个区域枢纽和非枢纽运

输机场组成的覆盖广泛、分布合理、功能完善、集约环保的现代化机场体系，大力推进世界级机场群建设，建设规模大、推进速度快、投资完成高、建设成效好。2020—2022 年，我国民用机场数增加 13 个，总数达 254 个（见图 10–3），其中，超半数新建、迁建、改迁建的小型枢纽或非枢纽机场位于西部地区、边境地区或贫困地区，为更好地服务国家打赢脱贫攻坚战、西部大开发等国家战略发挥了重要作用。

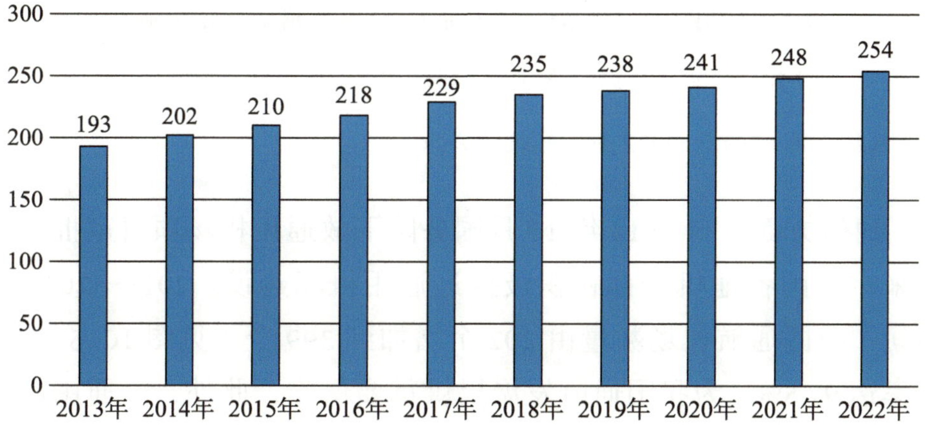

图 10–3　中国民用航空机场数量（个）

数据来源：2013—2022 年民航统计公报。

投资方面，民航基本建设和技术改造投资额由 2019 年的 969.4 亿元增长到 2022 年的 1231.38 亿元（见图 10–4），综合增长率达 27%，基本建设和技术改造投资额在民航固定资产投资中的占比也由 53.2% 增长到 64.6%。在整个民航业都受到巨大冲击的新冠疫情期间，我国民航业各项运营指标均有下降，但基本建设和技术改造投资额不降反升，2020—2022 年均达到千亿水平，其中，2020 年和 2021 年增速均超过两位数。

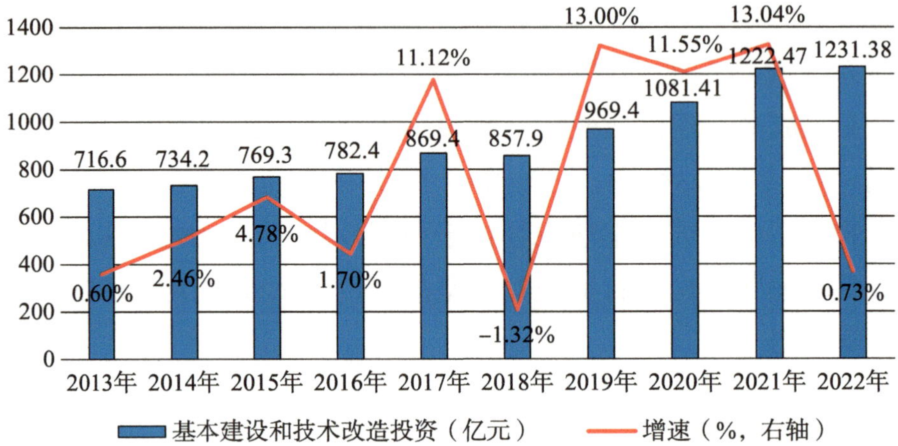

图 10-4　近十年民航基本建设和技术改造投资额及增长速度

数据来源：2013—2022 年民航统计公报。

通航方面，自 2014 年 10 月国务院下放通用机场项目审批权限以来，我国各地机场都在积极推进通用机场建设。2018—2022 年期间，我国通航机场数量由 202 个增加到 399 个（见图 10-5），增长率达 97.5%，为我国通航发展提供重要保障，此外，除通用机场建设之外，各省份也逐渐将通航发展的落脚点转移到飞行服务站建设上。飞行服务站的建设能够为区域通航发展提供气象、空域使用情况、通信等信息，保障低空飞行服务安全平稳。目前，长沙飞行服务站正式投入使用，安徽唯一的 A 类通航飞行服务站完成验证试飞。河南计划在郑州建设一个覆盖全省范围的飞行服务中心，在豫西、豫北、豫东南、豫西南地区分别建设 4 个 A 类飞行服务站，以此催生一批基于飞行服务相关功能设备和产品的研发和生产企业，加快远程塔台、5G 和北斗等新技术在通航领域的应用。

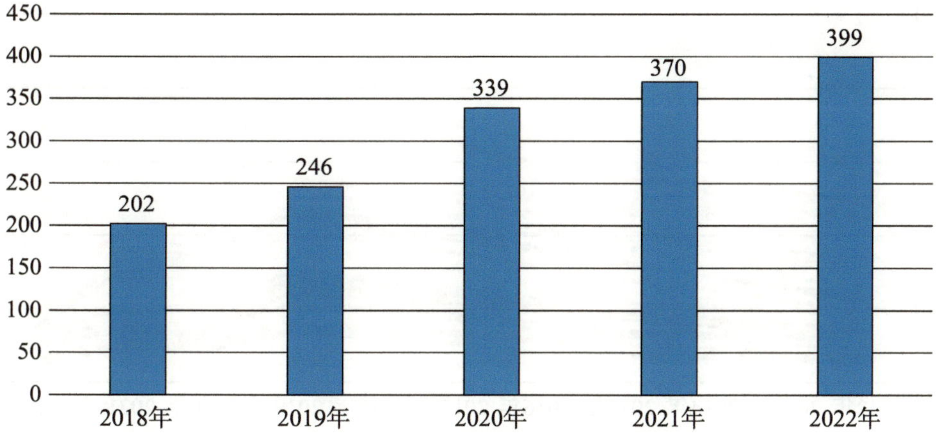

图 10-5 2018—2022 年我国通用机场数量（个）

数据来源：2018—2022 年民航统计公报。

（二）枢纽机场客运遭受严重冲击，货运保持韧性

作为民航发展的重要一环，枢纽机场不仅能够为航空公司提供专业化的保障服务，同时还能集聚临空产业，构建产业链和供应链，助推地区经济的发展。

客运方面，从 2019 年及以前情况看，我国各枢纽机场旅客吞吐量持续稳定增长，但国际通航航点数量、航线丰富度等方面的落后使得我国主要枢纽机场国际旅客占比远低于国际平均水平，同时，地理位置、通关政策、中转效率等方面的不足使得我国枢纽机场中转旅客比例低于国际平均水平。新冠疫情暴发以来，国际航空旅客运输受到严重影响，中国民航局多次发出熔断指令，各枢纽机场旅客吞吐量遭到腰斩（见图 10-6）。目前，随着疫情防控形势的改善，中国民航正处于快速恢复阶段。

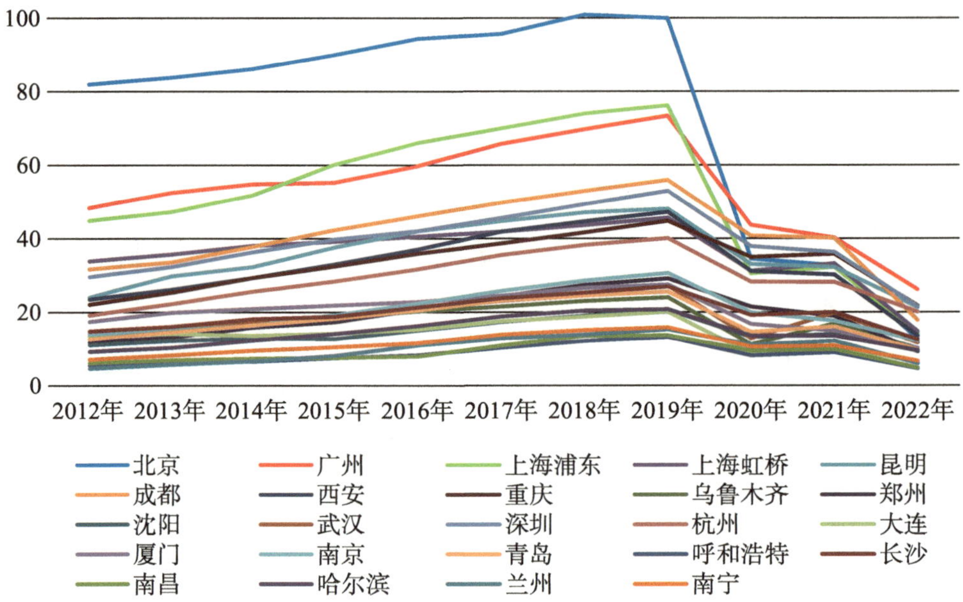

图 10-6　2012—2022 年我国主要枢纽机场旅客吞吐量（百万人次）

数据来源：2012—2022 年民航机场生产统计公报。

货运方面，从 2019 年及以前情况看，我国民航货运吞吐量稳步增长，由 2012 年的 545 万吨增长至 2019 年的 753.14 万吨，综合增长率 38.19%。与专业性货运枢纽机场不同，综合性枢纽机场货物运输规模较大，网络通达性较强，因此，除货运航线之外，还可以依托丰富的客运航线网络进行客机腹舱带货。目前，我国的上海浦东、广州白云、深圳宝安、北京首都、杭州萧山、郑州新郑等综合性枢纽机场因其货运规模较大，市场集中度较高，同时也承担着货运枢纽的功能，其中，全国货邮吞吐量排名前十位的机场吞吐量占全国 70% 以上，主要集中在京津冀、长三角和粤港澳地区。上海浦东机场是我国货运吞吐量排名第一的综合性枢纽机场，主要运营国际货运业务，国际航线完成货邮吞吐量占货运吞吐总量的 80% 以上，吸引了东航、中货航、国货航、全日空、扬子江快运等 30 多家航空公司在此运营全货机业务，全货机通航 31 个国家、112 个航点，国际三大物流集成商 UPS、DHL、FedEx 分别在此设立转运中心，有效提高了国际货运中转效率（见图 10–7）。在我国其他综合性枢纽机场中，郑州机场在货运方面表现较为突出，2017—2021 年 5 年间，郑州机场货运量由 50.3 万吨提升至 70.5 万吨，综合增长率达 40.2%，其中卢森堡货航贡献货量占比 20%。2020 年和 2021 年期间，受到新冠疫情影响，全国机场国际航线停运、客机腹舱运力严重下降，在此严重不利影响下，郑州机场依然实现逆势上扬，2022 年全国排名第六位。在疫情和复杂国际形势的影响下，我国机场货邮吞吐量基本保持平稳，随着我国首个专业货运枢纽机场鄂州花湖机场正式投入使用及航空货运运力的整体上升，跨境电商、冷链物流等产业的蓬勃发展，我国航空货运将迎来发展新机遇。

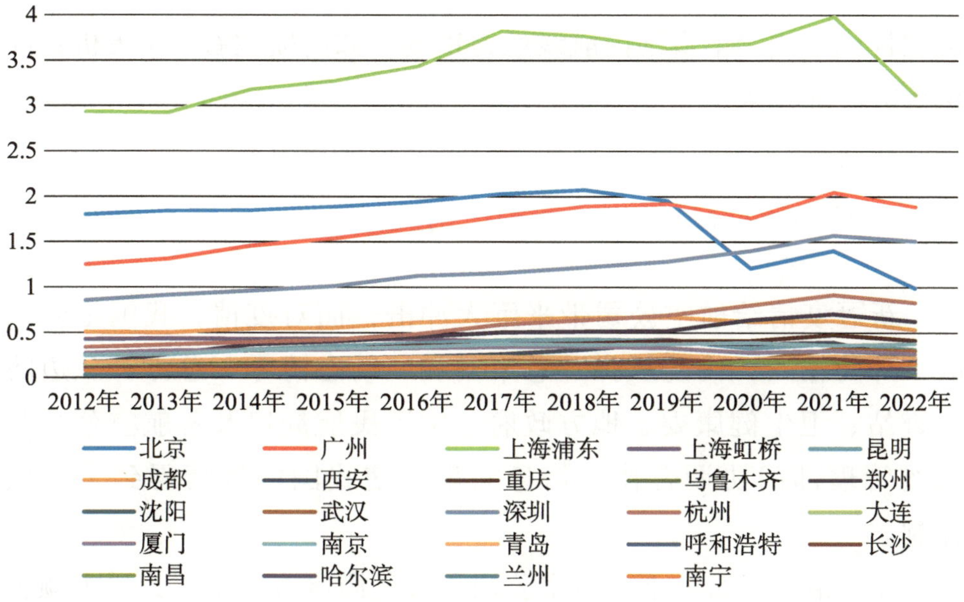

图 10–7 2012—2022 年我国主要枢纽机场货运吞吐量（百万吨）

数据来源：2012—2022 年民航机场生产统计公报。

（三）调整航线网络与机队结构，把握创收机会

过去三年，国内航空公司充分利用现有资源，适时调整运力及服务，从市场需求角度正确给予公司价值。各航司根据中国民航局相关规定出台免费退改签政策，同时结合疫情蔓延情况调整航线网络，降低感染风险，创造公共安全价值。在疫情期间，各航空公司对亏损航线也进行了调整，利用现有的资源，在疫情稳定后，适时复航，把握时刻与航线资源。

新冠疫情发生以来，全球主要航空公司都在大规模调整运营的机型。多家航空公司宣布提前退役部分机型，主要涉及老旧机型和大型宽体客机，空客 A380 和波音 747 等超大型客机退役步伐加快。据 Cirium 数据分析，疫情期间空客 A350 和波音 787 系列的窄体机使用率更高。国内航空公司为提高飞机利用率，降低成本，使用合理机型替代方式，丰富国内航线运力市场，如南航波音 787 飞机首次执行国内航班等。

（四）拉动航空客运需求，助力抗击疫情

新冠疫情给航空公司带来巨大冲击，面对疫情，我国主要采取“外防输入，内防反弹”总策略和“动态清零”总方针。边防检查站、卫生健康委、地方政府、中国民航局以及各航空公司和机场管理部门协调合作、信息共享，使我国的疫情得到了有效控制。

在疫情冲击影响下，航空公司积极刺激旅客需求，为寻求顾客“拉动”价值作出了突破。2020 年 6 月 18 日，东航首推 3322 元周末“随心飞”套票，随后海航、华夏、春秋、南航、深航、山航等多家

航空公司结合自身条件，设计了不限次数飞行、不限航线、不限日期的飞行套票，助力加快恢复生产生活秩序、提振航空旅游的全产业链消费水平。同时“随心飞”等产品的推出也充分利用过剩座位，设定提前订票规则，避免高端旅客的消费降级，从多个方面满足顾客需求。

作为复工复产的先决保障之一，在国内恢复经济运行秩序关键期，多家航空公司响应多方需求，陆续发布通知，接受政府和企业包机送员工返岗，支持企业复工复产，打通“空中大动脉”。随着国际疫情稳定，航空公司开启了新一轮国际复工复产包机业务。

（五）全货机比例增加，保障货物通行

截至 2022 年底，中国民航全行业运输飞机在册架数 4165 架。其中货机仅共有 223 架，占比 5.4%；而客机有 3942 架，占比高达 94.6%。图 10–8 内环为 2018 年我国客货运飞机比例，外环为 2022 年我国客货运飞机比例，可见我国客货运飞机比例悬殊，但货运飞机占比稍有增加。

从新增情况来看，2022 年共增加 111 架民航运输飞机，其中货机新增 25 架，占比 22.5%，客机占比 77.5%。整体反映出国内民航货机数量较少但增长较快。

自 2019 年以来，我国全货运航空公司比例逐年上升，如图 10–9 所示，从 2019 年的 14.52% 上升至 2022 年的 19.7%。截至 2022 年底，我国全货运航空公司已达到 13 家。

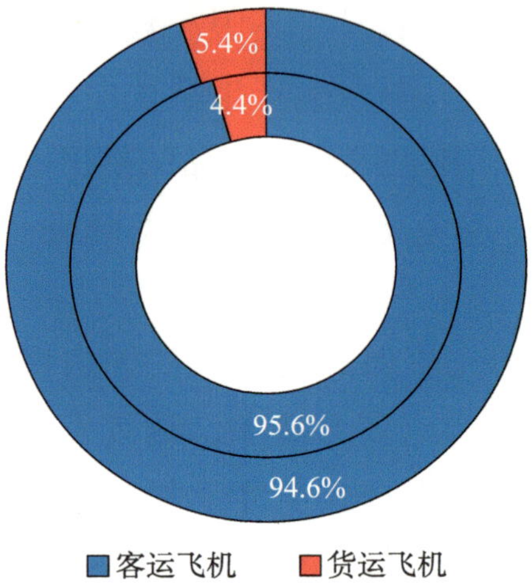

图 10-8　我国客货运飞机占比情况

数据来源：2018 年、2022 年民航行业发展统计公报。

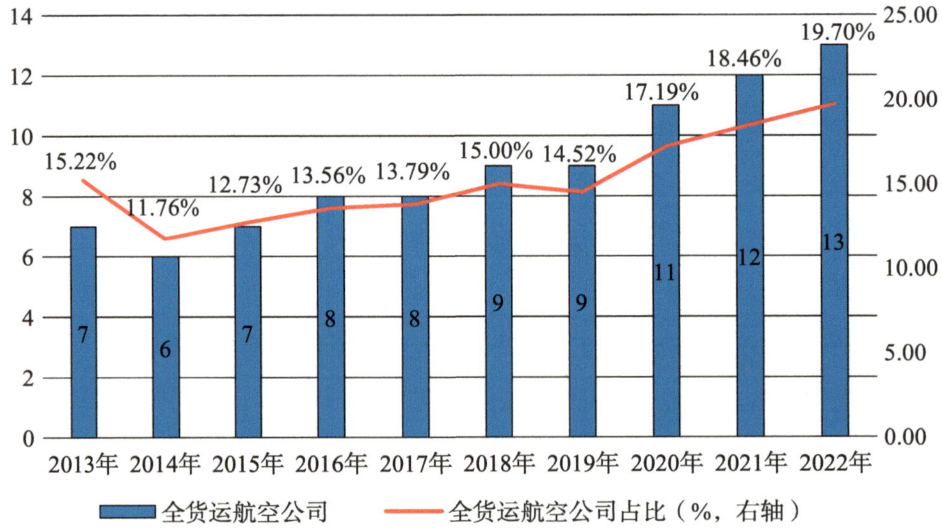

图 10-9　全货运航空公司数量及比例

数据来源：2013—2022 年民航行业发展统计公报。

（六）拓宽货运业务板块，实现高质量发展

作为我国三大航空公司，南航、东航、国航的货运量和载客人次变化基本保持一致。在客运方面，南航载客人次领先于国航及东航；在货运方面，国航货运量高于南航及东航。在 2020 年以前，三大航的载客人次呈较明显的上升趋势（见图 10–10），货运量呈上下波动趋势（见图 10–11）。受疫情影响，客运航线大量停止运营，客机腹舱资源的缺失使得航空货运量锐减。2020 年以来，载客人次呈断崖式下跌，货运量变化没有载客人次变化明显，但也呈下降趋势。

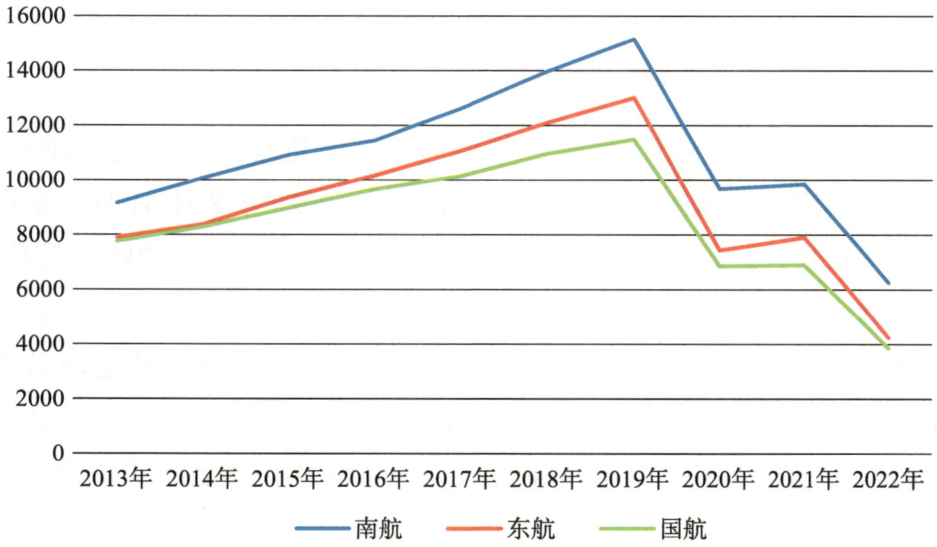

图 10–10　三大航载客量（万人次）

数据来源：各公司年报。

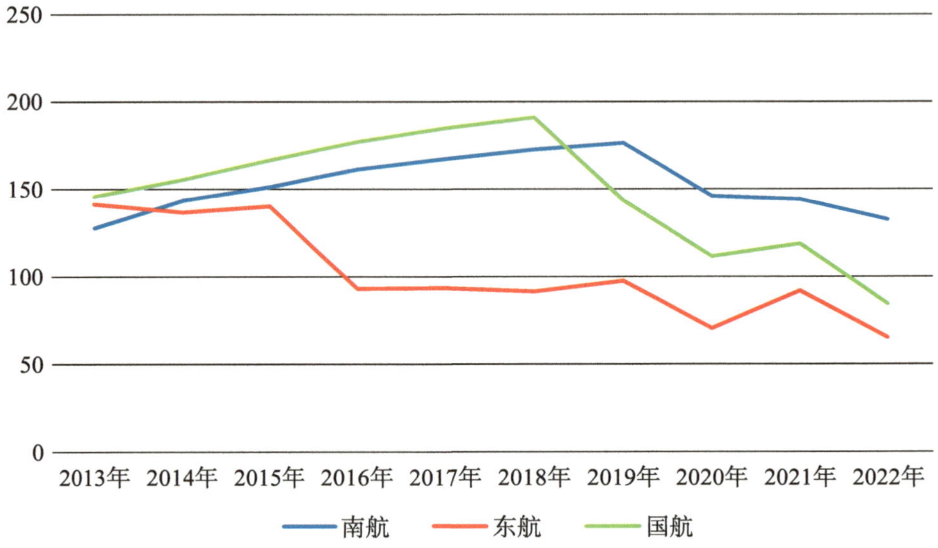

图 10-11 三大航货运量（万吨）

数据来源：各公司年报。

高端制造、电商、生鲜等领域对于航空货运的需求越来越多，高时效的空运是承接这些需求的最佳选择。2020 年 8 月 31 日，京东航空正式投入运营，为京东物流一体化供应链带来明显的效率提升。京东航空主要经营国内、国际航空货邮运输业务，目前，京东航空主要服务于高端消费、高端制造、医疗、生鲜等行业，承运时效要求高、产品价值高的货物，单次运载量可达 23 吨。相较于传统的客机腹舱和包机业务，京东自建了航运体系以及一体多面的物流仓配网络。

此外圆通、顺丰、菜鸟、极兔以及邮政也不断在航空货运领域加码布局。此前顺丰与湖北省共建的鄂州花湖机场在 2022 年 7 月正式投入运营，预计到 2030 年，鄂州花湖机场年航空货邮吞吐量和旅客吞吐量可分别达到 330 万吨、150 万人次。再加上末端的无人机布局，目前顺丰已经构建起“干线大型全货机 + 支线大型无人机 + 末端小型无人机”的航空运输网络。目前，菜鸟也通过各种形式的战略合作与包机协议，形成了一套航空货运体系，已先后和新加坡航空、亚特拉斯航空、香港货运航空、杭州萧山国际机场等多家航空领域巨头达成合作。

（七）增加航空货运运力供给，助力复工复产

受新冠疫情影响，客运航班调减、停航，客机腹舱运力大幅减少，航空物流出现了阶段性的运力紧张。国内外各大航空公司采用“腹舱 + 客舱拆座椅载货”模式将客机改装为货机，提供货运服务。随后中国民航局先后出台《关于疫情防控期间国际航空货运建立审批“绿色通道”的通知》和《关于进一步优化货运航线航班管理政策的通知》等给予政策支持。

在货运方面，为提高我国国际航空货运能力，确保疫情期间国际航空货运供应链稳定，中国民航局采取多项措施：**一是大力增加航空货运运力供给，**挪出许多大型机场高峰时刻，供全货机使用，为货运航班计划审批开辟绿色通道；**二是鼓励主动对接对外贸易需求，**引导航空公司与重点外资外贸企业建立沟通联系机制，及时安排货运加班包机；**三是持续降低航空物流成本，**免征民航发展基金，降低机场收费、空管收费和航空煤油进销差价等，积极推进降费减负；**四是对具有重要战略意义的运输需求，**及时启动重大运输任务，防范供应链断链风险。

同时，受疫情影响，国际航空运力不足、国际寄递渠道受阻，造成了一些国际邮件快件滞留海外。国家邮政局在万国邮联等多边框架下，努力维护国际邮政网络的畅通，不断组织业内企业通过增加包机、开辟航线等方式，加强国际航空运力供给，努力构建国内

和海外的防疫物资寄递运输“绿色通道”。同时，还通过中欧班列、中美快船以及周边国家陆运等多种途径，努力把疫情对跨境寄递物流的影响降低到最低限度。

三、紧抓变革新机遇，航空业未来可期

国际航空运输协会预计2024年客运总量将达40亿人次，超过新冠2019年水平，达到2019年客运总量的103%。根据预测，2023年全球航空货邮运输量将减少4.3%至5770万吨；航空公司货运收入约为1494亿美元，同比减少25%。

随着疫情防控政策的不断优化，2023年中国经济韧性强、潜力大、活力足的优势将逐步显现，经济有望总体回升。疫情中航空货运在保通保畅、维护供应链产业链稳定和推动区域经济发展方面的重要作用得到充分体现，航空货运的发展开始受到多方关注，各种支持性政策接连出台，各类航空性资源向货运倾斜。未来一段时间航空货运将持续受到重视，货运航权时刻、地面保障、规划布局等方面的不足将逐步得到弥补。

（一）推动形成国内国际双循环相互促进的新发展格局

应立足国内市场和国际市场发展特点，尤其是疫情影响下国际市场发展的长期不确定性，树立以国内市场为主体的发展意识，重构企业资源配置。以三大航空运输集团为代表，我国航司应更加理性地认识国内市场特点，做市场秩序的“稳定者”和“建设者”，与众多中小航空公司共渡难关，有序将国际运力转投国内市场，至少

要确保国内市场经营盈利，实现行业有序发展。

同时，应更加重视航空货运市场发展需求，树立中国民航的“大货运”意识，为未来打造中国民航的货运强国奠定基础。疫情影响下航空货运的发展，折射出来的是航空货运有强大的市场需求，更反映了中国民航航空货运能力的严重不足。近年来，中国国际航空货运规模在货运业务比重中持续升高，2019 年占比已经达到 70%。国际航空货运对于社会经济发展显得尤其重要，是推动形成国内国际双循环相互促进的新发展格局的重要支撑。当前，国务院国资委正在推动央企新一轮改革，重构民航货运发展格局，实现三大航空运输企业集团的货运资源重组，共享航空货运历史发展契机，共担中国民航发展的历史重任。

（二）航空客运产品日益丰富

受疫情冲击，各航运企业经济受损，尤其是中小型航司抗风险能力较弱，在疫情期间求生存成为主基调。未来，航空企业需发挥优势作用，与其他航司战略合作，实现联程联运，统一航线经营策略；与旅游企业合作，推出旅游一体化产品；与其他交通运输企业合作，实现空铁联运、空陆联运、空海联运等多种方式；与银行、商家等机构企业合作，推出常旅客购换、机内产品多元化销售等，寻觅新的发展机遇。

航司常态化合作。对于小型航空公司而言，缺乏多样性的客户来源，外地营销力量弱，导致对风险的抵抗力弱，盈利能力差。疫情影响下多家航司合作成为常态化，如奥凯航空、瑞丽航空、青岛航空联合推出“周周小长假”套票产品等。另外，在区域性市场上存在航线共飞竞争的公司，纷纷抱团取暖，例如昆明出港航班，东航云南、昆明航空、祥鹏航空、瑞丽航空、山东航空等，采取交叉航班、共商票价等策略，在保证各公司执飞航班客源的基础上，遏制了疫情期间共损的“价格战”现象。

跨界战略合作。疫情中，多家航司寻求跨界合作，最常见的是与旅游企业的合作，东航推出“随心飞”产品后，又推出相配套的“随心住”等。空铁联运进一步提高了技术支持，东航 App 和铁路 12306 App 全面实现系统对接，空铁联运产品正式上线。航空公司与疫情险公司、银行等多方位的合作也在全面展开。

（三）航空货运数字化进程不断推进

以电子运单为代表，未来我国将持续推进航空货运数字化发展。2021 年 4 月，中国航空运输协会航空物流委员会正式确定重庆和天津为我国首批中性电子运单试点城市，重庆江北国际机场和天津滨海国际机场作为中性电子运单首批试点机场同步投入运行。重庆和天津也是我国首批空港型国家物流枢纽，电子运单系统的运行将实现信息流与货物流的“双流合一”，有助于打破信息壁垒，加快航空货运信息化建设，实现航空公司、机场以及货运代理之间的信息共享、数据互通，提高机场货站货邮吞吐量与航空公司运输效率。作为“十四五”期间民航建设的重点，民航将以智慧民航建设为工作主线，带动智能化应用，实现智慧化融合，加快提升民航发展的质量效益和发展动能。

（四）持续推进空港型国家物流枢纽建设

2022 年 11 月，国家发展改革委发布 2022 年国家物流枢纽建设名单，广州、南京、成都入选空港型国家物流枢纽名单，至此，空港型国家物流枢纽累计已正式获批9个。上海、鄂州、杭州、武汉、长沙、昆明等城市正在积极申报并推进空港型国家物流枢纽建设工作。稳步推进国家物流枢纽、国家骨干冷链物流基地、国家级示范物流园区等重大物流基础设施网络建设，系统整合存量物流资源，推动构建“通道+枢纽+网络”现代物流运行体系，提高现代物流规模化、网络化、组织化、集约化发展水平。航空枢纽经济发展与当地产业战略协同，航空枢纽的竞争力将有效支撑当地产业战略协同和核心产业的优化升级，航空物流成为高端产业链、高效供应链和创新价值链的重要载体和支撑。空港型国家物流枢纽的建设改善了我国物流布局结构，全面夯实物流组织化基础，搭建了强大的物流公共服务平台，有效提升服务功能和质量，塑造了我国现代物流网络主骨架，极大地促进降本增效发展。设计和健全国家物流枢纽服务体系，营造枢纽物流网络和产业组织网络协同扩张的适配生态，将成为我国航空物流产业发展的新型载体，为构建以国内大循环为主体、国内国际双循环相互促进的新发展格局作出新贡献。

参考文献

[1] 范爱华，朱俊洪，黎明，2022. COVID-19对中国及全球航空货运影响及后疫情时代对策 [J]. 综合运输，44（11）：128-132，170.

[2] 郭乐春，2021.“随心飞”产品回顾与分析 [J]. 空运商务（10）：20-24.

[3] 何行，王彪，2021.“一带一路”背景下中国国际航空货运发展现状分析 [J]. 空运商务（12）：6-10.

[4] 菅阳阳，由家敏，杨雪，等，2023. 后疫情时代“随心飞”产品对企业脱困的影响分析：以某航司为例 [J]. 中国市场（12）：126-131.

[5] 李宏斌,2021.空港型国家物流枢纽:概念、特征、机理及其在全球供应链中的特殊地位 [J].供应链管理(7):30–40.

[6] 林火,2023.民航是交通强国建设的重要力量 [J].民航管理(4):3.

[7] 刘德清,2022.浅谈京东航空对国内航空货运市场的影响 [J].空运商务,451(12):29–33.

[8] 马颖培,2023.新时代下我国航空物流发展策略探讨 [J].物流工程与管理,45(4):105–108.

[9] 任俞琪,邱振中,王志国,2023.枢纽机场在航空产业优势省份产业链中的重要功能与作用路径:以昌北国际机场为例 [J].价格月刊(6):79–87.

[10] 宋薇萍,2022.航空货运市场复苏长三角合力打造世界级机场群 [N].上海证券报,2022–10–24(6).

[11] 王帆,2022.中国民航业十年:旅客、航线、机队数量翻倍 [N].每日经济新闻,2022–09–20(2).

[12] 王梓,2021.航班熔断措施的合法性审视与完善路径 [J].重庆行政,22(5):76–78.

[13] 杨省贵,司瑞玲,高阳,2020.基于功能定位的我国通用机场发展研究 [J].郑州航空工业管理学院学报,38(5):5–13.

[14] 张皓瑜,吴薇薇,华何,等.新冠疫情下我国国际航线网络演化特征研究 [J].北京航空航天大学学报:1–15.

[15] 张晋,2021.“双循环”战略下中国民航发展 [J].大飞机(1):24–28.

[16] 张晋,2021.南航物流的改革之路 [J].大飞机(9):59–63.

[17] 张凯斌,刘国煜,刘涛,等,2023.我国运输机场规划建设和运营一体化对策探讨 [J].民航管理(2):56–60.

[18] 张人尹,施书芳,2022.“互联网+货运”的郑州答案 [J].大飞机(11):39–42.

[19] 朱诺,2020.新冠肺炎疫情对我国民航业的影响 [J].空运商务(2):14–21.

第十一章

物流发展三年回顾和未来展望

在党中央、国务院的坚强领导下，物流作为国民经济“大动脉”，在疫情防控和复工复产中冲锋在前，经受了多轮冲击与考验。回顾这一历程，从前期准备不足，到后来全力保通保畅，物流在防疫物资投送、民生物资保障、复工复产支撑等方面的实际贡献有目共睹，在国民经济中的先导性、基础性、战略性地位得到突显。随着疫情防控政策进一步优化调整，我国物流行业也将迎来稳健增长的新阶段，迈向现代物流体系建设的新征程。

一、抗击疫情和现代物流体系建设工作统筹推进

新冠疫情深刻影响了物流业的发展，保通保畅成为近三年物流业面临的首要任务。同时，疫情也暴露出我国物流行业发展的短板问题，引起了各界的重视，推动了一系列围绕构建现代物流体系的政策出台。

（一）应急物流体系加快建设，全力推进物流保通保畅

2020—2022 年，国家层面高度重视应急物流发展，党中央、国务院多次对应急物流工作作出重要指示，各地区、各部门密集出台应急物流实施举措，为有序有力推进应急物流工作指明了前进方向。

一是宏观层面的意见规划引导持续加强，应急物流地位稳步提升。2020 年 1 月 31 日，国家发展改革委、商务部强调，着力协调运输，畅通物流，建立健全重要物资供应绿色通道，及时对接各地应急运输需求，保障重要生活物资的运输需要。疫情期间，国务院、国家发展改革委、交通运输部等部门合力发布多项文件，全面加强应急物流体系建设，着力推进应急物流工作高质量发展。详细情况如表 11–1 所示。

二是实施层面的各地各部门多种措施并举，全力加强应急物流体系建设。2021 年 3 月，浙江省发展改革委印发《浙江省现代物流业发展“十四五”规划》，提出围绕优化全省应急物流设施、应急运力调配、应急物流响应机制和物流安全智控水平，筑牢全省物流安全防线。2021 年 8 月，交通运输部同意武汉市交通运输局、武汉物

流协会开展多方协同应急物流分级体系构建的试点工作。2021年8月，交通运输部同意京东开展建设路空协同、平急一体的应急物流保障体系的试点工作。2022年5月，河北省交通运输厅宣布河北省依托现有交通运输条件和物流园区，建设17家应急物资中转调运站，重点保障京津和雄安新区物资调运。2022年12月，厦门、福州、泉州国家综合货运枢纽补链强链工程启动，着力丰富联运服务产品供给，强化应急物流体系建设。

表 11–1　　2022年有关应急物流主要政策名录

序号	成文时间	部门	文件 / 通知	相关内容
1	2022年2月	国务院	《“十四五”国家应急体系规划》（国发〔2021〕36号）	到2025年，应急管理体系和能力现代化要取得重大进展，安全生产、综合防灾减灾形势趋稳向好，自然灾害防御水平明显提升，全社会防范和应对处置灾害事故能力显著增强。到2035年，建立与基本实现现代化相适应的中国特色大国应急体系，全面实现依法应急、科学应急、智慧应急，形成共建共治共享的应急管理新格局。
2	2022年2月	交通运输部	《关于加强交通运输应急管理体系和能力建设的指导意见》	全面提升交通运输安全风险防范化解、突发事件应急处置和综合交通运输应急保障能力，构建“一个体系、三个能力”的应急能力建设总构架。
3	2022年12月	交通运输部	《交通运输安全应急标准体系（2022年）》（交办科技〔2022〕82号）	标准体系涉及应急管理标准应急准备、监测预警、应急处置、事故调查4个方面，收录应急管理标准90项。

三是深入推进保通保畅保运工作。党中央、国务院高度重视交通物流的保通保畅工作。2020 年下半年在各地区各部门的共同努力下，全国交通网络总体畅通，主要物流指标稳中向好，重点枢纽加快复工达产，物流保通保畅工作取得阶段性成效。进入 2022 年 3 月份，部分地区交通管控举措升级，造成通行受阻、车辆滞留、物流不畅，对重要民生物资供应、产业链供应链稳定等带来较大影响。2022 年 4 月，党中央、国务院成立物流保通保畅工作领导小组，聚焦物流堵点、卡点问题，推动物流保通保畅工作顺利开展。2022 年国务院物流保通保畅工作领导小组共召开 7 次总指挥（全体）调度会议，详细情况如表 11–2 所示。在经历了近 7 个月的“战斗”后，交通物流保通保畅工作取得重大阶段性成果并持续巩固，为促进产业链供应链稳定、支撑稳住经济大盘提供了坚强保障。

表 11–2　2022 年国务院物流保通保畅小组总指挥（全体）调度会议表

序号	时间	相关内容
1	2022 年 4 月 25 日	会议要求，一要聚焦过度管控问题，在保障交通网络畅通上持续发力。确保高速公路服务区和收费站应开尽开，严防关停问题反弹。规范防疫检查，接受社会监督。二要聚焦车辆通行不畅，在实施精准管控上持续发力。避免粗放管控，禁止重复核酸检测，落实“即采即走即追”制度，便利解码申诉服务。三要聚焦重点物资运输保障，在支撑区域经济运行上持续发力。围绕长三角、珠三角、京津冀等重点区域，全力畅通交通大动脉和物流微循环。用好用足通行证制度，备好建好应急物资中转站，确保重点港口正常运转。四要聚焦末端配送不畅，在提升物流配送效率上持续发力。严防网络阻断造成邮件快件积压，尽快复工复产，强化末端配送。

续表

序号	时间	相关内容
2	2022年5月18日	会议强调，一要紧盯问题反弹，严防关闭关停、层层加码、擅自设置检查点、通行证异化弱化等问题回潮，坚决有力确保交通运输网络畅通高效。二要紧盯保供稳链，坚决有力推动物流上下游产业、供需、要素等高效协同。三要紧盯重点枢纽，全力确保枢纽内部正常运转、外部高效集疏运、关联方协同运作，坚决有力保障区域经济平稳运行。四要紧盯民生需求，着力做好加快涉疫地区物流配送网点复工复产、非涉疫地区物流配送网点正常运转、上海复商复市各项物流保障工作，坚决有力提升物流微循环效率。
3	2022年6月20日	会议强调，当前物流保通保畅工作进入持续巩固工作成效、全面支撑复工达产，加快推进长效化、制度化、常态化的新阶段。一要坚持协同联动，加快实现综合运输货运量正增长，加快推动综合运输客运有序恢复。二要坚持需求牵引，全力做好“三夏”、迎峰度夏能源、外贸货物运输保障。三要坚持平急结合，固化精准通行管控政策、物流运行动态监测和应急物流保障举措。
4	2022年7月22日	会议强调，当前物流保通保畅工作已进入长效化、制度化、常态化推进的新阶段。一要持续保持高压态势，在落实精准管控上决不能走样，在坚持问题导向上决不能懈怠，在保持工作力度上决不能松劲。二要持续促进复工达产，合力推动货运量实现全面正增长，保障外贸、迎峰度夏等重点物资高效运输，做好防汛抢险保通保供工作。三要持续优化各项制度，加强政策综合评估，强化物流运行监测，推进长效机制建设。
5	2022年8月19日	会议强调，当前交通物流保通保畅仍处于长效化、制度化、常态化推进阶段。一要全力做好重点地区疫情防控和保通保畅工作，努力在巩固成果扩大战果上取得更大成效。二要有效保障交通网络顺畅运行，努力在提高通行效率畅通交通物流循环上取得更大成效。三要持续做好重点物资运输保障，努力在促进产业链供应链稳定上取得更大成效。四要加快推进纾困解难政策落地，努力在全面惠及交通物流市场主体上取得更大成效。五要防范化解交通运输领域重大风险，努力在营造安全稳定发展环境上取得更大成效。

续表

序号	时间	相关内容
6	2022年9月23日	会议强调，近期全国局部聚集性疫情多点散发，部分地区货车过度通行管控问题有抬头迹象，交通物流保通保畅仍处于巩固成果、扩大战果、助力稳住经济大盘的关键阶段，要砥砺奋进、担当作为，全力保障交通物流安全稳定运行。一要高效统筹疫情防控和保通保畅，在保障重点地区经济社会秩序上展现担当作为。全力做好交通物流领域疫情防控，保障重点区域重点物流通道畅通，保障四川泸定灾后重建重点物资运输。二要切实加强通行管控突出问题整改，在保障货运车辆高效便捷通行上展现担当作为。要精准科学管控，不得随意限制货运车辆通行，不得随意关闭关停交通基础设施，确保交通物流网络畅通运行。三要持续推进货运重点领域达产提效，在实现综合运输货运量效齐升上展现担当作为。更多应用科技手段提升公路货运通行效率，切实增强航空货运供给和保障能力，有效保障铁路货运场站集疏运畅通。
7	2022年11月24日	会议提出，要科学精准做好疫情防控工作，严格执行优化调整后的疫情防控措施，落实落细交通物流运营单位、枢纽场站、从业人员防控举措，坚决防止疫情通过交通物流环节传播扩散。要坚持多措并举协同联动，全力做好能源粮食等重点物资供需对接，坚决保障运输安全畅通。要切实做好邮政快递末端服务，严格规范邮政快递基础设施关停关闭行为，保障突发情况下邮政快递稳定运行，坚决打通城市物流配送末端环节。要及时建设启用应急物资中转站，加强统筹规划和运营管理，坚决保障涉疫地区重点物资有序中转运输。

资料来源：根据交通运输部网站相关资料整理。

（二）物流政策密集出台，多措并举建设现代物流体系

尽管疫情对物流运行造成冲击影响，国家仍然高度重视现代物

流体系的构建，为我国物流产业健康发展提供了坚实的政策保障（见表 11-3），引领我国现代物流业不断向高质量发展迈进。

表 11-3　2020—2022 年有关物流体系建设部分政策列表

序号	成文时间	部门	文件 / 通知
1	2021 年 7 月	国务院办公厅	《国务院办公厅关于加快农村寄递物流体系建设的意见》（国办发〔2021〕29 号）
2	2021 年 11 月	国务院办公厅	《"十四五"冷链物流发展规划》（国办发〔2021〕46 号）
3	2021 年 12 月	国务院办公厅	《推进多式联运发展优化调整运输结构工作方案（2021—2025 年）》（国办发〔2021〕54 号）
4	2022 年 5 月	国务院办公厅	《"十四五"现代物流发展规划》（国办发〔2022〕17 号）
5	2020 年 5 月	国家发展改革委、交通运输部	《关于进一步降低物流成本的实施意见》（国办发〔2020〕10 号）
6	2020 年 8 月	国家发展改革委、中国民航局	《关于促进航空货运设施发展的意见》（发改基础〔2020〕1319 号）
7	2020 年 9 月	国家发展改革委、交通运输部、国家铁路局、中国民航局、国家邮政局、国铁集团等 13 个部门和单位	《推动物流业制造业深度融合创新发展实施方案》（发改经贸〔2020〕1315 号）
8	2021 年 5 月	财政部办公厅、商务部办公厅	《关于进一步加强农产品供应链体系建设的通知》（财办建〔2021〕37 号）
9	2021 年 7 月	国家发展改革委	《国家物流枢纽网络建设实施方案（2021—2025 年）》（发改经贸〔2021〕956 号）

续表

序号	成文时间	部门	文件 / 通知
10	2021 年 8 月	商务部、国家发展改革委、财政部、自然资源部、住房城乡建设部、交通运输部、海关总署、市场监管总局、国家邮政局	《商贸物流高质量发展专项行动计划（2021—2025 年）》（商流通函〔2021〕397 号）
11	2021 年 12 月	国家发展改革委	《国家骨干冷链物流基地建设实施方案》
12	2022 年 1 月	国家发展改革委	《“十四五”现代流通体系建设规划》（发改经贸〔2022〕78 号）
13	2022 年 2 月	中国民航局	《“十四五”航空物流发展专项规划》（民航发〔2022〕7 号）
14	2022 年 9 月	交通运输部、国家标准化管理委员会	《交通运输智慧物流标准体系建设指南》（交科技发〔2022〕97 号）

二、物流业受到短期冲击，但总体韧性强劲

（一）市场规模稳步增长，行业收入稳中有进

物流业增加值是反映物流业发展的核心指标。从三年物流业增加值的变化情况来看，总体有所增加，但增长较疫情前缓慢。在良好的物流政策环境、不断完善的物流基础设施和有所改善的物流供需关系共同作用下，2021 年，受疫情影响有所下降的物流业增加值已恢复至疫情前的增长态势，增速也由负转正；但 2022 年受小范围疫情频发影响，增速又出现大幅度回落。具体情况如图 11-1 所示。

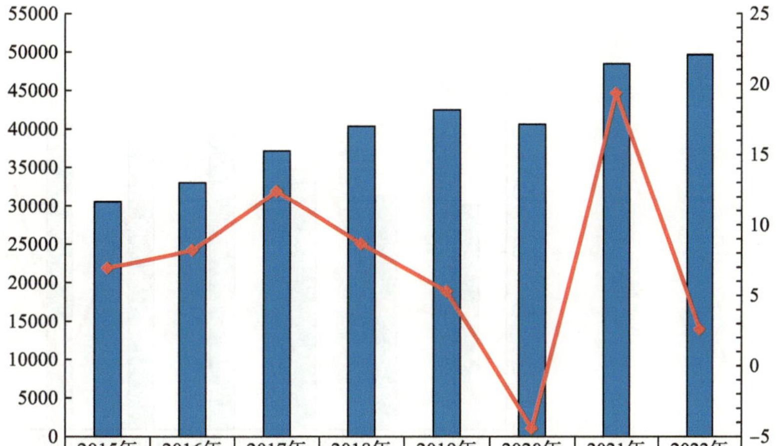

	2015年	2016年	2017年	2018年	2019年	2020年	2021年	2022年
物流业增加值（亿元）	30519.5	33028.7	37121.9	40337.2	42466.3	40582.9	48423.9	49673.7
增速（%，右轴）	6.96	8.22	12.39	8.66	5.28	-4.44	19.32	2.58

图 11-1　2015—2022 年全国物流业增加值及增速变化趋势图

数据来源：历年《中国统计年鉴》。

2020—2022 年间，全国物流业收入共增加 2.4 万亿元，2022 年较 2019 年增长 23.3%。尽管遭受疫情重击，但物流业体现了极强的活力，在严峻事态下逆势回升。2020 年物流业总收入达 10.5 万亿元，同比增长 2.2%，与疫情前基本持平；2021 年增速也稳步恢复至疫情前水平。虽然 2022 年全年物流业总收入增速大幅度下降，但物流业总收入仍保持增长，达到 12.7 万亿元，如图 11-2 所示。

（二）需求规模持续扩大，结构不断优化

社会物流总额是指第一次进入国内需求领域，产生从供应地向接受地实体流动的物品的价值总额。2020—2022 年间社会物流总额增速波动明显，增速为 3%~9%，2020 年、2022 年增速均有明显下降。但综合来看，社会物流总额基本延续增长态势，物流需求规模持续稳定增长。具体情况如图 11-3 所示。

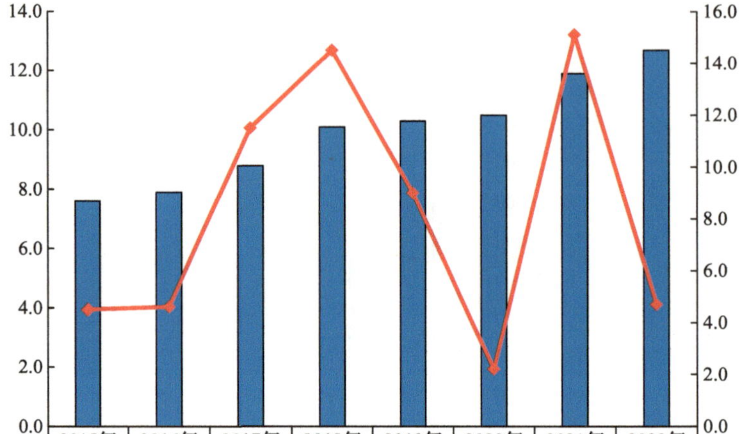

	2015年	2016年	2017年	2018年	2019年	2020年	2021年	2022年
物流业总收入（万亿元）	7.6	7.9	8.8	10.1	10.3	10.5	11.9	12.7
增速（%，右轴）	4.5	4.6	11.5	14.5	9.0	2.2	15.1	4.7

图 11-2　2015—2022 年全国物流业总收入及增速变化趋势图

数据来源：中国物流与采购联合会。

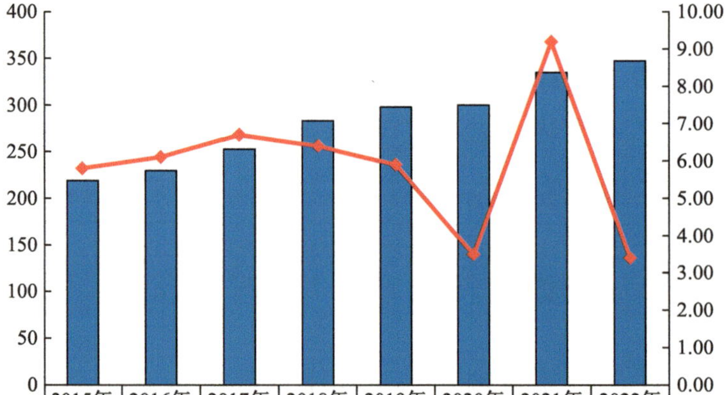

	2015年	2016年	2017年	2018年	2019年	2020年	2021年	2022年
社会物流总额（万亿元）	219.2	229.7	252.8	283.1	298	300.1	335.2	347.6
增速（%，右轴）	5.80	6.10	6.70	6.40	5.90	3.50	9.20	3.40

图 11-3　2015—2022 年全国社会物流总额及增速变化趋势图

数据来源：中国物流与采购联合会。

从社会物流总额结构看，工业品物流总额总体稳中有进，进口货物物流总额增长放缓，农产品和单位与居民物品物流总额保持平稳增长，如图 11-4 所示。

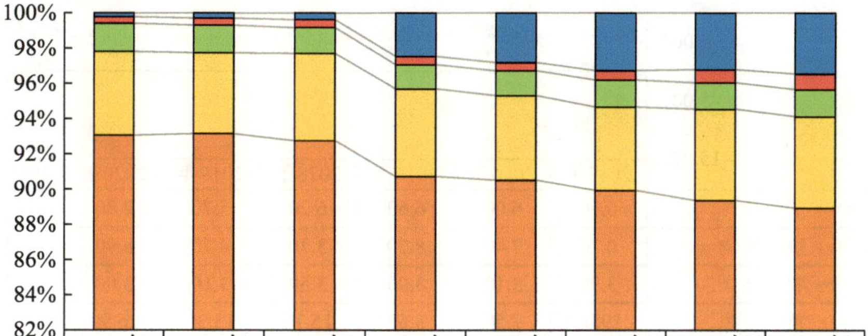

	2015年	2016年	2017年	2018年	2019年	2020年	2021年	2022年
单位与居民物品	0.5	0.7	1.0	7.0	8.4	9.8	10.8	12.0
再生资源	0.8	0.9	1.1	1.3	1.4	1.6	2.5	3.1
农产品	3.5	3.6	3.7	3.9	4.2	4.6	5.0	5.3
进口货物	10.4	10.5	12.5	14.1	14.3	14.2	17.4	18.1
工业品	204.0	214.0	234.5	256.8	269.6	269.9	299.6	309.2

图 11-4　2015—2022 年全国社会物流总额结构变化趋势图（万亿元）

数据来源：中国物流与采购联合会。

工业领域物流需求波动增长。2020 年和 2022 年受疫情等因素冲击，工业品物流总额增速明显回落，但 2020—2022 年增速均为正数，总体呈稳定增长态势，如图 11-5 所示。

民生领域物流需求稳定增长。在 2020—2022 年间，单位与居民物品物流总额共增加 2.2 万亿元，如图 11-4 所示。民生领域物流总额增速在过去三年维持疫情前的变化趋势，增速有所放缓，如图 11-5 所示。

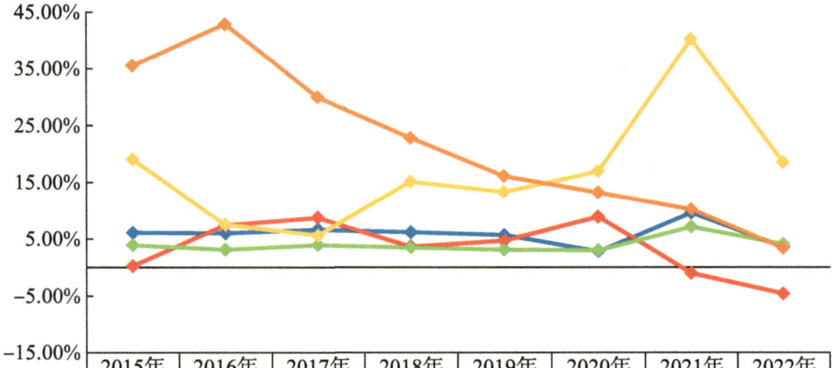

	2015年	2016年	2017年	2018年	2019年	2020年	2021年	2022年
工业品	6.10	6.00	6.60	6.20	5.70	2.80	9.60	3.60
进口货物	0.20	7.40	8.70	3.70	4.70	8.90	-1.00	-4.60
农产品	3.90	3.10	3.90	3.50	3.10	3.00	7.10	4.10
再生资源	19.00	7.50	5.60	15.10	13.30	16.90	40.20	18.50
单位与居民物品	35.50	42.80	29.90	22.80	16.10	13.20	10.20	3.40

图 11-5　2015—2022 年全国社会物流总额各结构增长率变化趋势图

数据来源：中国物流与采购联合会。

进口领域物流需求增长放缓。2020 年，在疫情影响下，全球经济贸易遭受严重冲击，但我国经济仍然保持强大市场活力，进口货物物流总额快速回稳，同比增长 8.9%，彰显了我国超大市场规模的优势，如图 11-5 所示。2021 年和 2022 年，受全球疫情持续影响，我国进口货物物流总额增速由正转负，处于历史最低水平，进口货物物流总额下行压力增大。

再生领域物流需求快速增长。近年来低碳绿色发展理念不断增强，“双碳”目标加快推进，再生领域物流需求实现较高增长。2021 年，国务院印发《2030 年前碳达峰行动方案》，将交通运输绿色低碳行动纳入“碳达峰十大行动”。2021 年再生资源物流总额为 2.5 万亿元，增长 40.2%，行动效果初显，如图 11-4 和图 11-5 所示。

（三）运输规模保持稳定，结构稳步调整

疫情影响下，保通保畅任务十分艰巨，但运输物流服务仍然保持着强供给能力。我国货物运输市场目前仍以公路运输为主，2019—2022 年间我国全社会货运量的变化趋势与公路货运量变化趋势大致相同，如图 11–6 和图 11–7 所示。近年来综合运输网络服务体系不断完善，运输结构调整也在稳步推进，2019 年公路货运量占比初现下降。2020 年，部分地区高速公路进出口管制、临时静默管理等措施，也一定程度上影响了公路货运运输效率，进一步凸显出铁路和水运优势。2022 年，铁路货运量占比较 2019 年提高 0.36 个百分点，水运货运量占比较 2019 年提高 0.75 个百分点，航空货运量基本持平，如图 11–8 所示。

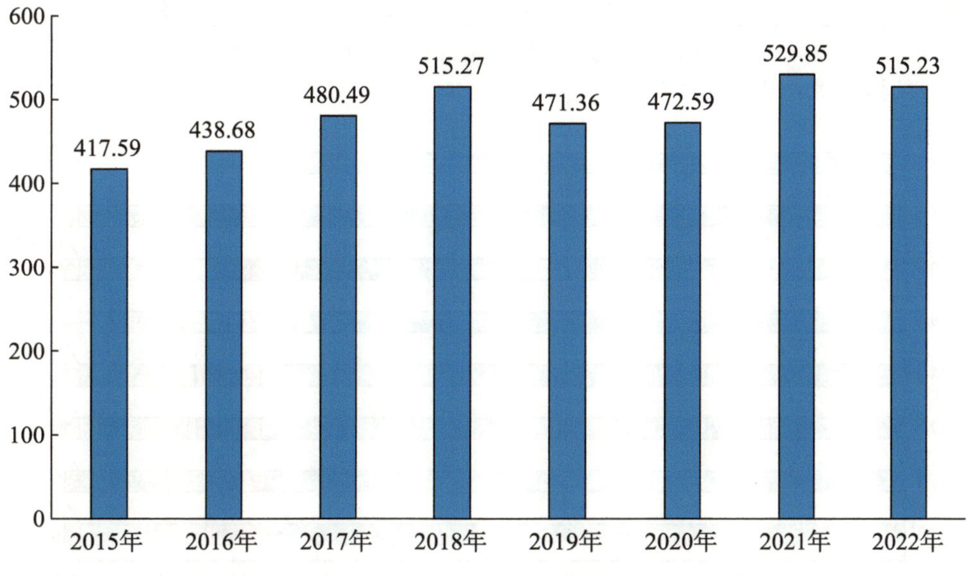

图 11–6　2015—2022 年全社会货运量变化图（亿吨）

数据来源：国家统计局。

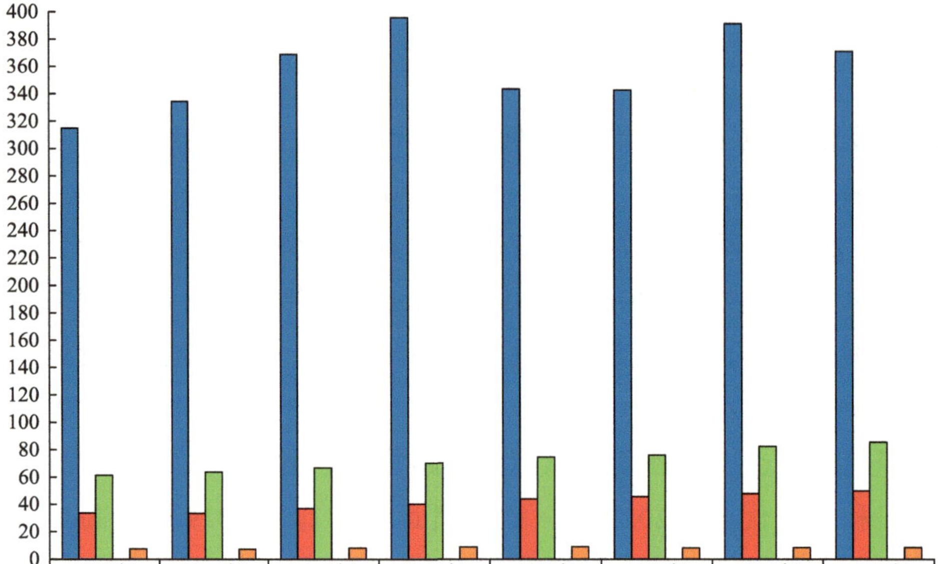

	2015年	2016年	2017年	2018年	2019年	2020年	2021年	2022年
公路	315.00	334.13	368.69	395.69	343.55	342.64	391.39	371.19
铁路	33.58	33.32	36.89	40.26	43.89	45.52	47.74	49.84
水运	61.36	63.82	66.78	70.27	74.72	76.16	82.40	85.54
航空	0.06	0.07	0.07	0.07	0.08	0.07	0.07	0.06
管道	7.59	7.34	8.06	8.98	9.13	8.19	8.25	8.63

图 11-7　2015—2022 年各运输方式货运量变化图（亿吨）

数据来源：国家统计局。

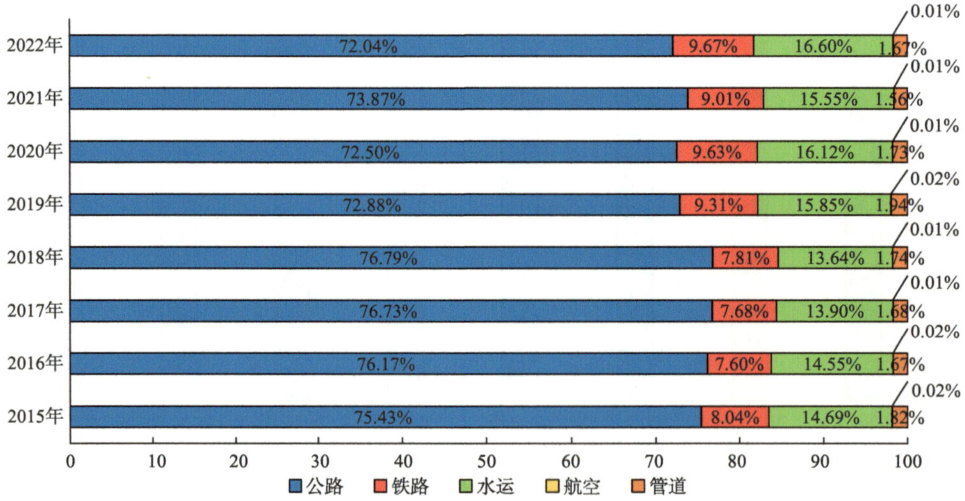

图 11-8　2015—2022 年各运输方式货运量占比图（%）

数据来源：国家统计局、交通运输部。

（四）物流成本总体平稳，景气水平波动趋缓

从社会物流总费用统计来看，在2020—2022年间，社会物流总费用共增加2.9万亿元，与GDP的比率基本持平。2020年5月20日，国家发展改革委、交通运输部发布《关于进一步降低物流成本的实施意见》，在疫情影响和政策帮扶的情况下，改善物流供应链自身运行效率使得社会物流运行效率有所提升。2021年社会物流总费用与GDP的比率为14.6%，比2020年下降0.1个百分点，是连续两年持平后的首次下降，如图11–9所示。

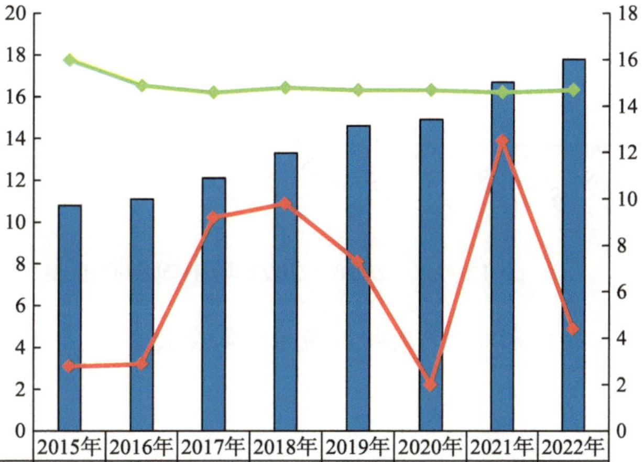

	2015年	2016年	2017年	2018年	2019年	2020年	2021年	2022年
社会物流总费用（万亿元）	10.8	11.1	12.1	13.3	14.6	14.9	16.7	17.8
增长率（%，右轴）	2.8	2.9	9.2	9.8	7.3	2.0	12.5	4.4
社会物流总费用与GDP的比率（%）	16.0	14.9	14.6	14.8	14.7	14.7	14.6	14.7

图11–9 2015—2022年全国社会物流总费用及与GDP比率和增速变化趋势图

数据来源：中国物流与采购联合会。

从物流景气指数来看，2020年2月受疫情影响，物流景气指数出现大幅回落，但在3月逆势回升，后期物流行业景气水平维持较高状态。2022年物流行业景气水平整体处于低位，物流业多次受到

短期冲击，全年物流业景气指数波动较频繁。总体来看，在2020—2022年，物流业受疫情影响较大，景气水平整体趋缓。如图11-10所示。

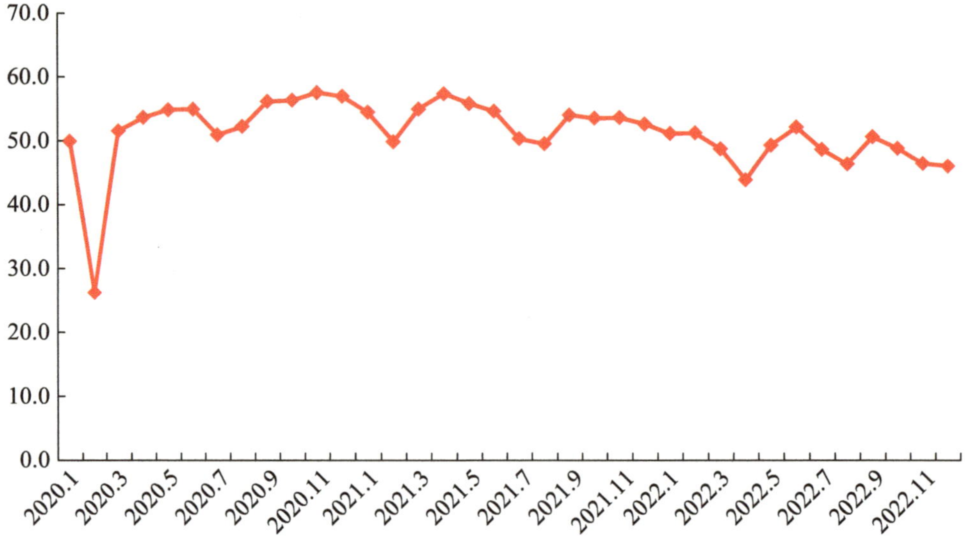

图11-10　2020—2022年中国物流业景气指数变化趋势图（%）

数据来源：中国物流与采购联合会。

三、疫情推动行业重点领域快速发展

疫情深刻影响了物流行业的需求与供给。从需求侧来看，生活物资、医药物资保供需求增加，居家场景猛增导致线上消费占比增加；传统进出口环节受阻，国际产业链供应链不稳定，需要安全稳定的国际物流方案；投资节奏放缓、趋于保守；新基建、数字化转型领域获得市场关注。从供给侧来看，疫情风险导致物流链中断、原材料断供、库存积压，运力不足导致运行成本增加、时效降低，倒逼新技术、新模式、新业态发展。在供需深刻变革下，应急物流、冷链物流、国际物流、智慧物流等行业重点领域加速发展。

（一）应急物流助力保通保畅、稳产稳链

应急物流是为应对突发事件提供应急生产物资、生活物资供应保障的物流活动。2020 年新冠疫情的暴发导致生产活动中断、物流运输困难，严重影响了物资供应的畅通。各类医疗物资、防疫物资、生产物资等紧急需求的快速供应成为保护人民生命安全、支撑经济平稳运行的关键。我国物流行业进行了一系列探索与努力，有力支撑了“民生要托底、货运要畅通、产业要循环”目标的实现。

在具体的应急物流环节上，我国物流行业也进行了丰富的探索，积累了充分的经验。仓储管理方面，以九州通为代表的专业物流企业，凭借快速的物流响应能力和扎实的专业管理水平，实现了物资集中管理和快速调度，提高了储备和分配效率；物资中转方面，上海保卫战期间，顺丰在上海市内西郊、江桥，周边昆山、平湖等地布局了多个应急物资中转站，实现了应急物资的高效保供和精准防疫；末端配送方面，快递和外卖行业通过设置“白名单”、增补运力、实施无接触配送等方案，为封控区、管控区市民提供了安全的服务。

此外，各地的国家物流枢纽以物流“国家队”的使命与担当，在精准落实疫情防控措施基础上，充分发挥平台优势、通道优势、多式联运优势，积极集聚物流资源、接卸抗疫物资、支援一线防疫，在保通保畅、稳产稳链工作中有效发挥了“排头兵”作用。

专栏 11-1　国家物流枢纽保通保畅案例

疫情期间，营口港口型国家物流枢纽一手抓疫情防控，一手抓生产运营，枢纽班列装卸量不降反升，日均达 2500TEU（标准箱），并创造昼夜装卸 3620TEU/33 列的历史新高。该枢纽主动协调铁路，为吉林石化聚乙烯、丙乙烯等防疫物资生产原材料优先提供铁路运输保障，优先安排卸车集港、第一时间装船下海，确保快速转运送达南方，单月累计转运 5 万吨。

济南商贸服务型国家物流枢纽设立应急物资储备库，开通救援物资绿色通道，保障疫情期间物资运转。2022 年 3 月 31 日，该枢纽接到建设济南市进口高风险非冷链集装箱货物集中监管仓的紧急任务，从确定建设到开场运营仅用了 5 天时间。2022 年 4 月 7 日准时开仓运营，截至目前，非冷链专仓总入库货物 1687.38 吨，出库 415.77 吨。

郑州空港型国家物流枢纽积极引进天津津检和上海化工院检测公司，设立专项危险品货物检测实验室，提升危险品检测和保障能力；依托药品口岸，完成药品 GDP（世界卫生组织药品配送法规）资质认证，成功保障新冠疫苗运输工作。

成都陆港型国家物流枢纽积极拓展境外医疗物资供货渠道，累计从境外采购医用物资超过 183 万件（套），对从欧洲、俄罗斯、中亚、东南亚进口防疫物资提供全程“门到门”免费运输，相继运输口罩、防护服、护目镜等急需防疫物资近 400 万套。成都集装箱中心站为防疫物资开辟绿色通道，优先办理进站、装车，指派专人提供 24 小时服务，并全程跟踪货物直到运抵目的地。

资料来源：根据《国家物流枢纽创新发展报告（2021）》和网络资料整理。

（二）冷链物流面临需求升级与安全保障双重考验

疫情的影响叠加消费升级的趋势，使得医疗生物类和食品生鲜类运输需求急剧增加，推动冷链物流进入快速发展时期。冷链物流是根据物品特性，确保物品从生产到消费的过程中始终处于保持其品质所需温度、环境的物流技术与组织系统。在疫情常态化背景下，冷链物流一方面在生活物资、医药物品保供中发挥关键作用，另一方面也是潜在的疫情风险点，为我国冷链物流行业的发展带来严峻考验。

国家高度重视冷链物流行业发展，出台了《“十四五”冷链物流发展规划》《国家骨干冷链物流基地建设实施方案》《关于加快推进冷链物流运输高质量发展的实施意见》等一系列利好政策。防疫物资运输也进一步刺激了冷链市场，疫苗、血液制品和诊断试剂等药品冷链的需求增加，果蔬、水产品、乳制品、速冻食品等冷链产品市场需求也快速增长。冷链物流在政策利好和需求牵引下，迎来了产业的爆发性增长。根据中物联冷链委数据，2022 年我国冷链物流市场规模达 4916 亿元，同比增长 7.2%。

冷链物流在疫情防控中承担了防疫应急和民生保供的双重任务，凸显了其重要性和不可或缺性。以上海市为例，共有 1410 家企业被纳入“上海市疫情防控生活物资保障企业查询库”，其中多家电商、物流、餐饮企业都包含冷链运输业务。此外，国家卫生健康委的数据显示，自疫情发生至 2022 年 4 月，全国已完成的核酸检测人次达 115 亿。这数亿人的检测样本需要在全程温控的环境下运输，以确保其生物活性成分不失效。

然而，疫情的周期性也使冷链物流行业遭受了更为直接的冲击。由于低温下新冠病毒存活更久，天津、大连、北京等城市曾多次发现以冷库为中心的传播链条，多次在进口的冷冻食品中检测出阳性。此外，冷链行业也面临运力受限、管控升级、时效性不稳定、运营成本上升等现实考验。疫情期间交通网络不确定性增强，航班和货运运力受到限制，冷链物流的运输能力也受到影响。而为了确保食品安全，冷链物流面临的管控要求不断升级，包括温度监控、防疫措施等，增加了运营管理的复杂性。运力受限和管控升级共同增加了冷链“断链”风险，从而导致冷链物流的全程时效降低。企业为了应对监管要求，也需要增加设备投入和人力成本，从而导致整体运营成本上升。

（三）国际铁路联运优势显现，海空竞争力待提升

新冠疫情影响导致运输网络受阻、国际产业链和供应链不稳定性骤增，为国际物流带来了巨大的挑战与不确定性。在国际海运和航空运输方面尤为突出，疫情阻碍了各大港口的正常运转，也暴露出我国航空物流运力不足的短板，国际物流时效显著降低。

国家高度重视保障国际物流供应链稳定，成立了物流专班统筹协调国际物流，研究制定出台提高国际货运能力的政策措施，推动解决国际货运机组人员的检验隔离问题，全面做好抗疫物资外援的运输保障工作，着力解决国际邮件的积压问题。此外，采取切实措施全面提升国际货运能力，包括增加国际航空货运能力、提高中欧班列运输保障能力、开辟国际快船运输、加强口岸运力调配等。

国际陆路运输和多式联运在疫情中发挥了重要作用。中欧班列开行数量以及发货量在全球抗击疫情的背景下逆势增长，充分展现了效率高、路线广和全天候等优势，成为保障国际贸易往来的重要

物流通道。根据国铁集团数据，2022 年全年开行中欧班列 1.6 万列，比疫情前增长 94.5%。三年来，中欧班列在维护全球产业链、保障我国产业链稳定方面发挥了重要作用，被誉为“钢铁驼队”。西部陆海新通道则以重庆为运营中心，以各西部省区市为关键节点，利用铁路、海运、公路等运输方式，为西部地区的货物运输提供了便捷的国际联运服务。2022 年全年西部陆海新通道班列发送货物 75.6 万标箱，同比增长 18.5%。外贸数据显示，2022 年我国对共建“一带一路”国家进出口总额达 13.83 万亿元，比上年增长 19.4%，连贯亚欧大陆的国际班列功不可没。

此外，为了应对疫情冲击，政府层面也采取了一系列积极应对措施。通道建设方面，加大对国际物流通道的建设和改造投入，提升通道的运输能力和效率。通过加强物流枢纽建设和通道互联互通，增强国际物流的连通性和稳定性，以满足物流需求的增长。境外节点建设方面，加强境外物流节点和海外仓储设施的建设，减少货物运输中的环节和时间成本，提高物流运作的效率和可靠性，为跨境物流提供更加便捷、高效的服务。国际航空物流补短板方面，提升航空运输的能力和效率。特别是针对紧急医疗物资和高附加值货物的运输，加强航空物流的保障，确保其快速、安全地运送到目的地。航运竞争力提升方面，加强港口和航运企业的竞争力，提高船舶运力和服务质量，为国际贸易提供可靠的海运运输服务。同时，通过航线优化和运输效率提升，降低物流成本，增强航运在国际物流中的竞争优势。

（四）智慧物流受到广泛关注，相关场景加速落地

由于疫情的暴发和各国实施的防疫措施，全球范围内劳动力骤

减，很多货物滞留在港口和仓库，无法及时到达需要的地方。在这种情况下，企业纷纷寻求采用无人化和少人化的解决方案来提高物流效率，从而加速了智慧物流相关场景的落地应用。

疫情带来的各种不确定性因素，例如感染风险、运输线路的变化、交通限制和紧急情况的处理等，也使得企业对智能化和无人化的重视程度不断增加。这种不确定性促使企业引入自动化设备和智能系统，例如自动化分拣机器人、无人驾驶物流车辆和智能仓储系统等。这些技术的引入能够提高物流操作的效率和准确性，同时减少对人力资源的依赖。

在疫情防控中，社会对智慧物流的需求促使企业在物流新技术、新产品方面加大投入，取得了显著效果。在上海疫情中，逗号科技运用其自主研发的 C-ROS 物流智能决策平台的调度系统赋能物流企业，助力上海抗疫生活物资末端配送。云迹送物机器人“润”“格格”以及消杀机器人，迅速支援上海市黄浦区船舶馆方舱医院，为病患者提供送药送餐、试剂回收、环境消杀等服务。

为了满足疫情背景下的物流需求和应对不确定性，智慧物流技术需要不断创新和进步。首先，设备方面，需要开发和引入更加智能、高效的自动化设备，如具有感知能力和协同操作能力的机器人、智能传感器和自动驾驶系统。其次，在流程方面，需要优化和重新设计物流流程，以适应新的需求和变化的环境，例如无人配送、智能调度和协同操作等。最后，在算法方面，需要不断提升物流规划和优化算法的能力，以提高智慧物流调度的效率和准确性，降低运营成本。

四、现代物流发展方向与未来展望

（一）夯实支撑现代物流发展的基础设施网络

为贯彻落实党中央、国务院关于加强物流基础设施网络建设的决策部署，2018 年，经国务院同意，国家发展改革委会同交通运输部联合印发了《国家物流枢纽布局和建设规划》，在全国 127 个城市规划布局建设 212 个国家物流枢纽，构建“通道 + 枢纽 + 网络”的现代物流运行体系。截至 2022 年，已发布 4 批年度重点建设名单，共 95 个国家物流枢纽。在疫情防控中，国家物流枢纽与综合交通运输网络在保通保畅、稳产稳链工作发挥了关键作用，对全国物流网络的骨干支撑能力进一步提升。《“十四五”现代物流发展规划》（以下简称《规划》）强调，要依托国家物流枢纽规划建设，加快整合社会物流资源，强化各种运输方式有效衔接。依托国家综合立体交通网规划建设，充分发挥物流骨干通道支撑作用，规划布局“四横五纵”国内物流大通道和“两沿十廊”国际物流大通道，进一步畅通国内国际间、东中西区域间和城市群、城乡间流通网络，促进区域协调发展和高水平对外开放。

（二）完善有效服务产业与消费的物流服务体系

从当前看，我国物流领域短板依然存在，整体运行效率、服务的实际效能仍不高，降本增效依然具有较大空间，要坚持供给侧结构性改革这条主线，以高质量供给创造引领新需求。产业方面，《规划》进一步明确和突出物流业的服务属性和价值创造能力，强调要围绕实体经济发展和产业链供应链构建，做优服务链条、做强服务功能、做好供应链协同，提升专业化、精细化服务水平，推动产业基础高级化、产业链现代化，不断增强产业发展的竞争力。消费方面，《规划》围绕充分发挥好物流业在现代流通体系中的战略支撑保障作用，进一步强调要推动物流干线、支线和末端配送有机衔接、一体化运作，优化运输结构，不断降低循环成本，提升循环质量，加快补齐区域间、城乡间服务短板，支撑扩大优质消费品供给，更好满足人民群众对美好生活的需求。

（三）提高应对各种风险挑战的安全韧性水平

疫情防控中，暴露出应急物流体系响应“慢”、协调“乱”、效率“低”、能力“弱”等亟待解决的突出矛盾问题。《规划》把提升现代物流安全应急能力建设作为重要努力方向，积极应对各种传统、非传统风险挑战，提升战略物资、应急物流和国际供应链等保障水平，提出国际物流网络畅通工程，维护产业链供应链安全稳定。《规划》明确要求完善应急物流体系，提高重大疫情等公共卫生事件处置能力，通过完善应急物流设施布局、应急物流干线运输和区域配送体系等，推动应急物流领域“补短板”取得明显成效。

（四）坚持创新驱动的数字化转型与科技赋能

近年我国数字经济发展十分迅速，2022 年我国数字经济规模达 50.2 万亿元，总量稳居世界第二，占国内生产总值比重提升至 41.5%。虽然智慧物流的每一个环节都在掀起变革，但目前的数字化应用尚处于早期。红点中国数据显示，发达国家的仓储自动化平均普及率达到 80%，而国内目前仅为 20%。短期疫情的冲击过后，物流业仍将面临成本不断攀升、效率提升缓慢的情况，降本增效仍将导向行业数字化转型发展。《规划》主动适应未来产业变革新趋势，推动物流产业数字化转型、智慧化改造、网络化升级，推动更多物流服务“上云、用数、赋智”，打造物流运行的“智慧大脑”，为物流业创新发展、提质增效注入强大动力。未来，随着物联网、无人机、自动化技术等的进一步成熟，物流业将迎来更多创新应用，加速实现智能化、自动化和数字化转型。

展望篇

第十二章

交通运输发展形势和展望

2023年是全面贯彻党的二十大精神的开局之年，“十四五”时期交通运输领域相关规划深入实施，新形势新特征加快涌现，交通运输领域发展面临诸多风险挑战，也迎来发展机遇。应立足既有发展基础，扎实推进中国式现代化，坚持稳中求进工作总基调，完整、准确、全面贯彻新发展理念，加快构建新发展格局，着力推动高质量发展，更好统筹国内国际两个大局，更好统筹疫情防控和经济发展，更好统筹发展和安全，努力当好中国现代化的开路先锋，为全面建设社会主义现代化国家开好局起好步。

一、2023 年 1—5 月交通运输发展情况

（一）交通固定资产投资延续高位

2023 年以来，交通基础设施在高基数固定资产投资上保持增长，投资继续保持较高水平，重大交通工程项目有序实施。1—5 月，全国交通固定资产投资（铁路、公路、水路、民航固定资产投资）完成 13728 亿元，同比增长 12.7%（见图 12-1）；4 月全国交通固定资产投资完成 3373 亿元，同比增长 10.7 %，投资力度持续保持。总体来看，“十四五”时期各地项目建设热情持续高涨，预计 2023 年全年交通固定资产投资有望在历史新高上稳中有进。在构建现代化基础设施体系的要求和适度超前开展交通基础设施建设的基调下，“十四五”时期重大交通基础设施项目有序推进，交通投资“稳经济”拉动作用稳步发挥。

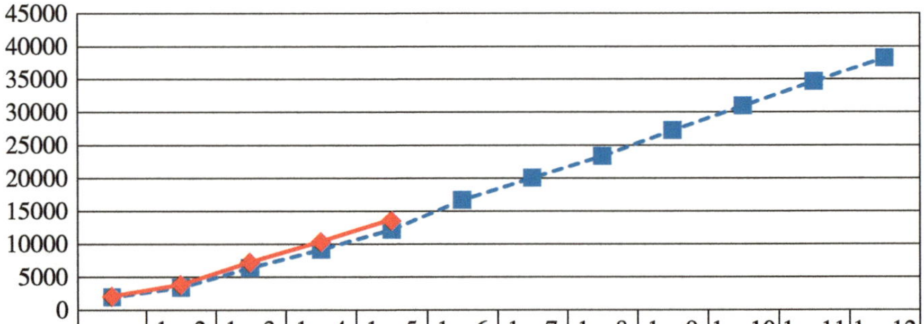

	1月	1—2月	1—3月	1—4月	1—5月	1—6月	1—7月	1—8月	1—9月	1—10月	1—11月	1—12月
2022年	1897	3387	6360	9132	12179	16758	20067	23379	27245	30971	34667	38278
2023年	2127	3846	7205	10355	13728	—	—	—	—	—	—	—

图 12-1　2022—2023 年 5 月交通运输固定资产投资情况（亿元）

资料来源：交通运输行业统计快报。

（二）旅客运输加快恢复

2023 年以来，随着疫情防控政策调整，此前受到抑制的旅客运输加快恢复。1—5 月，全社会客运量达到 35.25 亿人，同比增长 57.0%（见图 12-2）。分方式看，铁路完成旅客运输量 14.44 亿人，同比增长 132.9%；公路完成旅客运输量 17.53 亿人，同比增长 17.5%；水路完成旅客运输量 9748 万人，同比增长 160.4%；民航完成旅客运输量 2.30 亿人，同比增长 139.9%。全社会共完成旅客周转量 10657.5 亿人公里，同比增长 119.3%。分方式看，铁路完成旅客周转量 5606.9 亿人公里，同比增长 135.0%；公路完成旅客周转量 1317.0 亿人公里，同比增长 35.0%；水路完成旅客周转量 19.5 亿人公里，同比增长 164.7%；民航完成旅客周转量 3714.2 亿人公里，同比增长 149.3%。全国城市客运量达到 373.9 亿人，同比增长 14.8%。

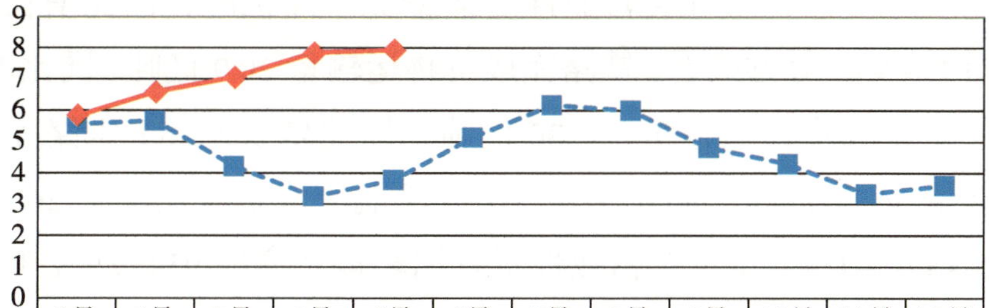

	1月	2月	3月	4月	5月	6月	7月	8月	9月	10月	11月	12月
2022年	5.55	5.66	4.21	3.25	3.78	5.14	6.17	5.99	4.81	4.30	3.34	3.61
2023年	5.83	6.59	7.06	7.84	7.93	—	—	—	—	—	—	—

图 12-2　2022—2023 年 5 月全社会旅客运输量情况（亿人次）

资料来源：交通运输行业统计快报。

从整体来看，受疫情影响抑制的旅客出行需求在 2023 年上半年加快释放，铁路、民航（国内）出行已基本恢复至疫情前水平。同时，节假日对出行的带动作用较为突出，春节期间营业性客运量恢复至

2019 年同期的 53.4%，其中，铁路、公路、水路、民航分别发送旅客 3.48 亿人次、11.69 亿人次、2245.2 万人次和 5521.4 万人次。清明（4 月 5 日）当日全国国内旅客出游量达 2376.6 万人次，同比增长 22.7%，恢复至疫情前约 71%。“五一”假期（4 月 29 日至 5 月 3 日）多地多项客流量接连突破历史纪录，居民全口径日均出行量比 2022 年同期增长 133.7%，比 2019 年同期增长约 9.0%。其中，铁路、民航、小汽车日均客运量已超过 2019 年同期水平。端午假期（6 月 22—24 日），全国国内旅游出游 1.06 亿人次，同比增长 32.3%，按可比口径恢复至 2019 年同期的 112.8%，旅客出行增幅略有回落、更加平稳。

（三）货运物流稳健增长

2023 年以来，货物运输受到需求收缩影响，但整体运行表现稳健。1—5 月，全社会营业性货运量 212.44 亿吨，同比增长 7.4%（见图 12–3）。分方式看，铁路完成货物运输量 20.9 亿吨，同比增长 1.2%；公路完成货物运输量 155.36 亿吨，同比增长 8.2%；水路完成货物运输量 36.11 亿吨，同比增长 7.6%；民航完成货邮运输量 263 万吨，同比增长 4.0%。全社会营业性货物周转量共完成 95499.9 亿吨公里，同比增长 6.7%。分方式看，铁路完成货物周转量 15156.8 亿吨公里，同比增长 2.9%；公路完成货物周转量 28650.7 亿吨公里，同比增长 7.4%；水路完成货物周转量 51589.6 亿吨公里，同比增长 7.6%；民航完成货邮周转量 102.8 亿吨公里，同比下降 5.1%。全国港口货物吞吐量完成 67.46 亿吨，集装箱吞吐量完成 12207 万标准箱，较上年同期分别增长 7.9% 和 4.8%。受国内经济稳健发展、贸易需求旺盛和运输结构调整等因素影响，内贸集装箱运输快速发展，4—5 月内贸集装箱平均增速达到 10.35%，高于外贸集装箱 9.1 个百分点。

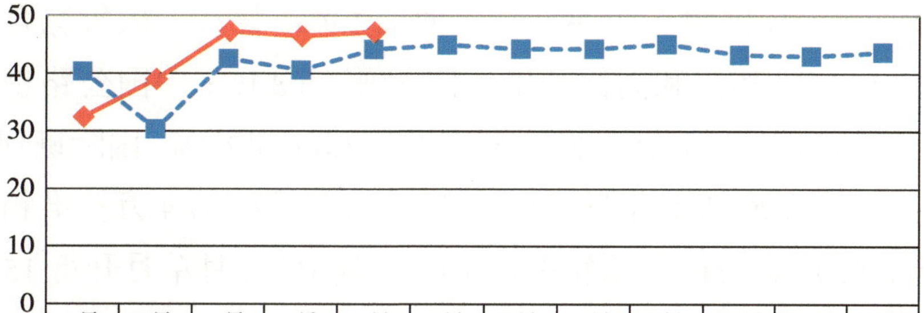

	1月	2月	3月	4月	5月	6月	7月	8月	9月	10月	11月	12月
2022年	40.22	30.26	42.49	40.50	44.13	44.97	44.23	44.25	45.05	43.20	42.96	43.65
2023年	32.38	38.94	47.29	46.42	47.13	—	—	—	—	—	—	—

图 12-3　2022—2023 年 5 月货物运输量情况（亿件）

值得一提的是，2023 年快递发展趋势强劲。1—5 月快递业务量和邮寄件分别为 108 亿件和 923 亿元。截至 5 月 31 日，我国快递业务量已达 500 亿件，比 2019 年提前了 155 天，比 2022 年提前了 27 天。截至 6 月 24 日，我国快递业务量已达 600 亿件，比 2019 年达到 600 亿件提前了 172 天，比 2022 年提前了 34 天。从 39 天破 100 亿件，到 6 个月破 500 亿件，快递业务量月均“百亿级”增长，既展现出行业的强劲增长动力和发展韧性，更体现 2023 年我国消费市场需求加快释放、经济发展充满活力的良好态势。

（四）货运价格指数略有回温

2023 年以来，国际货运在波动中回暖，运价指数差异分化。5 月，波罗的海综合运价指数为 2566 点，环比增长 6.7%，同比下降 1.2%，在年初持续下跌至 2 月中旬的 530 点后逐渐反弹，到 5 月较最低点已上涨 84%。中国出口集装箱综合运价指数为 3118 点，环比下降 0.4%，同比增长 43.0%。中国沿海（散货）综合运价指数为 1100 点，环比和同比分别下降 2.1% 和 20.4%；长江集装箱综合运价指数为

1015 点，环比增长 0.5%，同比增长 1.9%；长江干散货综合运价指数为 719 点，环比和同比分别下降 3.8% 和 8.1%；中国公路物流运价指数为 1026 点[1]，环比和同比分别增长 1.6% 和 2.4%。国际班列方面，1—5 月，中欧班列累计开行 7126 列，运送货物 77.4 万标准箱，同比分别增长 16%、31%，重箱率达 100%；其中，5 月单月开行 1515 列，运送货物 16.5 万标准箱，同比分别增长 13%、29%。自 2020 年 5 月以来，中欧班列连续 36 个月单月开行千列以上。

二、交通运输发展主要影响因素

（一）2023 年交通运输迎来深刻变化

一是外贸新趋势推动国际交通运输保障“新变化”。2023 年以来，我国外贸出口国家、产品结构调整进一步凸显，对国际交通运输保障提出全面要求。一方面，随着对欧美发达经济体出口回落、对俄罗斯以及非洲等新兴经济体出口显著提升，以中欧班列等国际班列为重点的国际陆路运输需求进一步突出。如，中俄两国的贸易量超出基础设施的运输能力，3 月，满洲里等口岸已出现拥堵甚至被迫暂停的情况。为此，亟须加强中欧班列枢纽节点的规划和布局，提升瓶颈口岸和通道运输能力。另一方面，电动载人汽车、锂电池、太阳能电池“新三样”产品出口规模增长态势显著，“新三样”产品较传统出口商品对联运组织、运输效率有更高要求，且部分属于危化品运输，动力电池及储能电池等的运输规范、技术支撑等亟

[1] 为保证一致性，将该指数数据进行了“×10”处理。

作进一步加强。

二是消费新趋势带动交通运输促进消费扩容提质“新变化”。2023 年以来，我国经济复苏持续向好，但居民消费复苏仍然较为缓慢，消费能力和消费意愿呈现下降趋势。以“五一”假期为例，全国国内旅游出游人次恢复至 2019 年同期的 119%，但旅游人均消费仅恢复到 2019 年同期的九成。当前，我国流通体系现代化存在商品和服务跨区域流通、各种运输方式融合衔接不够顺畅，农村地区物流基础设施建设滞后等堵点卡点，亟须立足现代化流通体系建设，通过供给能力和服务水平的整体提升，发挥交通物流环节对于消费的支撑和提振作用。

三是灵活就业新趋势要求交通运输从业保障“新变化”。2023 年以来，网约车司机、外卖小哥等交通物流领域灵活就业规模快速增长，就业人员供过于求的问题逐步凸显。以网约车司机为例，截至 2023 年 4 月 30 日，各地共发放网约车驾驶证 540.6 万本、车辆运输证 230.0 万张，一年内分别增加约 117 万张、54 万张，而 2022 年网约车用户规模同比减少 1500 万人次。目前，为确保供需均衡，已有多地陆续发布网约车饱和预警，甚至直接按下“暂停键”。有必要建立健全网约车司机准入机制，完善司机从业人员权益保障。

（二）锚定关键领域推进交通运输稳步恢复

一是顺应机动化出行趋势推进旅客运输稳健发展。从国际经验来看，疫情防控政策优化调整后，居民机动车出行偏好明显提升。2023 年以来，以节假日出行为代表，我国小客车流量在客流总体规模占比接近六成，较 2019 年同期水平明显提升，呈现流量高和增速高的“双高”特点。在机动化出行趋势加快推进带动下，预计普通公交、短途或长途大巴客运量总体呈现下滑情况，轨道交通客运量增长速度下降。亟须结合城市群、都市圈发展趋势和出行需求，优化调整机动车、公共交通、长途客运大巴等发展思路和模式，推动建立公共交通、轨道交通、慢行交通、小汽车交通协同发展的高质量都市圈运输体系。

二是国际航空运输恢复周期拉长，应统筹战略规划布局。2023年以来，我国通航国家数量已恢复至疫情前的 89%，但国际航班量恢复至 2019 年的 39%。其中，亚洲地区恢复程度相对较高，中亚、西亚航班恢复相对较快，均超 2019 年同期 65%；洲际航线受航权时刻、补贴缩减等一系列因素掣肘，复苏缓慢。总体上，受国际经贸合作、国际航空运输市场恢复等多重因素影响，国际航空运输短时间难以实现快速恢复，应切实将恢复期转变为发展布局机遇期，推进恢复发展与战略布局统筹谋划。

基于以上分析及 1—5 月数据，**我们预测，2023 年我国旅客运输需求加速释放，铁路、民航（国内）旅客规模有望恢复至疫情前水平甚至略高于 2019 年规模。**同时，机动化出行比例将明显提升，道路交通流量预计将会明显增长。

（三）运输需求新特点新变化推进运输供给适配调整

在国内国际交通运输环境调整下，既有交通运输供需关系逐步调整，新型交通运输供需关系逐步建立，倒逼交通运输供需匹配思路进行突破调整，相关影响将延续体现。

一是生产消费场景新变化。受疫情影响，餐饮住宿等聚集型、接触型消费受到冲击，线上消费场景焕发活力。从 2021 年情况来看，体现消费升级类的商品销售增长较快，以线上线下融合为主要特征的新型消费逆势增长，2021 年前三季度，实物商品网上零售额同比增长 15.2%，占社会消费品零售总额的比重为 23.6%。在线上线下消费齐升温的趋势下，数字化消费需求仍将持续增长。

二是出行旅游习惯新改变。“不走远，周边玩”逐渐成为出行选择，据相关机构统计，假期短途游、城市周边游为主要出游方向。同程旅行大数据显示，2022 年“五一”期间周边露营市场持续升温，露营相关旅游搜索热度环比上涨 117%，森林露营、海岛露营成为“五一”假期最受关注的露营主题之一。同省跨城出行占比提升，跨城用车订单占比在清明小长假中从 8.7% 提升至 10.3%。周边游的形式更加丰富、深入。博物馆相关旅游搜索热度环比上涨 62%，同程旅行非遗专题关注度环比上涨超过 100%。在长途旅游加快恢复的同时，以户外游、自然游为代表的周边游，仍将受到旅行者青睐。

三是生产供给思路新调整。国际运输组织运力供给调整和供应链组织模式受到全球产业分工合作格局演变影响，全球海运价格上涨以及原材料上涨等“两难”境地、海运拥堵造成时效性降低等因素推动供应商调整采购思路，推进本地采购与全球采购等相结合，采用回迁、多样化供给、复制和就近区域化相结合，推进“近岸外包”模式应用。国际供应链组织调整仍将持续深化，区域化、数字化、绿色化等趋势将进一步凸显。

四是绿色低碳转型要求进一步突出。《国家综合立体交通网规划纲要》提出“到 2035 年，综合运输通道资源利用的集约化、综合化水平大幅提高。基本实现交通基础设施建设全过程、全周期绿色化”“交通污染防治达到世界先进水平”，亟须加快分解落实。交通运输绿色转型发展将进一步深入，同时在设施建设、运力供给等方面加快推进布局发展，优化交通运输发展路径，提升在绿色低碳运输发展中的国际竞争力。

三、更好推进交通运输高质量发展

（一）加快推进统筹疫情防控和经济社会发展工作经验转化

对标全面建成社会主义现代化强国目标要求，充分落实交通运输领域疫情防控相关措施优化调整要求，特别是国际航班“五个一”政策取消、实行“乙类乙管”等涉及交通运输行业政策变化，强化国际客运、公路货运、城市快递物流等重点领域政策引导、措施支持和机制保障。持续强化疫情影响应对保障，加强运输环节疫情风险及行业恢复发展情况跟踪，针对春运等节假日高峰时段、疫情感染高峰情况、部分区域循环运行不畅等潜在问题，立足于出现大客流、从业人员大面积感染和安全生产事故多发的极限场景，按照“充分准备、按需投入、及时响应”原则做好储备，统筹即期诉求和长远需要，强化政策支持、运力保障、服务供给、监测预警等环节的应对准备。

平稳推动交通运输行业恢复，加强交通物流领域防疫安全保障和稳定就业，确保国际供应链产业链稳定畅通，面对疫情局部反弹暴露的交通物流环节风险，加强应急响应机制建设和新业态新技术应用，提升交通运输发展韧性。有序推进交通运输向前发展，立足中长期发展需要，结合“十四五”时期相关规划政策指导，聚焦重点领域、重点任务，深化改革创新，系统推进交通基础设施、运输服务、技术装备发展，将行业恢复期转化为中长期布局调整窗口机遇。

（二）统筹传统需求收缩调整与新需求加速涌现整体发展

围绕人民日益增长的美好生活需要，主动适应交通运输领域出现的新需求新业态新模式，创新交通运输发展新思路。按照《国家综合立体交通网规划纲要》《“十四五”现代综合交通运输体系发展规划》部署要求，以发展布局、发展动力、发展模式、发展路径等全方位转型推动交通运输高质量发展，围绕建设现代化综合交通运输体系目标，以融合协同发展为着力点，切实提升交通运输发展质量和综合效率。

立足交通运输既有发展基础，加快顺应交通运输发展新趋势，统筹交通物流领域传统需求与新需求，统筹存量与增量，聚焦衔接不畅、融合不足等发展问题，形成系统性、体系性发展路径，持续在综合交通枢纽、绿色交通、智能交通、联程联运和多式联运等重点领域发力，推动绿色低碳转型，增强系统韧性，加快推进“十四五”时期交通运输发展战略和任务深化落实。

（三）统筹即时应急保障与长期韧性发展

即期来看，加快转化交通运输统筹疫情防控和经济社会发展中的整体经验，系统提升应急响应保障能力，强化应急管理与经济社会整体运行融合衔接。统筹摸排当前应急保障中的薄弱环节，加快推进危险品运输、冷链物流、航空物流等建设发展，提升交通物流应急响应服务的覆盖面和延伸性，重点强化农村交通物流保障能力，加强突发公共事件实地应急服务保障。强化交通物流应急响应与产业链联动，科学兼顾产业物流发展和经济社会复工复产需要，推进精准匹配生产和生活物资相关产品产供销特征的供应链物流建设，提升物流供应链体系的柔性、韧性和可靠性。进一步强化交通物流与产业贸易发展的衔接，优化调整国际产业供应链结构和能力布局调整转变，充分借鉴发达国家全球供应链建设经验，加强我国在国际运输市场的竞争力，提高供应链、价值链的创新创造能力。

长期来看，加快推进交通运输韧性发展，应加快顺应新趋势、新挑战，主动调整交通运输发展路径，精准补齐发展短板，改善交通运输服务供给，优化运输市场管理，完善交通运输领域发展环境。统筹考虑绿色低碳发展、韧性发展等要求，加强风险防范化解，在探索调整中直接谋划长远发展，如，利用当前集装箱运力扩大机遇，优化新增船舶、集装箱运力规模结构，加快推进船舶绿色化、低碳化转型，提升港口稳定运行能力，优化沿海港口整体布局，提升国内港口间支撑互补作用，实现全面精准统筹。

（四）统筹国内运输恢复与国际运输联通

深入贯彻落实党的二十大精神，加快推进交通运输恢复发展，全面开启交通运输现代化建设新征程。加快推进交通强国建设，强化制造强国、贸易强国等重大战略的交通运输支撑，建设高效、顺畅的流通体系，降低物流成本，优化基础设施布局、结构、功能和系统集成，构建现代化基础设施体系。推进城乡交通融合发展，畅通城乡要素流动，加快乡村交通基础设施建设。加快建设西部陆海新通道，推进中欧班列等国际班列运行发展。加快推动交通运输绿色转型，推进运输结构调整优化，推进交通领域清洁低碳转型。着力提升产业链供应链韧性和安全水平，确保重要产业链供应链安全。

围绕外贸发展新趋势，加快提升国际运输服务品质，打造现代化交通运输服务供给体系。**一是强化国际运输支撑保障能力。**强化与东亚、南亚及RCEP（区域全面经济伙伴关系）成员国家互联互通，完善中欧班列通道布局，推进企业专列、商品车专列、跨境电商专列开行，推动中外航空公司复航增班。结合“新三样”运输需求量身定制海关监管方案；制定新能源汽车出口标准，推进有关口岸提升锂电池等危化品运输储存条件，完善重点产品服务和标准。**二是强化交通在扩内需、促消费中的“催化”拉动作用。**加强与旅游、物流、电子商务等领域的融合联动发展，培育壮大新型消费、升级消费，加强交通枢纽站场旅游综合服务集成，全面构建交通消费新场景。推进充电桩体系建设，加强房车营地、加气站等设施建设，提升新能源车、房车等出行顺畅、便捷水平。

同时，统筹国内国际发展需求，围绕稳增长、稳就业、稳物价“三稳”要求，继续发挥交通固定资产投资的压舱石作用，通过政府投资和政策激励有效带动全社会投资，加快实施“十四五”重大交通工程，加强区域间基础设施联通，加大开发性、政策性金融工具对符合国家发展规划重大项目的融资支持，鼓励和吸引更多民间资本参与交通运输国家重大工程和补短板项目建设，科学有序推进项目建设，做好项目接续谋划储备。推进交通物流企业稳就业、保就业，强化小微企业纾困，提振企业信心，鼓励企业更多吸纳就业，通过电子商务、城市物流配送等交通物流新业态创造更多就业机会。发挥物流畅通在稳定物价中的关键作用，持续推进物流保通保畅，全力畅通交通运输通道。

（五）统筹谋划未来交通场景布局

对标现代化发展要求，加强智慧交通发展布局，以智慧交通发展为切入点，推进基础设施规划建设与运营服务环节同步发力。**一是推进技术应用加速迭代，**稳步推进 ChatGPT、AIGC（人工智能生成内容）等新技术在交通运输领域应用，将交通装备制造打造为新技术应用重要载体平台。**二是推进配套设施建设，**推动智能铁路、智慧公路、智慧港口、智慧机场等交通新基建加快建设，结合无人机等各类技术装备以及各类信息平台、云平台等新场景建设，加快推进交通配套设施设备布局建设。**三是丰富应用场景，**立足未来交通物流发展需要，推动出行即服务（MaaS）、物联网、城市大脑、高速公路云平台、无人驾驶汽车等“AI + 交通”应用场景丰富拓展。

立足交通强国建设要求，加快顺应交通运输发展新要求，聚焦数字经济产业链发展和现代化基础设施体系建设，以数字化、网络化、智能化为主线，推动先进信息技术与交通运输深度融合发展。统筹推进传统基础设施改造提升与新型基础设施建设布局，积极发展车路协同和自动驾驶，打造一体化出行服务平台，扩展人工智能在交通运输领域的应用场景，培育数字交通新业态。持续提升交通运输运营管理智能智慧化水平，加快完善就业保障支撑和从业人员管理体系，强化交通数字治理，为全面建设社会主义现代化国家、全面推进中华民族伟大复兴提供有力支撑。

CHINA
TRANSPORTATION
DEVELOPMENT REPORT

2023

附　录

附录一

主要统计数据

■ 我国经济社会发展主要指标

附表 1-1　　　　国民经济和社会发展部分指标

指　标	2000 年	2005 年	2010 年	2015 年	2020 年	2021 年	2022 年
国内生产总值（亿元）	99066	185999	410354	685571	1005451	1133240	1210207
国内生产总值增速（%）	8.5	11.4	10.6	7.0	2.2	8.1	3.0
全社会固定资产投资（亿元）	32918	80994	218834	405928	527270	552884	579556
人口数量（万人）	126743	130756	134091	138326	141212	141260	141175

数据来源：2021 年及以前数据来自《中国统计年鉴》，2022 年数据来自《中华人民共和国 2022 年国民经济和社会发展统计公报》。

附表 1–2　三次产业增加值占国内生产总值比重

单位：%

指标	2000 年	2005 年	2010 年	2015 年	2020 年	2021 年	2022 年
第一产业	14.7	11.6	9.3	8.4	7.7	7.3	7.3
第二产业	45.5	47.0	46.5	40.8	37.8	39.4	39.9
第三产业	39.8	41.3	44.2	50.8	54.5	53.3	52.8

数据来源：2021 年及以前数据来自《中国统计年鉴》，2022 年数据来自《中华人民共和国 2022 年国民经济和社会发展统计公报》。

附表 1–3　城乡居民家庭人均收入

单位：元

指标	2000 年	2005 年	2010 年	2015 年	2020 年	2021 年	2022 年
全国居民	—	—	—	21966	32189	35128	36883
城镇居民	6280	10493	19109	31195	43834	47412	49283
农村居民	2253	3255	5919	11422	17132	18931	20133

注：2000 年、2005 年、2010 年农村居民人均收入数据采用农村居民家庭人均纯收入，2015 年及以后数据为农村居民家庭人均可支配收入。

数据来源：2021 年及以前数据来自《中国统计年鉴》，2022 年数据来自《中华人民共和国 2022 年国民经济和社会发展统计公报》。

■ 基础设施指标

附表 1–4　我国综合交通基础设施线路里程

单位：万公里

指标	2000 年	2005 年	2010 年	2015 年	2020 年	2021 年	2022 年
综合交通网总里程	159.1	212.88	422.34	482.53	547.18	555.93	563.78
铁路营业里程	6.9	7.5	9.1	12.1	14.6	15.1	15.5
铁路复线里程	2.5	2.6	3.7	6.4	8.7	8.9	9.2

续表

指标	2000 年	2005 年	2010 年	2015 年	2020 年	2021 年	2022 年
铁路电气化里程	1.5	1.9	3.3	7.5	10.6	11.1	11.4
高速铁路里程	—	—	0.5	2.0	3.8	4	4.2
公路里程	140.27	193.05	400.82	457.73	519.81	528.07	535.48
等级公路里程	121.61	159.18	330.47	404.63	494.45	506.19	516.25
二级及以上公路里程	18.91	32.58	44.73	57.49	70.24	72.36	74.36
高速公路里程	1.63	4.10	7.41	12.35	16.10	16.91	17.73
内河航道里程	11.93	12.33	12.42	12.70	12.77	12.76	12.80
内河等级航道里程	6.14	6.10	6.23	6.63	6.73	6.72	6.75
内河三级及以上航道里程	0.83	0.86	0.93	1.15	1.44	1.45	1.48

注：不含管道里程。

数据来源：历年的交通运输行业发展统计公报和铁道统计公报。

附表 1-5 我国港口泊位及机场数量

单位：个

指标	2000 年	2005 年	2010 年	2015 年	2020 年	2021 年	2022 年
全国港口拥有生产用码头泊位	32858	35242	31634	31259	22142	20867	21323
其中沿海	3700	4298	5453	5899	5461	5419	5441
其中内河	29158	30944	26181	25360	16681	15448	15882
全国港口万吨级及以上泊位	784	1034	1661	2221	2592	2659	2751
沿海	651	847	1343	1807	2138	2207	2300
内河	133	187	318	414	454	452	451
民用航空（颁证）机场	139	142	175	210	241	248	254

数据来源：历年的交通运输行业发展统计公报和民航机场生产统计公报。

■ 交通投资完成情况

附表 1–6　　我国交通固定资产投资数额

单位：亿元

指标	2000 年	2005 年	2010 年	2015 年	2020 年	2021 年	2022 年
合计	3456	8021	22286	27428	34752	36220	38545
铁路	805	1364	8427	8238	7819	7489	7109
公路	2316	5485	11482	16513	25883	25995	28527
高速公路	—	—	6862	7950	13479	15151	16262
国省道	—	—	2696	5336	5298	5609	5973
农村公路	—	—	1924	3227	4703	4095	4733
水运	135	689	1171.4	1457	1330	1513	1679
沿海	80	576	837	911	626	723	794
内河	55	113	335	547	704	743	867
民航	79	212	647	769	1050	1222	1231
公路水运其他建设投资	121	271	559	450	241	—	—

数据来源：历年的交通运输行业发展统计公报、民航行业发展统计公报、铁道统计公报。

■ 全社会运输生产完成情况

附表 1–7　　我国客运量情况

单位：亿人次

指标	2000 年	2005 年	2010 年	2015 年	2020 年	2021 年	2022 年
合计	147.9	184.7	327.0	194.3	96.7	83.0	55.9
铁路	10.5	11.6	16.8	25.4	22.0	26.1	16.7
公路	134.7	169.7	305.3	161.9	68.9	50.9	35.5

续表

指标	2000 年	2005 年	2010 年	2015 年	2020 年	2021 年	2022 年
水运	1.9	2.0	2.2	2.7	1.5	1.6	1.2
民航	0.7	1.4	2.7	4.4	4.2	4.4	2.5

数据来源：2021 年及以前数据来自《中国统计年鉴》，2022 年数据来自《中华人民共和国 2022 年国民经济和社会发展统计公报》。

附表 1–8　　我国旅客周转量情况

单位：亿人公里

指标	2000 年	2005 年	2010 年	2015 年	2020 年	2021 年	2022 年
合计	12261.1	17466.7	27894.3	30058.9	19251.5	19758.2	12921.4
铁路	4532.6	6062.0	8762.2	11960.6	8266.2	9567.8	6577.5
公路	6657.4	9292.1	15020.8	10742.7	4641.0	3627.5	2407.5
水运	100.5	67.8	72.3	73.1	33.0	33.1	22.6
民航	970.5	2044.9	4039.0	7282.6	6311.3	6529.7	3913.7

数据来源：2021 年及以前数据来自《中国统计年鉴》，2022 年数据来自《中华人民共和国 2022 年国民经济和社会发展统计公报》。

附表 1–9　　我国旅客运输平均运距情况

单位：公里

指　标	2000 年	2005 年	2010 年	2015 年	2020 年	2021 年	2022 年
旅客平均运距	83	95	85	155	199	238	231
铁路	431	524	523	472	375	366	394
公路	49	55	49	66	67	71	68
水运	52	34	32	27	22	20	19
民航	1444	1479	1509	1670	1511	1482	1565

数据来源：2021 年及以前数据来自于《中国统计年鉴》，2022 年数据根据《中华人民共和国 2022 年国民经济和社会发展统计公报》公布的旅客周转量和客运量数据推算。

附表 1–10　　我国货运量情况

单位：亿吨

指标	2000 年	2005 年	2010 年	2015 年	2020 年	2021 年	2022 年
合计	135.9	186.2	324.2	417.6	472.5	529.8	514.7
铁路	17.9	26.9	36.4	33.6	45.5	47.7	49.3
公路	103.9	134.2	244.8	315.0	342.6	391.4	371.2
水运	12.2	22.0	37.9	61.4	76.2	82.4	85.5
民航	0.01967	0.03067	0.05630	0.06293	0.06766	0.07318	0.06076
管道	1.9	3.1	5.0	7.6	8.2	8.3	8.6

数据来源：2021 年及以前数据来自《中国统计年鉴》，2022 年数据来自《中华人民共和国 2022 年国民经济和社会发展统计公报》。

附表 1–11　　我国货物周转量情况

单位：亿吨公里

指标	2000 年	2005 年	2010 年	2015 年	2020 年	2021 年	2022 年
合计	44321	80258	141837	178356	201946	223600	231743.5
铁路	13771	20726	27644	23754	30515	33238	35906.5
公路	6129	8693	43390	57956	60172	69087.7	68958.0
水运	23734	49672	68428	91773	105834	115577.5	121003.1
民航	50	79	179	208	240	278.2	254.1
管道	636	1088	2197	4665	5185	5419	5621.8

数据来源：2021 年及以前数据来自《中国统计年鉴》，2022 年数据来自《中华人民共和国 2022 年国民经济和社会发展统计公报》。

附表 1–12　　我国货物运输平均运距情况

单位：公里

指标	2000 年	2005 年	2010 年	2015 年	2020 年	2021 年	2022 年
货物平均运距	326	431	438	427	427	422	450
铁路	771	770	759	707	670	696	728
公路	59	65	177	184	176	177	186

续表

指标	2000 年	2005 年	2010 年	2015 年	2020 年	2021 年	2022 年
水运	1939	2261	1806	1496	1390	1403	1415
民航	2555	2572	3177	3306	3550	3801	4182
管道	340	350	440	615	633	657	654

数据来源：2021 年及以前数据来自于《中国统计年鉴》，2022 年数据根据《中华人民共和国 2022 年国民经济和社会发展统计公报》公布的货物周转量和货运量数据推算。

附表 1–13　　我国水路货物运输情况

单位：亿吨

<table>
<tr><th>指标</th><th>2000 年</th><th>2005 年</th><th>2010 年</th><th>2015 年</th><th>2020 年</th><th>2021 年</th><th>2022 年</th></tr>
<tr><td>合计</td><td>12.2</td><td>22.0</td><td>37.9</td><td>61.4</td><td>76.16</td><td>82.40</td><td>85.54</td></tr>
<tr><td>内河</td><td>6.9</td><td>10.6</td><td>18.9</td><td>34.6</td><td>38.15</td><td>41.89</td><td>44.02</td></tr>
<tr><td>沿海</td><td>3.1</td><td>6.5</td><td>13.2</td><td>19.3</td><td rowspan="2">38.01</td><td rowspan="2">40.51</td><td rowspan="2">41.51</td></tr>
<tr><td>远洋</td><td>2.3</td><td>4.9</td><td>5.8</td><td>7.5</td></tr>
</table>

数据来源：历年的交通运输行业发展统计公报，2020 年及以后公报数据为海洋货运量。

附表 1–14　　我国水路货物周转量情况

单位：亿吨公里

<table>
<tr><th>指标</th><th>2000 年</th><th>2005 年</th><th>2010 年</th><th>2015 年</th><th>2020 年</th><th>2022 年</th><th>2022 年</th></tr>
<tr><td>合计</td><td>23734</td><td>49672</td><td>68428</td><td>91772</td><td>105834.44</td><td>115577.51</td><td>121003.14</td></tr>
<tr><td>内河</td><td>1551</td><td>2626</td><td>5536</td><td>13112</td><td>15937.54</td><td>17735.99</td><td>19025.73</td></tr>
<tr><td>沿海</td><td>5110</td><td>8495</td><td>16893</td><td>24224</td><td rowspan="2">89896.90</td><td rowspan="2">97841.51</td><td rowspan="2">101977.41</td></tr>
<tr><td>远洋</td><td>17073</td><td>38552</td><td>45999</td><td>54236</td></tr>
</table>

数据来源：历年的交通运输行业发展统计公报，2020 年及以后公报数据为海洋货物周转量。

附表 1–15　　全国港口完成旅客吞吐量

单位：亿人

指标	2000 年	2005 年	2010 年	2015 年	2020 年	2021 年	2022 年
合计	0.86	2.06	1.77	1.85	0.44	0.48	0.39
沿海	0.58	0.78	0.73	0.82	0.43	0.47	0.38
内河	0.28	1.29	1.04	1.04	0.01	0.01	0.01

注：2000 年数据为全国主要港口完成旅客吞吐量数据。
数据来源：历年的交通运输行业发展统计公报。

附表 1–16　　全国港口完成主要货物吞吐量

指标	2000 年	2005 年	2010 年	2015 年	2020 年	2021 年	2022 年
合计（亿吨）	22.1	48.5	89.3	127.5	145.50	155.45	156.85
沿海（亿吨）	12.9	30.1	56.5	81.5	94.80	99.73	101.31
内河（亿吨）	9.1	18.5	32.9	46.0	50.70	55.73	55.54
集装箱吞吐量（亿 TEU）	0.2	0.8	1.5	2.1	2.64	2.83	2.96
沿海（亿 TEU）	0.2	0.70	1.3	1.9	2.34	2.49	2.61
内河（万 TEU）	—	562	1468	2249	3000	3300	3500
外贸吞吐量（亿吨）	5.7	13.7	25.0	36.6	44.96	46.97	46.07
沿海（亿吨）	5.2	12.5	22.9	33.0	—	—	—
内河（亿吨）	0.5	1.1	2.1	3.6	—	—	—

数据来源：历年的交通运输行业发展统计公报。

附表 1–17　　民航旅客运输量情况

单位：亿人次

指标	2000 年	2005 年	2010 年	2015 年	2020 年	2021 年	2022 年
总计	0.67	1.38	2.68	4.36	4.18	4.40	2.52
国际航线	0.07	0.12	0.19	0.42	0.10	0.01	0.02
国内航线	0.60	1.26	2.48	3.94	4.08	4.39	2.50
港澳台航线	0.04	0.05	0.07	0.10	0.01	0.01	0.00

数据来源：历年的民航行业发展统计公报。

附表 1–18　　民航货物运输量情况

单位：万吨

指标	2000 年	2005 年	2010 年	2015 年	2020 年	2021 年	2022 年
总计	196.7	307.0	563.0	629.3	676.6	731.8	607.6
国际航线	49.2	77.0	192.6	186.8	223.1	266.7	263.8
国内航线	147.5	230.0	370.4	442.4	453.5	465.1	343.8
港澳台航线	13.5	17.0	21.7	22.1	17.6	19.0	14.7

数据来源：历年的民航行业发展统计公报。

附表 1–19　　民航机场旅客、货邮吞吐量情况

指标	2000 年	2005 年	2010 年	2015 年	2020 年	2021 年	2022 年
机场旅客吞吐量（亿人次）	1.34	2.84	5.64	9.15	8.57	9.07	5.20
机场货邮吞吐量（万吨）	399.2	633.1	1129.0	1409.4	1607.5	1782.8	1453.1

数据来源：历年的民航行业发展统计公报。

附表 1–20　　快递服务行业业务情况

指　标		2010 年	2015 年	2019 年	2020 年	2021 年	2022 年
快递服务企业业务量（亿件）		23.4	206.7	635.2	833.6	1083.0	1105.8
业务类型	同城（亿件）	5.4	54	110.4	121.7	141.1	128.0
	异地（亿件）	16.7	148.4	510.5	693.6	920.8	957.7
	国际及港澳台（亿件）	1.3	4.3	14.4	18.4	21.0	20.2
区域分布	东部（亿件）	18.5	169.6	506.3	661.9	845.8	849.3
	中部（亿件）	2.7	23.1	81.9	111.2	158.1	173.6
	西部（亿件）	2.1	14	47.0	60.5	79.1	82.9
邮政业务总量（亿元）		1276.8	4039.3	9642.5	11037.8	13698.3	13509.6
快递业务收入（亿元）		574.6	2769.6	7497.8	8795.4	10332.3	10566.7

数据来源：历年的邮政（行业）发展统计公报。

■ 全社会交通运输装备拥有情况

附表 1–21　　我国主要运输装备规模

指标	2000 年	2005 年	2010 年	2015 年	2020 年	2021 年	2022 年
铁路机车拥有量（万台）	1.4	1.7	1.9	2.1	2.2	2.2	2.2
内燃机车（万台）	1.04	1.13	1.10	0.91	0.80	0.78	0.78
电力机车（万台）	0.35	0.51	0.84	1.19	1.38	1.39	1.42
全国铁路客车拥有量（万辆）	3.6	4.0	5.2	6.5	7.6	7.8	7.7
动车组	—	—	480	1883	3918	4153	4194
和谐号车辆数	—	—	4628	17648	31340	33221	33554
全国铁路货车拥有量（万辆）	44.0	54.2	62.2	72.3	91.2	96.6	99.7
公路营运汽车拥有量（万辆）	535.07	733.22	1133.32	1473.12	1171.54	1231.96	1222.08
载客汽车（万辆）	98.84	128.40	83.13	83.93	61.26	58.70	55.42
载货汽车（万辆）	436.23	604.82	1050.19	1389.19	1110.28	1173.26	1166.66
水上运输船舶（万艘）	22.97	20.73	17.84	16.59	12.68	12.59	12.19
内河（万艘）	21.93	19.58	16.57	15.23	11.50	11.36	10.95
沿海（万艘）	0.76	0.94	1.05	1.07	1.04	1.09	1.10
远洋（万艘）	0.28	0.21	0.22	0.27	0.15	0.14	0.14
水上运输船舶净载重量（万吨）	5128	10179	18041	27244	27060	28433	29776
内河（万吨）	2052	4481	7436	12494	13673.0	14676.9	15249.7
沿海（万吨）	853	2048	4979	6858	7930	8886	9370
远洋（万吨）	2223	3649	5626	7892	5457	4870	5156

续表

指标	2000 年	2005 年	2010 年	2015 年	2020 年	2021 年	2022 年
民航全行业运输在册飞机（架）	527	863	1597	2650	3903	4054	4165
通用航空企业在册航空器（架）	455	523	1010	1904	2892	3018	3186

数据来源：历年的交通运输行业发展统计公报、民航行业发展统计公报、铁道统计公报。

■ 其他交通运输行业发展评价指标

附表 1–22　　其他交通运输行业发展评价指标

	2000 年	2005 年	2010 年	2015 年	2020 年	2021 年	2022 年
全社会物流总额（万亿元）	—	48.1	125.4	219.2	300.1	335.2	347.6
工业品物流总额（万亿元）	—	—	113.1	204.0	269.9	299.6	309.2
进口货物物流总额（万亿元）	—	—	9.4	10.4	14.2	17.4	18.0
农产品物流总额（万亿元）	—	—	—	3.5	4.6	5.0	5.3
再生资源物流总额（万亿元）	—	—	—	0.9	1.6	2.5	3.1
单位与居民物品物流总额（万亿元）	—	—	—	0.5	9.8	10.8	12.0
全社会物流总费用（万亿元）	—	3.4	7.1	10.8	14.9	16.7	17.8
运输费用（万亿元）	—	1.9	3.8	5.8	7.8	9.0	9.55
保管费用（万亿元）	—	1.1	2.4	3.7	5.1	5.6	5.95
管理费用（万亿元）	—	0.5	0.9	1.4	1.9	2.2	2.26
物流业总收入（万亿元）	—	1.9	—	7.6	10.5	11.9	12.7
民用航空航线（条）	1165	1257	1880	3326	5581	4864	4670
国内（条）	1032	1024	1578	2666	4686	4585	4334
国际（条）	133	233	302	660	895	279	336

续表

	2000年	2005年	2010年	2015年	2020年	2021年	2022年
民航航班正常率（%）	—	82.0	75.8	68.3	88.5	88.0	95.0
民航正班客座率（%）	61.2	71.5	80.2	82.1	72.9	72.4	66.6
邮政平均每营业网点服务面积（平方公里）	—	—	126.8	51	27.5	23.3	22.1
邮政平均每一营业网点服务人口（万人）	2.1	2	1.8	0.7	0.4	0.3	0.3

数据来源：历年的民航行业发展统计公报、邮政（行业）发展统计公报和全国物流运行情况通报。

附录二

重大政策情况

国家公路网规划

（发改基础〔2022〕1033 号文件发布）

为贯彻落实《国民经济和社会发展第十四个五年规划和 2035 年远景目标纲要》《国家综合立体交通网规划纲要》，优化完善国家公路网络，有力支撑现代化经济体系和社会主义现代化强国建设，编制本规划。规划期至 2035 年，远景展望到本世纪中叶。

一、规划基础

（一）发展基础。

改革开放特别是党的十八大以来，我国公路发展取得了举世瞩目的成就。《国家公路网规划（2013 年—2030 年）》明确，国家高速公路网由“7 射、11 纵、18 横”（以下简称“71118”）等路线组成，总规模约 13.6 万公里；普通国道网由“12 射、47 纵、60 横”等路线组成，总规模约 26.5 万公里。经各方共同努力，截至 2021 年底，国家高速公路建成 12.4 万公里，基本覆盖地级行政中心；普通国道通车里程达到 25.8 万公里，基本覆盖县级及以上行政区和常年开通的边境口岸。

国家公路的快速发展总体适应经济社会发展需要，极大便利了人民群众出行，有力支撑了国家重大战略实施，为决胜全面建成小康社会提供了坚实保障。站在新的历史起点上，面对支撑全面建设现代化经济体系和社会主义现代化强国的新需求，现有的国家公路网规划建设存在一些突出问题。一是区域网络布局仍需完善。区域间通道分布不尽合理，城市群及都市圈网络化水平不高，沿边抵边路网较为薄弱，路网韧性和安全应急保障能力还需提高。二是局部通行能力不足。一些省际公路有待贯通，部分公路通道能力有待提升，特别是城市群内城际和主要城市过境路段交通量饱和，技术等级结构需要优化。三是发展质量效率有待进一步提高。国家公路网与其他运输方式的一体衔接需加强，资源节约集约利用水平有提升空间，绿色低碳发展任务艰巨，智慧发展任重道远。

（二）形势要求。

当前和今后一个时期，我国发展仍然处于重要战略机遇期，但机遇和挑战都有新的发展变化。从国际看，世界百年未有之大变局加速演进，新一轮科技革命和产业变革深入发展，新冠肺炎疫情严重冲击全球产业链供应链稳定，经济全球化遭遇逆流。从国内看，我国已转向高质量发展阶段，正加快构建以国内大循环为主体、国内国际双循环相互促进的新发展格局，区域经济与产业布局、国土空间开发与保护、人口结构分布、消费需求特征、资源要素供给方式等都在发生深刻变化。这些新形势、新变化对公路交通发挥好先行引领和基础保障作用提出了新的更高要求。

国家公路网作为国家综合立体交通网的基础和主骨架的重要组成部分，必须适应新形势、抓住新机遇、满足新需求，加快补齐短板，优化提升供给，提高路网质量效益，紧密区域空间联系，满足对外互联互通和产业链供应链稳定畅通需要；更加注重与其他运输方式统筹融合，强化衔接转换功能，促进国家综合立体交通网整体效率提升；更加突出科技创新赋能，注重与新型基础设施和关联产业的融合发展，适应高品质、多样化、个性化需求，提升服务水平；更加突出绿色低碳发展，注重国土空间开发与保护，降低全寿命周期能耗与碳排放；更加注重安全保障能力，加强安全防护设施建设，增强路网安全水平和系统韧性，有力促进要素资源有序高效流动，支撑建设全国统一大市场、畅通国内国际双循环。

二、总体要求

（一）指导思想。

以习近平新时代中国特色社会主义思想为指导，统筹推进“五位一体”总体布局，协调推进“四个全面”战略布局，坚持以人民为中心，立足新发展阶段，完整、准确、全面贯彻新发展理念，服务构建新发展格局，以推动高质量发展为主题，以满足人民日益增长的美好生活需要为根本目的，统筹发展和安全，优化完善路网布局，构建覆盖广泛、功能完备、集约高效、绿色智能、安全可靠的现代化高质量国家公路网，为加快建设交通强国夯实基础，为全面建设社会主义现代化国家当好先行。

（二）基本原则。

基础支撑，先行引领。立足服务全面建设社会主义现代化国家需要，坚持扩大内需战略基点，兼顾效率与公平，适度超前发展，充分发挥国家公路基础性、先导性作用，有力支撑国家重大战略实施和国土空间开发与保护，更好保障经济社会发展，建设人民满意交通。

统筹规划，有序推进。根据经济社会发展和国家重大战略实施需要，加强与相关规划衔接，适应城镇化空间格局和区域经济布局，强化对流通体系的支撑，服务促进国家高水平对外开放。合理把握建设时序，科学论证、量力而行，因地制宜确定建设标准，积极稳妥推进项目建设。

强化衔接，一体融合。加强公路与其他运输方式规划协调，强化设施衔接纽带功能，注重与城市交通有效衔接，提高资源集约整合利用水平，推动运输结构优化，提升综合交通运输整体效率。推进公路基础设施共建共享，促进与沿线旅游、制造、物流、电子商务等关联产业融合发展，实现综合效益最大化。

创新驱动，提质增效。注重科技创新赋能，促进前沿科技应用，不断提高国家公路数字化、网联化水平，持续增强“建管养运”统筹和全寿命周期管理能力。充分挖掘存量资源潜力，聚焦短板弱项扩大优质增量供给，提升服务质量效益，实现供给和需求更高水平的动态平衡。

绿色低碳，安全可靠。坚持生态优先，节约集约利用资源，减少对生态环境的破坏和影响，降低能源消耗及碳排放，促进公路与自然和谐发展。坚持生命至上、安全第一、质量优先理念，提高路网系统韧性和功能可靠性，增强安全与应急保障能力，满足人民安全出行需要。

（三）规划目标。

到2035年，基本建成覆盖广泛、功能完备、集约高效、绿色智能、安全可靠的现代化高质量国家公路网，形成多中心网络化路网格局，实现国际省际互联互通、城市群间多路连通、城市群城际便捷畅通、地级城市高速畅达、县级节点全面覆盖、沿边沿海公路连续贯通。

覆盖广泛。国家高速公路全面连接地级行政中心、城区人口 10 万以上市县和重要陆路边境口岸，普通国道全面连接县级及以上行政区、国家重要旅游景区、陆路边境口岸。

功能完备。国家公路实现首都辐射省会，省际和城市群间多通道联系，全面对接亚洲公路网和国际经济合作走廊。国家高速公路通行能力明显提升，普通国道技术等级结构显著改善，有力支撑国家综合立体交通网建设。

集约高效。便捷连接所有综合交通枢纽城市、重要交通枢纽，与其他运输方式衔接更加顺畅，城市过境交通更为高效。跨海跨江跨河等关键通道布设更加集约。

绿色智能。国家公路网有效避让生态保护区域、环境敏感区域，对国土空间利用效率明显提高，基本实现建设全过程、全周期绿色化。与运输服务网、信息网、能源网等融合更加紧密，数字化转型迈出坚实步伐，基本实现运行管理智能化和出行场景数字化。

安全可靠。国家公路网韧性显著增强，自然灾害多发、地理自然阻隔、边境等重点区域网络可靠性明显改善，设施安全性明显提升，具备应对各类重大安全风险能力。

到本世纪中叶，高水平建成与现代化高质量国家综合立体交通网相匹配、与先进信息网络相融合、与生态文明相协调、与总体国家安全观相统一、与人民美好生活需要相适应的国家公路网，有力支撑全面建成现代化经济体系和社会主义现代化强国。

三、规划方案

国家公路网规划总规模约 46.1 万公里，由国家高速公路网和普通国道网组成，其中国家高速公路约16.2万公里（含远景展望线约0.8万公里），普通国道约29.9万公里。

（一）国家高速公路网。

按照“保持总体稳定、实现有效连接、强化通道能力、提升路网效率”的思路，补充完善国家高速公路网。保持国家高速公路网络布局和框架总体稳定，优化部分路线走向，避让生态保护区域和环境敏感区域；补充连接城区人口10万以上市县、重要陆路边境口岸；以国家综合立体交通网“6轴7廊8通道”主骨架为重点，强化城市群及重点城市间的通道能力；补强城市群内部城际通道、临边快速通道，增设都市圈环线，增加提高路网效率和韧性的部分路线。

国家高速公路网由7条首都放射线、11条北南纵线、18条东西横线，以及6条地区环线、12条都市圈环线、30条城市绕城环线、31条并行线、163条联络线组成。

1. 首都放射线。

北京—哈尔滨、北京—上海、北京—台北、北京—港澳、北京—昆明、北京—拉萨、北京—乌鲁木齐。

2. 北南纵线。

鹤岗—大连、沈阳—海口、长春—深圳、济南—广州、大庆—广州、二连浩特—广州、呼和浩特—北海、包头—茂名、银川—百色、兰州—海口、银川—昆明。

3. 东西横线。

绥芬河—满洲里、珲春—乌兰浩特、丹东—锡林浩特、荣成—乌海、青岛—银川、青岛—兰州、连云港—霍尔果斯、南京—洛阳、上海—西安、上海—成都、上海—重庆、杭州—瑞丽、上海—昆明、福州—银川、泉州—南宁、厦门—成都、汕头—昆明、广州—昆明。

4. 地区环线。

辽中地区环线、杭州湾地区环线、成渝地区环线、珠江三角洲地区环线、首都地区环线、海南地区环线。

5. 都市圈环线。

哈尔滨、长春、杭州、南京、郑州、武汉、长株潭、西安、重庆、成都、济南、合肥。

（二）普通国道网。

按照“主体稳定、局部优化，补充完善、增强韧性”的思路，优化完善普通国道网。以既有普通国道网为主体，优化路线走向，强化顺直连接、改善城市过境线路、避让生态保护区域和环境敏感区域；补充连接县级节点、陆路边境口岸、重要景区和交通枢纽等，补强地市间通道、沿边沿海公路及并行线；增加提高路网效率和韧性的部分路线。普通国道网由 12 条首都放射线、47 条北南纵线、60 条东西横线，以及 182 条联络线组成。

1. 首都放射线。

北京—沈阳、北京—抚远、北京—滨海新区、北京—平潭、北京—澳门、北京—广州、北京—香港、北京—昆明、北京—拉萨、北京—青铜峡、北京—漠河、北京环线。

2. 北南纵线。

鹤岗—大连、黑河—大连、绥化—沈阳、烟台—上海、山海关—深圳、威海—汕头、乌兰浩特—海安、二连浩特—淅川、苏尼特左旗—北海、满都拉—防城港、银川—榕江、兰州—龙邦、策克—磨憨、西宁—澜沧、马鬃山—宁洱、红山嘴—吉隆、阿勒泰—塔什库尔干、霍尔果斯—若羌、喀纳斯—东兴、东营—深圳、同江—哈尔滨、嘉荫—临江、海口—三亚（东）、海口—三亚（中）、海口—三亚（西）、张掖—孟连、丹东—东兴、饶河—盖州、通化—武汉、嫩江—双辽、牙克石—四平、克什克腾—黄山、兴隆—阳江、新沂—海丰、芜湖—汕尾、济宁—宁德、南昌—惠来、正蓝旗—阳泉、保定—台山、呼和浩特—北海、甘其毛都—钦州、开县—凭祥、乌海—江津、巴中—绿春、遂宁—麻栗坡、景泰—昭通、兰州—马关。

3. 东西横线。

绥芬河—满洲里、珲春—阿尔山、集安—阿巴嘎旗、丹东—霍林郭勒、庄河—西乌珠穆沁旗、绥中—珠恩嘎达布其、黄骅—山丹、文登—石家庄、青岛—兰州、连云港—共和、连云港—栾川、上海—霍尔果斯、乌鲁木齐—红其拉甫、西宁—吐尔尕特、长乐—同仁、成都—噶尔、上海—聂拉木、高雄—成都、上海—瑞丽、广州—成都、瑞安—友谊关、瑞金—清水河、福州—昆明、广州—南宁、秀山—河口、连云港—固原、启东—老河口、舟山—鲁山、洞头—合肥、丹东—阿勒泰、萝北—额布都格、三合—莫力达瓦旗、龙井—东乌珠穆沁旗、承德—塔城、天津—神木、黄骅—榆林、海兴—天峻、滨州港—榆林、东营港—子长、黄岛—海晏、日照—凤县、大丰—卢氏、东台—灵武、启东—那曲、上海—安康、南京—德令哈、武汉—大理、芒康—萨嘎、利川—炉霍、台州—小金、张家界—巧家、宁德—贡山、南昌—兴义、福州—巴马、湄洲—西昌、东山—泸水、石狮—水口、佛山—富宁、文昌—临高、陵水—昌江。

四、规划实施

（一）建设需求。

截至2021年底，国家高速公路已建成12.4万公里、在建约1万公里、待建约2.8万公里，分别占77%、6%和17%。此外，随着交通量的增长，预计未来约有3万公里繁忙路段需要扩容改造。普通国道目前一级公路约5.9万公里、二级公路约15.6万公里、三级公路约 4.7 万公里、四级公路约 2.2 万公里、等外及无路路段约 1.5 万公里，二级及以上公路占比约为 72%、三级和四级公路占比约为 23%，等外及无路路段占比约为 5%。预计未来约有 11 万公里普通国道需要建设和改造。

（二）近期建设重点。

“十四五”期间，有序推进对加强国际、区域、省际和城际联系具有重要作用的国家高速公路建设，优先打通主线和省际待贯通路段，实现“71118”国家高速公路主线基本贯通；推动实施京沪、京港澳、长深、沪昆、连霍等国家高速公路主线拥堵路段扩容改造，提高主要公路通道的通行能力。加快推进普通国道建设，优先打通 G219 和 G331 线等沿边国道，基本消除普通国道等外及待贯通路段；提质改造川藏公路 G318 线，推进城市群地区拥堵路段和城镇过境路段改造，实现东中部地区普通国道基本达到二级及以上标准，西部地区普通国道二级及以上公路比重达到 70%。基本建成与国家综合立体交通网相衔接、有效满足客货运需求的国家公路网络，国家公路对畅通国内国际双循环主动脉的支撑和先导作用显著增强。

（三）实施要求。

节约集约利用资源。协同推进综合运输通道的一体化建设，推动铁路、公路等基础设施的线位统筹，促进通道线位资源共用共享。挖掘存量资源潜力，充分利用既有设施进行改扩建和升级改造，加强对另辟新线扩容的规划管理。科学确定设施技术标准，采用多种技术手段提高设施利用效率，严格执行建设用地标准，节约土地资源，严格保护耕地和永久基本农田。

推进绿色低碳发展。将生态保护、绿色低碳理念贯穿公路规划、设计、建设、运营、管理、养护等全过程、各环节，降低全寿命周期资源能源消耗和碳排放。依法依规避让各类生态保护区域、环境敏感区域、城乡历史文化资源富集区域，注重生态保护修复、资源循环利用、碳减排，加强大气、水及噪声污染防治，因地制宜建设绿色公路。

注重创新赋能发展。统筹国家公路与新型基础设施建设。推动国家公路全要素全周期数字化转型，实现数据资源一体化管理，强化数据动态采集、更新、共享，推动与建筑信息模型、路网感知网络同步规划建设，将采集信息基础设施纳入公路工程统一规划建设。推动制修订公路相关标准规范，注重与新型运载工具、信息通信、智能交通等设施、装备的标准协同。

注重与产业融合发展。依托国家公路网发展通道经济，注重与沿线旅游、制造、物流、电子商务等关联产业深度融合发展，引导优化区域产业布局，促进产业链供应链安全稳定。提升公路服务区服务品质，设置人性化服务设施和充换电、加氢等设施，因地制宜丰富文化、旅游、休闲等服务功能。按需实施服务区扩容改造，增设大型货车或危化品车辆专用停车区。

严控地方政府债务风险。坚持尽力而为、量力而行，合理确定建设规模和建设节奏，科学论证项目建设时机及建设标准，强化技术方案比选，合理控制工程造价，稳步有序推进项目建设。建立健全高速公路债务风险监测机制，督促指导债务负担较重地区严格控制新开工项目规模。

五、环境影响及对策

（一）总体评价。

规划贯彻落实生态文明建设要求，将绿色发展作为重要目标和原则，与《国民经济和社会发展第十四个五年规划和 2035 年远景目标纲要》《关于建立国土空间规划体系并监督实施的若干意见》《关于深入打好污染防治攻坚战的意见》《2030 年前碳达峰行动方案》等做了有效衔接。规划实施需新增占用约 52 万公顷的土地，消耗一定能源并产生碳排放；部分新增线路与国家公园等自然保护地、饮用水水源地等环境敏感目标以及生态保护红线存在局部空间冲突，规划论证阶段已尽可能予以规避，下一步还将在实施阶段进一步优化；建设和运营期产生的废气、污水、噪声等可能对环境质量带来一定影响。在实施阶段将严格落实环境影响评价制度和“三线一单”（生态保护红线、环境质量底线、资源利用上线、生态环境准入清单）管控要求，合理避让环境敏感目标并强化生态环境保护举措，规划产生的环境影响总体可控。

（二）预防和减轻不良环境影响的对策。

一是强化生态保护修复，公路选线最大限度避让各类环境敏感目标，重要敏感区无法避让的需从地下或空中穿（跨）越，同步开展原生动植物保护、湿地连通、创面生态修复和动物通道建设。二是协同促进碳减排与大气污染防治，加强与其他运输方式衔接，为推动多式联运发展和推广使用新能源汽车创造良好环境，探索提高国家公路通道碳汇能力。三是强化水环境污染防治，尽可能避免占用河湖空间特别是饮用水水源保护区，如占用须采用“封闭式”排水和水处理系统，强化公路施工期和运营期服务区污水处理，有条件的纳入城市污水管网。四是强化噪声污染防治，在敏感区域落实噪声防护距离的要求，在可能造成噪声污染的重点路段设置声屏障或者采取其他降低噪声的有效措施。五是强化资源节约集约利用，充分利用交通廊道资源，采用先进节地技术和模式，提高交通基础设施土地综合利用率，尽量不占或少占耕地和基本农田，推动钢结构桥梁、环保耐久节能型材料等应用，推进废旧材料、设施设备、水资源循环利用和隧道洞渣资源化利用。六是加强外部协同与内部监管，强化与碳达峰碳中和、国土空间规划、自然保护地体系以及“三线一单”等相关政策的协调衔接，严格落实环保“三同时”（同时设计、同时施工、同时投入生产和使用）制度、环境监测与跟踪评价等制度。

六、保障措施

（一）加强规划衔接协调。

强化跨部门、跨区域、跨行业一体衔接协调，按照“统筹规划、分级负责”原则，加强央地联动和政策协同，协力推进规划实施。各省（自治区、直辖市）在规划建设省道网时，要强化与本规划衔接，统筹各层次路网协调发展，合理确定规划目标、建设规模和建设时机。

（二）强化规划实施保障。

加强与国土空间等相关规划衔接，按照节约集约高效的要求，合理保障国家公路建设土地资源供给，依法加快国家公路用地用海用林用草、环境影响评价、水土保持等报建手续办理，为规划项目实施提供政策和要素支持。交通运输部要根据本规划，商国家发展改革委等有关部门，编制实施公路五年发展规划，优化国家公路项目建设方案，落实规划目标任务。

（三）完善资金保障机制。

改革创新投融资政策，进一步完善多渠道、多层次、多元化投融资模式。强化资金保障能力，落实事权支出责任，鼓励吸引社会资本参与国家公路建设。积极盘活存量资产，鼓励在高速公路领域稳妥开展基础设施领域不动产投资信托基金（REITs）试点，形成存量资产与新增投资的良性循环。调整收费公路政策，适时修订公路法、收费公路管理条例等法律法规，促进公路可持续健康发展。

（四）优化规划实施管理。

落实各级政府在公路建设、运营、养护、管理中的事权和职责，提高公路养护质量和运营管理水平。扎实开展国家公路网线位规划、项目前期工作和重大工程论证，做好国家公路命名编号调整工作，稳妥有序推进规划实施。稳慎决策国家高速公路远景展望线，视区域经济社会和交通发展需求适时开展建设，灵活掌握技术标准。加强规划实施进展和成效监测分析，适时开展规划评估，规范做好规划动态调整或修订工作。

“十四五”现代物流发展规划

（国办发〔2022〕17 号文件发布）

现代物流一头连着生产，一头连着消费，高度集成并融合运输、仓储、分拨、配送、信息等服务功能，是延伸产业链、提升价值链、打造供应链的重要支撑，在构建现代流通体系、促进形成强大国内市场、推动高质量发展、建设现代化经济体系中发挥着先导性、基础性、战略性作用。“十三五”以来，我国现代物流发展取得积极成效，服务质量效益明显提升，政策环境持续改善，对国民经济发展的支撑保障作用显著增强。为贯彻落实党中央、国务院关于构建现代物流体系的决策部署，根据《中华人民共和国国民经济和社会发展第十四个五年规划和 2035 年远景目标纲要》，经国务院同意，制定本规划。

一、现状形势

（一）发展基础。

物流规模效益持续提高。“十三五”期间，社会物流总额保持稳定增长，2020年超过300万亿元，年均增速达5.6%。公路、铁路、内河、民航、管道运营里程以及货运量、货物周转量、快递业务量均居世界前列，规模以上物流园区达到2000个左右。社会物流成本水平稳步下降，2020年社会物流总费用与国内生产总值的比率降至14.7%，较2015年下降1.3个百分点。

物流资源整合提质增速。国家物流枢纽、国家骨干冷链物流基地、示范物流园区等重大物流基础设施建设稳步推进。物流要素与服务资源整合步伐加快，市场集中度提升，中国物流企业50强2020年业务收入较2015年增长超过30%。航运企业加快重组，船队规模位居世界前列。民航货运领域混合所有制改革深入推进，资源配置进一步优化。

物流结构调整加快推进。物流区域发展不平衡状况有所改善，中西部地区物流规模增速超过全国平均水平。运输结构加快调整，铁路货运量占比稳步提升，多式联运货运量年均增速超过20%。仓储结构逐步优化，高端标准仓库、智能立体仓库快速发展。快递物流、冷链物流、农村物流、即时配送等发展步伐加快，有力支撑和引领消费结构升级。

科技赋能促进创新发展。移动互联网、大数据、云计算、物联网等新技术在物流领域广泛应用，网络货运、数字仓库、无接触配送等“互联网+”高效物流新模式新业态不断涌现。自动分拣系统、无人仓、无人码头、无人配送车、物流机器人、智能快件箱等技术装备加快应用，高铁快运动车组、大型货运无人机、无人驾驶卡车等起步发展，快递电子运单、铁路货运票据电子化得到普及。

国际物流网络不断延展。我国国际航运、航空物流基本通达全球主要贸易合作伙伴。截至 2020 年底，中欧班列通达欧洲 20 多个国家的 90 多个城市，累计开行超过 3 万列，在深化我国与共建“一带一路”国家经贸合作、应对新冠肺炎疫情和推进复工复产中发挥了国际物流大动脉作用。企业海外仓、落地配加快布局，境外物流网络服务能力稳步提升。

营商环境持续改善。推动现代物流发展的一系列规划和政策措施出台实施，特别是物流降本增效政策持续发力，“放管服”改革与减税降费等取得实效。物流市场监测、监管水平明显提升，政务服务质量和效率大幅改善。物流标准、统计、教育、培训等支撑保障体系进一步完善，物流诚信体系建设加快推进，行业治理能力稳步提升。

（二）突出问题。

物流降本增效仍需深化。全国统一大市场尚不健全，物流资源要素配置不合理、利用不充分。多式联运体系不完善，跨运输方式、跨作业环节衔接转换效率较低，载运单元标准化程度不高，全链条运行效率低、成本高。

结构性失衡问题亟待破局。存量物流基础设施网络“东强西弱”“城强乡弱”“内强外弱”，对新发展格局下产业布局、内需消费的支撑引领能力不够。物流服务供给对需求的适配性不强，低端服务供给过剩、中高端服务供给不足。货物运输结构还需优化，大宗货物公路中长距离运输比重仍然较高。

大而不强问题有待解决。物流产业规模大但规模经济效益释放不足，特别是公路货运市场同质化竞争、不正当竞争现象较为普遍，集约化程度有待提升。现代物流体系组织化、集约化、网络化、社会化程度不高，国家层面的骨干物流基础设施网络不健全，缺乏具有全球竞争力的现代物流企业，与世界物流强国相比仍存在差距。

部分领域短板较为突出。大宗商品储备设施以及农村物流、冷链物流、应急物流、航空物流等专业物流和民生保障领域物流存在短板。现代物流嵌入产业链深度广度不足，供应链服务保障能力不够，对畅通国民经济循环的支撑能力有待增强。行业协同治理水平仍需提升。

（三）面临形势。

统筹国内国际两个大局要求强化现代物流战略支撑引领能力。中华民族伟大复兴战略全局与世界百年未有之大变局历史性交汇，新冠肺炎疫情、俄乌冲突影响广泛深远，全球产业链供应链加速重构，要求现代物流对内主动适应社会主要矛盾变化，更好发挥连接生产消费、畅通国内大循环的支撑作用；对外妥善应对错综复杂国际环境带来的新挑战，为推动国际经贸合作、培育国际竞争新优势提供有力保障。

建设现代产业体系要求提高现代物流价值创造能力。发展壮大战略性新兴产业，促进服务业繁荣发展，要求现代物流适应现代产业体系对多元化专业化服务的需求，深度嵌入产业链供应链，促进实体经济降本增效，提升价值创造能力，推进产业基础高级化、产业链现代化。

实施扩大内需战略要求发挥现代物流畅通经济循环作用。坚持扩大内需战略基点，加快培育完整内需体系，要求加快构建适应城乡居民消费升级需要的现代物流体系，提升供给体系对内需的适配性，以高质量供给引领、创造和扩大新需求。

新一轮科技革命要求加快现代物流技术创新与业态升级。现代信息技术、新型智慧装备广泛应用，现代产业体系质量、效率、动力变革深入推进，既为物流创新发展注入新活力，也要求加快现代物流数字化、网络化、智慧化赋能，打造科技含量高、创新能力强的智慧物流新模式。

二、总体要求

（一）指导思想。

以习近平新时代中国特色社会主义思想为指导，坚持稳中求进工作总基调，完整、准确、全面贯彻新发展理念，加快构建新发展格局，全面深化改革开放，坚持创新驱动发展，推动高质量发展，坚持以供给侧结构性改革为主线，统筹疫情防控和经济社会发展，统筹发展和安全，提升产业链供应链韧性和安全水平，推动构建现代物流体系，推进现代物流提质、增效、降本，为建设现代产业体系、形成强大国内市场、推动高水平对外开放提供有力支撑。

（二）基本原则。

——市场主导、政府引导。充分发挥市场在资源配置中的决定性作用，激发市场主体创新发展活力，提高物流要素配置效率和效益。更好发挥政府作用，加强战略规划和政策引导，推动形成规范高效、公平竞争、统一开放的物流市场，强化社会民生物流保障。

——系统观念、统筹推进。统筹谋划物流设施建设、服务体系构建、技术装备升级、业态模式创新，促进现代物流与区域、产业、消费、城乡协同布局，构建支撑国内国际双循环的物流服务体系，实现物流网络高效联通。

——创新驱动、联动融合。以数字化、网络化、智慧化为牵引，深化现代物流与制造、贸易、信息等融合创新发展，推动形成需求牵引供给、供给创造需求的良性互动和更高水平动态平衡。

——绿色低碳、安全韧性。将绿色环保理念贯穿现代物流发展全链条，提升物流可持续发展能力。坚持总体国家安全观，提高物流安全治理水平，完善应急物流体系，提高重大疫情等公共卫生事件、突发事件应对处置能力，促进产业链供应链稳定。

（三）主要目标。

到2025年，基本建成供需适配、内外联通、安全高效、智慧绿色的现代物流体系。

——物流创新发展能力和企业竞争力显著增强。物流数字化转型取得显著成效，智慧物流应用场景更加丰富。物流科技创新能力不断增强，产学研结合机制进一步完善，建设一批现代物流科创中心和国家工程研究中心。铁路、民航等领域体制改革取得显著成效，市场活力明显增强，形成一批具有较强国际竞争力的骨干物流企业和知名服务品牌。

——物流服务质量效率明显提升。跨物流环节衔接转换、跨运输方式联运效率大幅提高，社会物流总费用与国内生产总值的比率较2020年下降2个百分点左右。多式联运、铁路（高铁）快运、内河水运、大宗商品储备设施、农村物流、冷链物流、应急物流、航空物流、国际寄递物流等重点领域补短板取得明显成效。通关便利化水平进一步提升，城乡物流服务均等化程度明显提高。

——“通道＋枢纽＋网络”运行体系基本形成。衔接国家综合立体交通网主骨架，完成120个左右国家物流枢纽、100个左右国家骨干冷链物流基地布局建设，基本形成以国家物流枢纽为核心的骨干物流基础设施网络。物流干支仓配一体化运行更加顺畅，串接不同运输方式的多元化国际物流通道逐步完善，畅联国内国际的物流服务网络更加健全。枢纽经济发展取得成效，建设20个左右国家物流枢纽经济示范区。

——安全绿色发展水平大幅提高。提高重大疫情、自然灾害等紧急情况下物流对经济社会运行的保障能力。冷链物流全流程监测能力大幅增强，生鲜产品冷链流通率显著提升。货物运输结构进一步优化，铁路货运量占比较2020年提高0.5个百分点，集装箱铁水联运量年均增长15%以上，铁路、内河集装箱运输比重和集装箱铁水联运比重大幅上升。面向重点品类的逆向物流体系初步建立，资源集约利用水平明显提升。清洁货运车辆广泛应用，绿色包装应用取得明显成效，物流领域节能减排水平显著提高。

——现代物流发展制度环境更加完善。物流标准规范体系进一步健全，标准化、集装化、单元化物流装载器具和包装基础模数广泛应用。社会物流统计体系、信用体系更加健全，营商环境持续优化，行业协同治理体系不断完善、治理能力显著提升。

展望2035年，现代物流体系更加完善，具有国际竞争力的一流物流企业成长壮大，通达全球的物流服务网络更加健全，对区域协调发展和实体经济高质量发展的支撑引领更加有力，为基本实现社会主义现代化提供坚实保障。

三、精准聚焦现代物流发展重点方向

（一）加快物流枢纽资源整合建设。

深入推进国家物流枢纽建设，补齐内陆地区枢纽设施结构和功能短板，加强业务协同、政策协调、运行协作，加快推动枢纽互联成网。加强国家物流枢纽铁路专用线、联运转运设施建设，有效衔接多种运输方式，强化多式联运组织能力，实现枢纽间干线运输密切对接。依托国家物流枢纽整合区域物流设施资源，引导应急储备、分拨配送等功能设施集中集约布局，支持各类物流中心、配送设施、专业市场等与国家物流枢纽功能对接、联动发展，促进物流要素规模集聚和集成运作。

专栏 1　国家物流枢纽建设工程

优化国家物流枢纽布局，实现东中西部物流枢纽基本均衡分布。发挥国家物流枢纽联盟组织协调作用，建立物流标准衔接、行业动态监测等机制，探索优势互补、资源共享、业务协同合作模式，形成稳定完善的国家物流枢纽合作机制。积极推进国家级示范物流园区数字化、智慧化、绿色化改造。

（二）构建国际国内物流大通道。

依托国家综合立体交通网和主要城市群、沿海沿边口岸城市等，促进国家物流枢纽协同建设和高效联动，构建国内国际紧密衔接、物流要素高效集聚、运作服务规模化的“四横五纵、两沿十廊”物流大通道。“四横五纵”国内物流大通道建设，要畅通串接东中西部的沿黄、陆桥、长江、广昆等物流通道和连接南北方的京沪、京哈－京港澳（台）、二连浩特至北部湾、西部陆海新通道、进出藏等物流通道，提升相关城市群、陆上口岸城市物流综合服务能力和规模化运行效率。加快“两沿十廊”国际物流大通道建设，对接区域全面经济伙伴关系协定（RCEP）等，强化服务共建“一带一路”的多元化国际物流通道辐射能力。

（三）完善现代物流服务体系。

围绕做优服务链条、做强服务功能、做好供应链协同，完善集约高效的现代物流服务体系，支撑现代产业体系升级，推动产业迈向全球价值链中高端。加快运输、仓储、配送、流通加工、包装、装卸等领域数字化改造、智慧化升级和服务创新，补齐农村物流、冷链物流、应急物流、航空物流等专业物流短板，增强专业物流服务能力，推动现代物流向供应链上下游延伸。

（四）延伸物流服务价值链条。

把握物流需求多元化趋势，加强现代物流科技赋能和创新驱动，推进现代物流服务领域拓展和业态模式创新。发挥现代物流串接生产消费作用，与先进制造、现代商贸、现代农业融合共创产业链增值新空间。提高物流网络对经济要素高效流动的支持能力，引导产业集群发展和经济合理布局，推动跨区域资源整合、产业链联动和价值协同创造，发展枢纽经济、通道经济新形态，培育区域经济新增长点。

（五）强化现代物流对社会民生的服务保障。

围绕更好满足城乡居民生活需要，适应扩大内需、消费升级趋势，优化完善商贸、快递物流网络。完善城市特别是超大特大城市物流设施网络，健全分级配送体系，实现干线、支线物流和末端配送有机衔接、一体化运作，加强重点生活物资保障能力。补齐农村物流设施和服务短板，推动快递服务基本实现直投到建制村，支撑扩大优质消费品供给。加快建立覆盖冷链物流全链条的动态监测和追溯体系，保障食品药品消费安全。鼓励发展物流新业态新模式，创造更多就业岗位，保障就业人员权益，促进灵活就业健康发展。

（六）提升现代物流安全应急能力。

统筹发展和安全，强化重大物流基础设施安全和信息安全保护，提升战略物资、应急物流、国际供应链等保障水平，增强经济社会发展韧性。健全大宗商品物流体系。加快构建全球供应链物流服务网络，保持产业链供应链稳定。充分发挥社会物流作用，推动建立以企业为主体的应急物流队伍。

四、加快培育现代物流转型升级新动能

（一）推动物流提质增效降本。

促进全链条降成本。推动解决跨运输方式、跨作业环节瓶颈问

题，打破物流“中梗阻”。依托国家物流枢纽、国家骨干冷链物流基地等重大物流基础设施，提高干线运输规模化水平和支线运输网络化覆盖面，完善末端配送网点布局，扩大低成本、高效率干支仓配一体化物流服务供给。鼓励物流资源共享，整合分散的运输、仓储、配送能力，发展共建船队车队、共享仓储、共同配送、统仓统配等组织模式，提高资源利用效率。推动干支仓配一体化深度融入生产和流通，带动生产布局和流通体系调整优化，减少迂回、空驶等低效无效运输，加快库存周转，减少社会物流保管和管理费用。

推进结构性降成本。加快推进铁路专用线进港区、连园区、接厂区，合理有序推进大宗商品等中长距离运输“公转铁”“公转水”。完善集装箱公铁联运衔接设施，鼓励发展集拼集运、模块化运输、“散改集”等组织模式，发挥铁路干线运输成本低和公路网络灵活优势，培育有竞争力的“门到门”公铁联运服务模式，降低公铁联运全程物流成本。统筹沿海港口综合利用，提升大型港口基础设施服务能力，提高码头现代化专业化规模化水平，加快推进铁水联运衔接场站改造，提高港口铁路专用线集疏网络效能，优化作业流程。完善内河水运网络，统筹江海直达、江海联运发展，发挥近海航线、长江水道、珠江水道等水运效能，稳步推进货物运输“公转水”。推进铁水联运业务单证电子化，促进铁路、港口信息互联，实现铁路现车、装卸车、货物在途、到达预确报以及港口装卸、货物堆存、船舶进出港、船期舱位预定等铁水联运信息交换共享。支持港口、铁路场站加快完善集疏运油气管网，有效对接石化等产业布局，提高管道运输比例。

专栏 2 铁路物流升级改造工程

大力组织班列化货物列车开行，扩大铁路“点对点”直达货运服务规模，在运量较大的物流枢纽、口岸、港口间组织开行技术直达列车，形成“核心节点 + 通道 + 班列”的高效物流组织体系，增强铁路服务稳定性和时效性。有序推动城市中心城区既有铁路货场布局调整，或升级改造转型为物流配送中心。到 2025 年，沿海主要港口、大宗货物年运量 150 万吨以上的大型工矿企业、新建物流园区等的铁路专用线接入比例力争达到 85% 左右，长江干线主要港口全面实现铁路进港。

（二）促进物流业与制造业深度融合。

促进企业协同发展。支持物流企业与制造企业创新供应链协同运营模式，将物流服务深度嵌入制造供应链体系，提供供应链一体化物流解决方案，增强制造企业柔性制造、敏捷制造能力。引导制造企业与物流企业建立互利共赢的长期战略合作关系，共同投资专用物流设施建设和物流器具研发，提高中长期物流合同比例，制定制造业物流服务标准，提升供应链协同效率。鼓励具备条件的制造企业整合对接分散的物流服务能力和资源，实现规模化组织、专业化服务、社会化协同。

推动设施联动发展。加强工业园区、产业集群与国家物流枢纽、物流园区、物流中心等设施布局衔接、联动发展。支持工业园区等新建或改造物流基础设施，吸引第三方物流企业进驻并提供专业化、社会化物流服务。发展生产服务型国家物流枢纽，完善第三方仓储、铁路专用线等物流设施，面向周边制造企业提供集成化供应链物流服务，促进物流供需规模化对接，减少物流设施重复建设和闲置。

支持生态融合发展。统筹推进工业互联网和智慧物流体系同步设计、一体建设、协同运作，加大智能技术装备在制造业物流领域应用，推进关键物流环节和流程智慧化升级。打造制造业物流服务平台，促进制造业供应链上下游企业加强采购、生产、流通等环节信息实时采集、互联共享，实现物流资源共享和过程协同，提高生产制造和物流服务一体化运行水平，形成技术驱动、平台赋能的物流业制造业融合发展新生态。

专栏3　物流业制造业融合创新工程

在重点领域梳理一批物流业制造业深度融合创新发展典型案例，培育一批物流业制造业融合创新模式、代表性企业和知名品牌。鼓励供应链核心企业发起成立物流业制造业深度融合创新发展联盟，开展流程优化、信息共享、技术共创和业务协同等创新。研究制定物流业制造业融合发展行业标准，开展制造企业物流成本核算对标。

（三）强化物流数字化科技赋能。

加快物流数字化转型。利用现代信息技术推动物流要素在线化数据化，开发多样化应用场景，实现物流资源线上线下联动。结合实施“东数西算”工程，引导企业信息系统向云端跃迁，推动“一站式”物流数据中台应用，鼓励平台企业和数字化服务商开发面向中小微企业的云平台、云服务，加强物流大数据采集、分析和应用，提升物流数据价值。培育物流数据要素市场，统筹数据交互和安全需要，完善市场交易规则，促进物流数据安全高效流通。积极参与全球物流领域数字治理，支撑全球贸易和跨境电商发展。研究电子签名和电子合同应用，促进国际物流企业间互认互验，试点铁路国际联运无纸化。

推进物流智慧化改造。深度应用第五代移动通信（5G）、北斗、移动互联网、大数据、人工智能等技术，分类推动物流基础设施改造升级，加快物联网相关设施建设，发展智慧物流枢纽、智慧物流园区、智慧仓储物流基地、智慧港口、数字仓库等新型物流基础设施。鼓励智慧物流技术与模式创新，促进创新成果转化，拓展智慧物流商业化应用场景，促进自动化、无人化、智慧化物流技术装备以及自动感知、自动控制、智慧决策等智慧管理技术应用。加快高端标准仓库、智慧立体仓储设施建设，研发推广面向中小微企业的低成本、模块化、易使用、易维护智慧装备。

促进物流网络化升级。依托重大物流基础设施打造物流信息组织中枢，推动物流设施设备全面联网，实现作业流程透明化、智慧设备全连接，促进物流信息交互联通。推动大型物流企业面向中小微企业提供多样化、数字化服务，稳步发展网络货运、共享物流、无人配送、智慧航运等新业态。鼓励在有条件的城市搭建智慧物流“大脑”，全面链接并促进城市物流资源共享，优化城市物流运行，建设智慧物流网络。推动物流领域基础公共信息数据有序开放，加强物流公共信息服务平台建设，推动企业数据对接，面向物流企业特别是中小微物流企业提供普惠性服务。

专栏 4　数字物流创新提质工程

加强物流公共信息服务平台建设，在确保信息安全的前提下，推动交通运输、公安交管、市场监管等政府部门和铁路、港口、航空等企事业单位向社会开放与物流相关的公共数据，推进公共数据共享。利用现代信息技术搭建数字化、网络化、协同化物流第三方服务平台，推出一批便捷高效、成本经济的云服务平台和数字化解决方案，推广一批先进数字技术装备。推动物流企业“上云用数赋智”，树立一批数字化转型标杆企业。

（四）推动绿色物流发展。

深入推进物流领域节能减排。加强货运车辆适用的充电桩、加氢站及内河船舶适用的岸电设施、液化天然气（LNG）加注站等配套布局建设，加快新能源、符合国六排放标准等货运车辆在现代物流特别是城市配送领域应用，促进新能源叉车在仓储领域应用。继续加大柴油货车污染治理力度，持续推进运输结构调整，提高铁路、水路运输比重。推动物流企业强化绿色节能和低碳管理，推广合同能源管理模式，积极开展节能诊断。加强绿色物流新技术和设备研发应用，推广使用循环包装，减少过度包装和二次包装，促进包装减量化、再利用。加快标准化物流周转箱推广应用，推动托盘循环共用系统建设。

加快健全逆向物流服务体系。探索符合我国国情的逆向物流发展模式，鼓励相关装备设施建设和技术应用，推进标准制定、检测认证等基础工作，培育专业化逆向物流服务企业。支持国家物流枢纽率先开展逆向物流体系建设，针对产品包装、物流器具、汽车以及电商退换货等，建立线上线下融合的逆向物流服务平台和网络，创新服务模式和场景，促进产品回收和资源循环利用。

专栏 5　绿色低碳物流创新工程

依托行业协会等第三方机构，开展绿色物流企业对标贯标达标活动，推广一批节能低碳技术装备，创建一批绿色物流枢纽、绿色物流园区。在运输、仓储、配送等环节积极扩大电力、氢能、天然气、先进生物液体燃料等新能源、清洁能源应用。加快建立天然气、氢能等清洁能源供应和加注体系。

（五）做好供应链战略设计。

提升现代供应链运行效率。推进重点产业供应链体系建设，发挥供应链核心企业组织协同管理优势，搭建供应链协同服务平台，提供集贸易、物流、信息等多样化服务于一体的供应链创新解决方案，打造上下游有效串接、分工协作的联动网络。加强数字化供应链前沿技术、基础软件、先进模式等研究与推广，探索扩大区块链技术应用，提高供应链数字化效率和安全可信水平。规范发展供应链金融，鼓励银行等金融机构在依法合规、风险可控的前提下，加强与供应链核心企业或平台企业合作，丰富创新供应链金融产品供给。

强化现代供应链安全韧性。坚持自主可控、安全高效，加强供应链安全风险监测、预警、防控、应对等能力建设。发挥供应链协同服务平台作用，引导行业、企业间加强供应链安全信息共享和资源协同联动，分散化解潜在风险，增强供应链弹性，确保产业链安全。积极参与供应链安全国际合作，共同防范应对供应链中断风险。

专栏 6　现代供应链体系建设工程

现代供应链创新发展工程。总结供应链创新与应用试点工作经验，开展全国供应链创新与应用示范创建，培育一批示范城市和示范企业，梳理一批供应链创新发展典型案例，推动供应链技术、标准和服务模式创新。

制造业供应链提升工程。健全制造业供应链服务体系，促进生产制造、原材料供应、物流等企业在供应链层面强化战略合作。建立制造业供应链评价体系、重要资源和产品全球供应链风险预警系统。提升制造业供应链智慧化水平，建设以工业互联网为核心的数字化供应链服务体系，深化工业互联网标识解析体系应用。选择一批企业竞争力强、全球化程度高的行业，深入挖掘数字化应用场景，开展制造业供应链数字化创新应用示范工程。

（六）培育发展物流经济。

壮大物流枢纽经济。发挥国家物流枢纽、国家骨干冷链物流基地辐射广、成本低、效率高等优势条件，推动现代物流和相关产业深度融合创新发展，促进区域产业空间布局优化，打造具有区域集聚辐射能力的产业集群，稳妥有序开展国家物流枢纽经济示范区建设。

发展物流通道经济。围绕共建“一带一路”、长江经济带发展等重大战略实施和西部陆海新通道建设，提升“四横五纵、两沿十廊”物流大通道沿线物流基础设施支撑和服务能力，密切通道经济联系，优化通道沿线产业布局与分工合作体系，提高产业组织和要素配置能力。

五、深度挖掘现代物流重点领域潜力

（一）加快国际物流网络化发展。

推进国际通道网络建设。强化国家物流枢纽等的国际物流服务设施建设，完善通关等功能，加强国际、国内物流通道衔接，推动国际物流基础设施互联互通。推动商贸物流型境外经贸合作区建设，优化海外布局，扩大辐射范围。巩固提升中欧班列等国际铁路运输组织水平，推动跨境公路运输发展，加快构建高效畅通的多元化国际物流干线通道。积极推进海外仓建设，加快健全标准体系。鼓励大型物流企业开展境外港口、海外仓、分销网络建设合作和协同共享，完善全球物流服务网络。

补齐国际航空物流短板。依托空港型国家物流枢纽，集聚整合国际航空物流货源，完善配套服务体系，打造一体化运作的航空物流服务平台，提供高品质“一站式”国际航空物流服务。加快培育规模化、专业化、网络化的国际航空物流骨干企业，优化国际航空客运航线客机腹舱运力配置，增强全货机定班国际航线和包机组织能力，逐步形成优质高效的国际航空物流服务体系，扩大国际航空物流网络覆盖范围，建设覆盖重点产业布局的国际货运通道。

培育国际航运竞争优势。加密国际海运航线，打造国际航运枢纽港，提升国际航运服务能力，强化国际中转功能，拓展国际金融、国际贸易等综合服务。加快推进长三角世界级港口群一体化治理体系建设。加强港口与内陆物流枢纽等联动，发展海铁联运、江海联运，扩大港口腹地辐射范围。鼓励港航企业与货主企业、贸易企业加强战略合作，延伸境外末端服务网络。

提高国际物流综合服务能力。优化完善中欧班列开行方案统筹协调和动态调整机制，加快建设中欧班列集结中心，完善海外货物集散网络，推动中欧班列双向均衡运输，提高货源集结与班列运行效率。加快国际航运、航空与中欧班列、西部陆海新通道国际海铁联运班列等协同联动，提升国际旅客列车行包运输能力，开行客车化跨境班列，构建多样化国际物流服务体系。提高重点边境铁路口岸换装和通行能力，推动边境水运口岸综合开发和国际航道物流合作，提升边境公路口岸物流能力。推进跨境物流单证规则、检验检疫、认证认可、通关报关等标准衔接和国际互认合作。

专栏 7　国际物流网络畅通工程

国际物流设施提升工程。培育一批具备区域和国际中转能力的海港、陆港、空港。发挥国家物流枢纽资源整合优势，加快中欧班列集结中心建设，完善物流中转配套能力，加快形成“干支结合、枢纽集散”的高效集疏运体系；开展航空货运枢纽规划布局研究，提升综合性机场货运设施服务能力和服务质量，稳妥有序推进专业性航空货运枢纽机场建设。

西部陆海新通道增量提质工程。发挥西部陆海新通道班列运输协调委员会作用，提升通道物流服务水平。加强通道物流组织模式创新，推动通道沿线物流枢纽与北部湾港口协同联动，促进海铁联运班列提质增效。推动通道海铁联运、国际铁路联运等运输组织方式与中欧班列高效衔接。

（二）补齐农村物流发展短板。

完善农村物流节点网络。围绕巩固拓展脱贫攻坚成果与乡村振兴有效衔接，重点补齐中西部地区、经济欠发达地区和偏远山区等农村物流基础设施短板，切实改善农村流通基础条件。统筹城乡物流发展，推动完善以县级物流节点为核心、乡镇服务网点为骨架、村级末端站点为延伸的县乡村三级物流服务设施体系。推动交通运输与邮政快递融合发展，加快农村物流服务品牌宣传推广，促进交通、邮政、快递、商贸、供销、电商等农村物流资源融合和集约利用，打造一批公用型物流基础设施，建设村级寄递物流综合服务站，完善站点服务功能。推进公益性农产品市场和农产品流通骨干网络建设。

提升农村物流服务效能。围绕农村产业发展和居民消费升级，推进物流与农村一二三产业深度融合，深化电商、快递进村工作，发展共同配送，打造经营规范、集约高效的农村物流服务网络，加快工业品下乡、农产品出村双向物流服务通道升级扩容、提质增效。推动物流服务与规模化种养殖、商贸渠道拓展等互促提升，推动农产品品牌打造和标准化流通，创新物流支持农村特色产业品质化、品牌化发展模式，提升农业产业化水平。

（三）促进商贸物流提档升级。

完善城乡商贸物流设施。优化以综合物流园区、专业配送中心、末端配送网点为支撑的商贸物流设施网络。完善综合物流园区干线接卸、前置仓储、流通加工等功能。结合老旧小区、老旧厂区、老旧街区和城中村改造以及新城新区建设，新建和改造升级一批集运输、仓储、加工、包装、分拨等功能于一体的公共配送中心，支持大型商超、批发市场、沿街商铺、社区商店等完善临时停靠装卸等配套物流设施，推进智能提货柜、智能快件箱、智能信包箱等设施建设。

提升商贸物流质量效率。鼓励物流企业与商贸企业深化合作，优化业务流程，发展共同配送、集中配送、分时配送、夜间配送等集约化配送模式，优化完善前置仓配送、即时配送、网订店取、自助提货等末端配送模式。深化电商与快递物流融合发展，提升线上线下一体服务能力。

（四）提升冷链物流服务水平。

完善冷链物流设施网络。发挥国家物流枢纽、国家骨干冷链物流基地的资源集聚优势，引导商贸流通、农产品加工等企业向枢纽、基地集聚或强化协同衔接。加强产销冷链集配中心建设，提高产地农产品产后集散和商品化处理效率，完善销地城市冷链物流系统。改善机场、港口、铁路场站冷链物流配套条件，健全冷链集疏运网络。加快实施产地保鲜设施建设工程，推进田头小型冷藏保鲜设施等建设，加强产地预冷、仓储保鲜、移动冷库等产地冷链物流设施建设，引导商贸流通企业改善末端冷链设施装备条件，提高城乡冷链设施网络覆盖水平。

提高冷链物流质量效率。大力发展铁路冷链运输和集装箱公铁水联运，对接主要农产品产区和集散地，创新冷链物流干支衔接模式。发展“生鲜电商＋产地直发”等冷链物流新业态新模式。推广蓄冷箱、保温箱等单元化冷链载器具和标准化冷藏车，促进冷链物流信息互联互通，提高冷链物流规模化、标准化水平。依托国家骨干冷链物流基地、产销冷链集配中心等大型冷链物流设施，加强生鲜农产品检验检疫、农兽药残留及防腐剂、保鲜剂、添加剂合规使用等质量监管。研究推广应用冷链道路运输电子运单，加强产品溯源和全程温湿度监控，将源头至终端的冷链物流全链条纳入监管范围，提升冷链物流质量保障水平。健全进口冷链食品检验检疫制度，筑牢疫情外防输入防线。

专栏 8　冷链物流基础设施网络提升工程

国家骨干冷链物流基地建设工程。到 2025 年，面向农产品优势产区、重要集散地和主销区，依托存量冷链物流基础设施群布局建设 100 个左右国家骨干冷链物流基地，整合集聚冷链物流市场供需、存量设施以及农产品流通、生产加工等上下游产业资源，提高冷链物流规模化、集约化、组织化、网络化水平。探索建立以国家骨干冷链物流基地为核心的安全检测、全程冷链追溯系统。

产地保鲜设施建设工程。到 2025 年，在农产品主产区和特色农产品优势产区支持建设一批田头小型冷藏保鲜设施，推动建设一批产地冷链集配中心，培育形成一批一体化运作、品牌化经营、专业化服务的农产品仓储保鲜冷链物流运营主体，初步形成符合我国国情的农产品仓储保鲜冷链物流运行模式，构建稳定、高效、低成本运行的农产品出村进城冷链物流网络。

（五）推进铁路（高铁）快运稳步发展。

完善铁路（高铁）快运网络。结合电商、邮政快递等货物的主要流向、流量，完善铁路（高铁）快运线路和网络。加快推进铁路场站快运服务设施布局和改造升级，强化快速接卸货、集散、分拣、存储、包装、转运和配送等物流功能，建设专业化铁路（高铁）快运物流基地。鼓励电商、邮政快递等企业参与铁路（高铁）快运设施建设和改造，就近或一体布局建设电商快递分拨中心，完善与铁路（高铁）快运高效衔接的快递物流服务网络。

创新高铁快运服务。适应多样化物流需求，发展多种形式的高铁快运。在具备条件的高铁场站间发展“点对点”高铁快运班列服务。

依托现有铁路物流平台，构建业务受理、跟踪查询、结算办理等“一站式”高铁快运服务平台，推动高铁快运与电商、快递物流企业信息对接。

（六）提高专业物流质量效率。

完善大宗商品物流体系。优化粮食、能源、矿产等大宗商品物流服务，提升沿海、内河水运通道大宗商品物流能力，扩大铁路货运班列、“点对点”货运列车、大宗货物直达列车开行范围，发展铁路散粮运输、棉花集装箱运输、能源和矿产重载运输。有序推进油气干线管道建设，持续完善支线管道，打通管网瓶颈和堵点，提高干支管网互联互通水平。依托具备条件的国家物流枢纽发展现代化大宗商品物流中心，增强储备、中转、通关等功能，推进大宗商品物流数字化转型，探索发展电子仓单、提单，构建衔接生产流通、串联物流贸易的大宗商品供应链服务平台。

安全有序发展特种物流。提升现代物流对大型装备制造、大型工程项目建设的配套服务能力，加强大件物流跨区域通道线路设计，推动形成多种运输方式协调发展的大件物流综合网络。发展危化品罐箱多式联运，提高安全服务水平，推动危化品物流向专业化定制、高品质服务和全程供应链服务转型升级。推动危化品物流全程监测、线上监管、实时查询，提高异常预警和应急响应处置能力。完善医药物流社会化服务体系，培育壮大第三方医药物流企业。鼓励覆盖生产、流通、消费的医药供应链平台建设，健全全流程监测追溯体系，确保医药产品物流安全。

（七）提升应急物流发展水平。

完善应急物流设施布局。整合优化存量应急物资储备、转运设施，推动既有物流设施嵌入应急功能，在重大物流基础设施规划布局、设计建造阶段充分考虑平急两用需要，完善应急物流设施网络。

统筹加强抗震、森林草原防灭火、防汛抗旱救灾、医疗救治等各类应急物资储备设施和应急物流设施在布局、功能、运行等方面相互匹配、有机衔接，提高紧急调运能力。

提升应急物流组织水平。统筹应急物流力量建设与管理，建立专业化应急物流企业库和人员队伍，健全平急转换和经济补偿机制。充分利用市场资源，完善应急物流干线运输和区域配送体系，提升跨区域大规模物资调运组织水平，形成应对各类突发事件的应急物流保障能力。

健全物流保通保畅机制。充分发挥区域统筹协调机制作用，鼓励地方建立跨区域、跨部门的应对疫情物流保通保畅工作机制，完善决策报批流程和信息发布机制，不得擅自阻断或关闭高速公路、普通公路、航道船闸等通道，不得擅自关停高速公路服务区、港口码头、铁路车站和航空机场，严禁采取全城24小时禁止货车通行的限制措施，不得层层加码实施“一刀切”管控措施；加快完善物流通道和物流枢纽、冷链基地、物流园区、边境口岸等环节的检验检疫、疫情阻断管理机制和分类分级应对操作规范，在发生重大公共卫生事件时有效阻断疫情扩散、确保物流通道畅通，保障防疫物资、生活物资以及工业原材料、农业生产资料等供应，维护正常生产生活秩序和产业链供应链安全。

专栏9　应急物流保障工程

研究完善应急物流转运等设施和服务标准，对具备条件的铁路场站、公路港、机场和港口进行改造提升，建设平急两用的应急物资运输中转站。完善应急物流信息联通标准，强化各部门、各地区、各层级间信息共享，提高应对突发事件物流保障、组织指挥、辅助决策和社会动员能力。

六、强化现代物流发展支撑体系

（一）培育充满活力的物流市场主体。

提升物流企业市场竞争力。鼓励物流企业通过兼并重组、联盟合作等方式进行资源优化整合，培育一批具有国际竞争力的现代物流企业，提升一体化供应链综合服务能力。引导中小微物流企业发掘细分市场需求，做精做专、创新服务，增强专业化市场竞争力，提高规范化运作水平。完善物流服务质量评价机制，支持企业塑造物流服务品牌。深化物流领域国有企业改革，盘活国有企业存量物流资产，支持国有资本参与物流大通道建设。鼓励民营物流企业做精做大做强，加快中小微企业资源整合，培育核心竞争力。

规范物流市场运行秩序。统筹推进物流领域市场监管、质量监管、安全监管和金融监管，实现事前事中事后全链条全领域监管，不断提高监管效能。加大物流领域反垄断和反不正当竞争执法力度，深入推进公平竞争政策实施。有序放宽市场准入，完善市场退出机制，有效引导过剩物流能力退出，扩大优质物流服务供给。引导公路运输企业集约化、规模化经营，提升公路货物运输组织效率。

专栏 10　现代物流企业竞争力培育工程

支持具备条件的物流企业加强软硬件建设，壮大发展成为具有较强国际竞争力的现代物流领军企业，参与和主导全球物流体系建设和供应链布局。支持和鼓励中小微物流企业专业化、精益化、品质化发展，形成一批“专、精、特、新”现代物流企业。

（二）强化基础标准和制度支撑。

健全物流统计监测体系。研究建立物流统计分类标准，加强社会物流统计和重点物流企业统计监测，开展企业物流成本统计调查试点。研究制定反映现代物流重点领域、关键环节高质量发展的监测指标体系，科学系统反映现代物流发展质量效率，为政府宏观调控和企业经营决策提供参考依据。

健全现代物流标准体系。强化物流领域国家标准和行业标准规范指导作用，鼓励高起点制定团体标准和企业标准，推动国际国内物流标准接轨，加大已发布物流标准宣传贯彻力度。推动基础通用和产业共性的物流技术标准优化升级，以标准提升促进物流科技成果转化。建立政府推动、行业协会和企业等共同参与的物流标准实施推广机制。建立物流标准实施评价体系，培育物流领域企业标准"领跑者"，发挥示范带动作用。

加强现代物流信用体系建设。加强物流企业信用信息归集共享，通过"信用中国"网站和国家企业信用信息公示系统依法向社会公开。建立健全跨部门、跨区域信用信息共享机制，建立以信用为基础的企业分类监管制度，完善物流行业经营主体和从业人员守信联合激励和失信联合惩戒机制。依法依规建立物流企业诚信记录和严重失信主体名单制度，提高违法失信成本。

加强物流安全体系建设。完善物流安全管理制度，加强对物流企业的监督管理和日常安全抽查，推动企业严格落实安全生产主体责任。提高物流企业承运物品、客户身份等信息登记规范化水平，加强运输物品信息共享和安全查验部门联动，实现物流活动全程跟踪，确保货物来源可追溯、责任能倒查。提高运输车辆安全性能和从业人员安全素质，规范车辆运输装载，提升运输安全水平。落实网络安全等级保护制度，提升物流相关信息系统的安全防护能力。

专栏 11 物流标准化推进工程

研究制定现代物流标准化发展规划，完善现代物流标准体系。加强多式联运、应急物流、逆向物流、绿色物流等短板领域标准研究与制订。制修订一批行业急需的物流信息资源分类与编码、物流单证、智慧物流标签标准，以及企业间物流信息采集、信息交互标准和物流公共信息服务平台应用开发、通用接口、数据传输等标准。完善包装、托盘、周转箱等标准，加强以标准托盘为基础的单元化物流系统系列标准制修订，加快运输工具、载运装备、设施体系等标准对接和系统运作，提高全社会物流运行效率。推动完善货物运输、物流园区与冷链、大件、药品和医疗器械、危化品等物流标准规范。推进危险货物在铁路、公路、水路等运输环节标准衔接。加快制定智慧物流、供应链服务、电商快递、即时配送、城乡物流配送等新兴领域标准。推进面向数字化与智慧化需求的物流装备设施标准制修订。积极参与国际物流标准制修订。

（三）打造创新实用的科技与人才体系。

强化物流科技创新支撑。依托国家企业技术中心、高等院校、科研院所等开展物流重大基础研究和示范应用，推动设立一批物流技术创新平台。建立以企业为主体的协同创新机制，鼓励企业与高等院校、科研院所联合设立产学研结合的物流科创中心，开展创新技术集中攻关、先进模式示范推广，建立成果转化工作机制。鼓励物流领域研究开发、创业孵化、技术转移、检验检测认证、科技咨询等创新服务机构发展，提升专业化服务能力。

建设物流专业人才队伍。发挥物流企业用人主体作用，加强人才梯队建设，完善人才培养、使用、评价和激励机制。加强高等院校物流学科专业建设，提高专业设置的针对性，培育复合型高端物流人才。加快物流现代职业教育体系建设，支持职业院校（含技工院校）开设物流相关专业。加强校企合作，创新产教融合人才培养模式，培育一批有影响力的产教融合型企业，支持企业按规定提取和使用职工教育经费，开展大规模多层次职业技能培训，促进现代物流专业技术人员能力提升。指导推动物流领域用人单位和社会培训评价组织开展职业技能等级认定，积极开展物流领域相关职业技能竞赛。实现学历教育与培训并举衔接，进一步推动物流领域“1+X”证书制度和“学分银行”建设。对接国际专业认证体系，提高国际化物流人才培养水平，加大海外高端人才引进力度。实施新一轮专业技术人才知识更新工程和职业技能提升行动，推进物流领域工程技术人才职称评审，逐步壮大高水平工程师和高技能人才队伍。

七、实施保障

（一）优化营商环境。

深化“放管服”改革，按规定放宽物流领域相关市场准入，消除各类地方保护和隐性壁垒。依托全国一体化政务服务平台，推动物流领域资质证照电子化，支持地方开展“一照多址”改革，促进物流企业网络化布局，实现企业注册、审批、变更、注销等“一网通办”，允许物流领域（不含快递）企业分支机构证照异地备案和异地审验。推动物流领域（不含快递）资质许可向资质备案和告知承诺转变。完善物流发展相关立法，推动健全物流业法律法规体系和法治监督体系。开展现代物流促进法等综合性法律立法研究和准备工作。严格依法行政依法监管，统一物流监管执法标准和处罚清单。推动跨部门、跨区域、跨层级政务信息开放共享，避免多头管理和重复监管。大力推动货车非法改装治理，研究制定非标准货运车辆治理工作方案。依托国际贸易“单一窗口”创新“通关＋物流”服务，提高口岸智慧管理和服务水平。推动部门间物流安检互认、数据互通共享，减少不必要的重复安检。支持航空公司壮大货运机队规模，进一步简化货机引进程序和管理办法，优化工作流程，鼓励航空物流企业“走出去”。

（二）创新体制机制。

完善全国现代物流工作部际联席会议制度，强化跨部门、跨区域政策协同，着力推动降低物流成本等重点工作。深化铁路货运市场化改革，推进投融资、运输组织、科技创新等体制机制改革，吸引社会资本进入，推动铁路货运市场主体多元化和服务创新发展，促进运输市场公平有序竞争。鼓励铁路企业与港口、社会物流企业等交叉持股，拓展战略合作联盟。

（三）强化政策支持。

保障重大项目用地用海。依据国土空间规划，落实《国土空间调查、规划、用途管制用地用海分类指南（试行）》要求，完善物流设施专项规划，重点保障国家物流枢纽等重大物流基础设施和港航设施等的合理用地用海需求，确保物流用地规模、土地性质和空间位置长期稳定。创新物流用地模式，推动物流枢纽用地统一规划和科学布局，提升土地空间集约节约利用水平，支持物流仓储用地以长期租赁或先租后让、租让结合的方式供应。鼓励地方政府盘活存量土地和闲置土地资源用于物流设施建设。支持物流企业利用自有土地进行物流基础设施升级改造。支持依法合规利用铁路划拨用地、集体建设用地建设物流基础设施。

巩固减税降费成果。落实深化税收征管制度改革有关部署，推进现代物流领域发票电子化。按规定落实物流企业大宗商品仓储设施用地城镇土地使用税减半征收、购置挂车车辆购置税减半征收等税收优惠政策。严格落实已出台的物流简政降费政策，严格执行收费目录清单和公示制度，严禁违规收费，坚决治理乱收费、乱罚款、乱摊派，依法治理“只收费、不服务”的行为。清理规范铁路、港口、机场等收费，对主要海运口岸、机场地面服务收费开展专项调查，增强铁路货运收费透明度。对货运车辆定位信息及相关服务商开展典型成本调查，及时调整过高收费标准。

加大金融支持力度。鼓励符合条件的社会资本按市场化方式发起成立物流产业相关投资基金。发挥各类金融机构作用，按照市场化、法治化原则，加大对骨干物流企业和中小物流企业的信贷支持力度，拓宽企业兼并重组融资渠道，引导资金流向创新型物流企业。在仓储物流行业稳妥推进基础设施领域不动产投资信托基金（REITs）试点。鼓励保险公司开发农产品仓储保鲜冷链物流保险，提升鲜活农产品经营和质量安全风险保障水平。

（四）深化国际合作。

推动建立国际物流通道沿线国家协作机制，加强便利化运输、智慧海关、智能边境、智享联通等方面合作。持续推动中欧班列“关铁通”项目在有合作意愿国家落地实施。逐步建立适应国际铁路联运特点的陆路贸易规则体系，推动完善配套法律法规，加强与国内外银行、保险等金融机构合作，探索使用铁路运输单证开展贸易融资。

（五）加强组织实施。

国家发展改革委要会同国务院有关部门加强行业综合协调和宏观调控，协调解决本规划实施中存在的问题，确保规划落地见效。建立现代物流发展专家咨询委员会，加强对重大问题的调查研究和政策咨询，指导规划任务科学推进。推动行业协会深度参与行业治理，发挥社会监督职能，加强行业自律和规范发展，助力规划落地实施。

关于促进服务业领域困难行业恢复发展的若干政策

（发改财金〔2022〕271 号文件发布）

按照党中央、国务院决策部署，为帮助服务业领域困难行业渡过难关、恢复发展，在落实好已经出台政策措施的基础上，经国务院同意，现提出以下助企纾困扶持政策措施。

一、服务业普惠性纾困扶持措施

1. 延续服务业增值税加计抵减政策，2022 年对生产、生活性服务业纳税人当期可抵扣进项税额继续分别按 10% 和 15% 加计抵减应纳税额。

2. 2022 年扩大“六税两费”适用范围，将省级人民政府在 50% 税额幅度内减征资源税、城市维护建设税、房产税、城镇土地使用税、印花税（不含证券交易印花税）、耕地占用税和教育费附加、地方教育附加等“六税两费”的适用主体，由增值税小规模纳税人扩展至小型微利企业和个体工商户。符合条件的服务业市场主体可以享受。

3. 鼓励各地可根据条例授权和本地实际，2022 年对缴纳房产税、城镇土地使用税确有困难的纳税人给予减免。符合条件的服务业市场主体可以享受。

4. 2022 年加大中小微企业设备器具税前扣除力度。中小微企业 2022 年度内新购置的单位价值 500 万元以上的设备器具，折旧年限为 3 年的可选择一次性税前扣除，折旧年限为 4 年、5 年、10 年的可减半扣除。企业可按季度享受优惠，当年不足扣除形成的亏损，可在以后 5 个纳税年度结转扣除。符合条件的服务业市场主体可以享受。

5. 2022年延续实施阶段性降低失业保险、工伤保险费率政策。对不裁员、少裁员的企业继续实施普惠性失业保险稳岗返还政策，在2022年度将中小微企业返还比例从60%最高提至90%。符合条件的服务业市场主体可以享受。

6. 2022年被列为疫情中高风险地区所在的县级行政区域内的服务业小微企业和个体工商户承租国有房屋，2022年减免6个月租金，其他地区减免3个月租金。各地可统筹各类资金，对承租非国有房屋的服务业小微企业和个体工商户给予适当帮扶。鼓励非国有房屋租赁主体在平等协商的基础上合理分担疫情带来的损失。对减免租金的房屋业主，2022年缴纳房产税、城镇土地使用税确有困难的，鼓励各地可根据条例授权和地方实际给予减免。因减免租金影响国有企事业单位业绩的，在考核中根据实际情况予以认可。

7. 2022年引导银行用好2021年两次降低存款准备金率释放的2.2万亿元资金，发挥好货币政策工具的总量和结构双重功能，优先支持困难行业特别是服务业小微企业和民营企业。

8. 2022年发挥好支持普惠小微的市场化工具引导作用，对地方法人银行普惠小微贷款余额增量的1%提供激励资金，用好4000亿元再贷款滚动额度，引导金融机构加大对困难行业特别是服务业领域的倾斜力度。鼓励金融机构对符合续贷条件的服务业市场主体按正常续贷业务办理，不得盲目惜贷、抽贷、断贷、压贷，保持合理流动性。

9. 2022年继续推动金融系统减费让利，落实好贷款市场报价利率（LPR）下行、支农支小再贷款利率下调，推动实际贷款利率在前期大幅降低基础上继续下行，督促指导降低银行账户服务收费、人民币转账汇款手续费、银行卡刷卡手续费，减轻服务业小微企业和个体工商户经营成本压力。

10. 采取切实有效措施制止乱收费、乱摊派、乱罚款行为，研究实施专项整治行动方案，完善整治涉企乱收费协同治理和联合惩戒机制，防止对服务业的各项助企纾困政策效果被“三乱”抵消。鼓励服务业行业采取多种手段开展促销活动。

二、餐饮业纾困扶持措施

11. 鼓励有条件的地方对餐饮企业免费开展员工定期核酸检测，对企业防疫、消杀支出给予补贴支持。2022 年原则上应给予餐饮企业员工定期核酸检测不低于 50% 比例的补贴支持。

12. 引导外卖等互联网平台企业进一步下调餐饮业商户服务费标准，降低相关餐饮企业经营成本。引导互联网平台企业对疫情中高风险地区所在的县级行政区域内的餐饮企业，给予阶段性商户服务费优惠。

13. 允许失业保险、工伤保险基金结余较多的省份对餐饮企业阶段性实施缓缴失业保险、工伤保险费政策，具体办法由省级人民政府确定。符合条件的餐饮企业提出申请，经参保地人民政府批准可以缓缴，期限不超过一年，缓缴期间免收滞纳金。

14. 引导金融机构加强与餐饮行业主管部门信息共享，运用中小微企业和个体工商户的交易流水、经营用房租赁以及有关部门掌握的信用信息等数据，提升风险定价能力，更多发放信用贷款。鼓励符合条件的餐饮企业发行公司信用类债券，拓宽餐饮企业多元化融资渠道。

15. 鼓励政府性融资担保机构为符合条件的餐饮业中小微企业提供融资增信支持，依法依约及时履行代偿责任，积极帮助受疫情影响企业续保续贷。支持有条件的地方向政府性融资担保机构注资、提供融资担保费用补贴。

16. 鼓励保险机构优化产品和服务，扩大因疫情导致餐饮企业营业中断损失保险的覆盖面，提升理赔效率，提高对餐饮企业的保障程度。鼓励有条件的地方给予保费补贴。

17. 鼓励餐饮企业为老年人提供助餐服务，地方结合实际因地制宜对老年人助餐服务给予适当支持。不得强制餐饮企业给予配套优惠措施。

三、零售业纾困扶持措施

18. 鼓励有条件的地方对零售企业免费开展员工定期核酸检测，对企业防疫、消杀支出给予补贴支持。2022 年原则上应给予零售企业员工定期核酸检测不低于 50% 比例的补贴支持。

19. 中央财政通过服务业发展资金，支持开展县域商业体系建设。加强政策支持，发挥市场机制作用，推动“一个上行（农产品上行）”和“三个下沉（供应链下沉、物流配送下沉、商品和服务下沉）”。

20. 中央财政继续通过服务业发展资金，支持 10 个省（自治区、直辖市）进一步加强农产品供应链体系建设，完善农产品流通骨干网络等。

21. 允许失业保险、工伤保险基金结余较多的省份对零售企业阶段性实施缓缴失业保险、工伤保险费政策，具体办法由省级人民政府确定。符合条件的零售企业提出申请，经参保地人民政府批准可以缓缴，期限不超过一年，缓缴期间免收滞纳金。

22. 对于各地商务主管部门推荐的应急保供、重点培育、便民生活圈建设等名单企业，鼓励银行业金融机构加大信贷支持，适当降低贷款利率，鼓励有条件的地方给予贷款贴息。引导金融机构加强与零售行业主管部门信息共享，运用中小微企业和个体工商户的交易流水、经营用房租赁以及有关部门掌握的信用信息等数据，提升风险定价能力，更多发放信用贷款。鼓励符合条件的零售企业发行公司信用类债券，拓宽零售企业多元化融资渠道。

23. 鼓励政府性融资担保机构为符合条件的零售业中小微企业提供融资增信支持，依法依约及时履行代偿责任，积极帮助受疫情影响企业续保续贷。支持有条件的地方向政府性融资担保机构注资、提供融资担保费用补贴。

四、旅游业纾困扶持措施

24. 2022 年继续实施旅行社暂退旅游服务质量保证金扶持政策，对符合条件的旅行社维持 80% 的暂退比例，鼓励有条件的地方进一步提高暂退比例。同时，加快推进保险代替保证金试点工作，扩大保险代替保证金试点范围。

25. 允许失业保险、工伤保险基金结余较多的省份对旅游企业阶段性实施缓缴失业保险、工伤保险费政策，具体办法由省级人民政府确定。符合条件的旅游企业提出申请，经参保地人民政府批准可以缓缴，期限不超过一年，缓缴期间免收滞纳金。

26. 加强银企合作，建立健全重点旅游企业项目融资需求库，引导金融机构对符合条件的、预期发展前景较好的 A 级旅游景区、旅游度假区、乡村旅游经营单位、星级酒店、旅行社等重点文化和旅游市场主体加大信贷投入，适当提高贷款额度。

27. 政府采购住宿、会议、餐饮等服务项目时，严格执行经费支出额度规定，不得以星级、所有制等为门槛限制相关企业参与政府采购。

28. 鼓励机关企事业单位将符合规定举办的工会活动、会展活动等的方案制定、组织协调等交由旅行社承接，明确服务内容、服务标准等细化要求，加强资金使用管理，合理确定预付款比例，并按照合同约定及时向旅行社支付资金。

29. 鼓励银行业金融机构合理增加旅游业有效信贷供给。建立重点企业融资风险防控机制。引导金融机构合理降低新发放贷款利率，对受疫情影响生产经营困难的旅游企业主动让利。鼓励符合条件的旅游企业发行公司信用类债券，拓宽旅游企业多元化融资渠道。

30. 对符合条件的、预期发展良好的旅行社、旅游演艺等领域中小微企业加大普惠金融支持力度。发挥文化和旅游金融服务中心的积极作用，建立中小微旅游企业融资需求库。鼓励银行业金融机构对旅游相关初创企业、中小微企业和主题民宿等个体工商户分类予以小额贷款支持。

五、公路水路铁路运输业纾困扶持措施

31. 2022 年暂停铁路运输企业预缴增值税一年。

32. 2022 年免征轮客渡、公交客运、地铁、城市轻轨、出租车、长途客运、班车等公共交通运输服务增值税。

33. 2022 年中央财政对符合要求的新能源公交车，继续按照既定标准给予购置补贴，且退坡幅度低于非公共领域购置车辆。

34. 2022 年中央财政进一步加大车辆购置税收入补助地方资金力度，支持公路、水运和综合货运枢纽、集疏运体系建设等。

35. 鼓励有条件的地方根据实际需要统筹安排资金，用于存在困难的新能源出租车、城市公交运营等支出。

36. 加强信息共享，发挥动态监控数据作用，引导金融机构创新符合道路水路运输企业特点的动产质押类贷款产品，盘活车辆、船舶等资产。鼓励金融机构按市场化原则对信用等级较高、承担疫情防控和应急运输任务较重的交通运输企业加大融资支持力度，相关

主管部门提供企业清单供金融机构参考。鼓励符合条件的交通运输企业发行公司信用类债券，拓宽交通运输企业多元化融资渠道。

六、民航业纾困扶持措施

37. 2022 年暂停航空运输企业预缴增值税一年。

38. 地方可根据实际需要，统筹中央对地方转移支付以及地方自有财力，支持航空公司和机场做好疫情防控。

39. 统筹资源加大对民航基础设施建设资金支持力度。中央财政继续通过民航发展基金对符合条件的航空航线、安全能力建设等予以补贴。继续通过民航发展基金等对符合条件的中小机场和直属机场运营、安全能力建设等予以补贴，对民航基础设施贷款予以贴息，对机场和空管等项目建设予以投资补助。鼓励地方财政对相关项目建设予以支持。

40. 研究协调推动中国航空油料集团有限公司与上游企业协商取消航空煤油价格中包含的海上运保费（2 美元 / 桶）、港口费（50 元 / 吨）等费用。

41. 鼓励银行业金融机构加大对枢纽机场的信贷支持力度。鼓励符合条件的航空公司发行公司信用类债券，拓宽航空公司多元化融资渠道。对受疫情影响严重的航空公司和民航机场注册发行债务融资工具建立绿色通道。

七、精准实施疫情防控措施

42. 认真落实严格、科学、精准的疫情防控措施，坚决防止和避免“放松防控”和“过度防控”两种倾向，有效恢复和保持服务业发展正常秩序。一是建立精准监测机制，运用大数据手段建立餐厅、商超、景点、机场、港口、冷链运输等服务业重点区域、重点行业从业人员库，落实重点人员和高风险岗位人员核酸检测频次，做到应检尽检。二是提升精准识别能力，确保疫情在服务业场所发生时全力以赴抓好流调“黄金 24 小时”。三是强化精准管控隔离，科学精准定位服务业重点、高危人群，对密切接触者和密接的密接进行集中隔离医学观察，对其他人员按照相关规定进行分类管理。四是推广精准防护理念，餐饮、零售、旅游、交通客运、民航等行业和相关服务场所工作人员做到疫苗应接尽接，建立工作人员每日健康监测登记制度，增强从业人员和公众疫情防控意识。

43. 严格落实国务院联防联控机制综合组防疫政策“五个不得”的要求，即不得禁止低风险地区人员返乡；不得随意扩大中高风险地区范围；不得随意将限制出行范围由中、高风险地区及所在区（县）扩大到所在地市；不得擅自对低风险地区人员采取集中隔离管控、劝返等措施；不得随意延长集中隔离观察期限。在此基础上，进一步对服务业行业提出精准防疫要求。一是不得突破疫情防控相应规定进行封城、封区，不得非必要、不报批中断公共交通。二是不得非经流调、无政策依据对餐厅、商超、景区景点、电影院及相关服务业场所等实施关停措施、延长关停时间。三是不得在国务院联防联控机制政策要求基础上擅自增加对服务业的疫情防控措施。确有必要采取封城封区、中断交通等措施或在现行基础上加强疫情防控力度的，须报经国务院联防联控机制同意后实施。各省级人民政府要统筹本地区疫情防控措施总体要求，针对服务业行业特点，建立疫情防控措施层层加码问题反映、核实、纠正专项工作机制。

八、保障措施

发展改革委要切实发挥牵头作用，加强统筹协调，做好形势分析，加大协调推动有关政策的出台、执行落实工作力度，强化储备政策研究；国务院各有关部门要各司其责、加强配合，加大政策宣传贯彻力度，抓紧出台具体政策实施办法，及时跟进解读已出台政策措施，及时协调解决政策落实过程中的难点、堵点问题，及时回应社会诉求和关切。

各地区要结合实际情况和服务业领域困难行业特点，把握好政策时度效，抓好政策宣传贯彻落实，及时跟踪研判相关困难行业企业恢复情况，出台有针对性的专项配套支持政策，确保政策有效传导至市场主体，支持企业纾困发展。

各有关行业协会要充分发挥联系企业的桥梁和纽带作用，指导帮助企业用足用好相关纾困扶持措施，加强调查研究，及时了解和反馈行业发展动态、难点问题、企业诉求和政策落实情况。

“十四五”国家应急体系规划

（国发〔2021〕36 号文件发布）

为全面贯彻落实习近平总书记关于应急管理工作的一系列重要指示和党中央、国务院决策部署，扎实做好安全生产、防灾减灾救灾等工作，积极推进应急管理体系和能力现代化，根据《中华人民共和国国民经济和社会发展第十四个五年规划和 2035 年远景目标纲要》，制定本规划。

一、规划背景

（一）“十三五”时期取得的工作进展。

“十三五”时期，各地区、各有关部门以习近平新时代中国特色社会主义思想为指导，认真贯彻落实党中央、国务院决策部署，推动应急管理事业改革发展取得重大进展，防范化解重大安全风险能力明显提升，各项目标任务如期实现。

应急管理体系不断健全。改革完善应急管理体制，组建应急管理部，强化了应急工作的综合管理、全过程管理和力量资源的优化管理，增强了应急管理工作的系统性、整体性、协同性，初步形成统一指挥、专常兼备、反应灵敏、上下联动的中国特色应急管理体制。深化应急管理综合行政执法改革，组建国家矿山安全监察局，加强危险化学品安全监管力量。建立完善风险联合会商研判机制、防范救援救灾一体化机制、救援队伍预置机制、扁平化指挥机制等，推动制修订一批应急管理法律法规和应急预案，全灾种、大应急工作格局基本形成。

应急救援效能显著提升。稳步推进公安消防部队、武警森林部队转制，组建国家综合性消防救援队伍，支持各类救援队伍发展，加快构建以国家综合性消防救援队伍为主力、专业救援队伍为协同、军队应急力量为突击、社会力量为辅助的中国特色应急救援力量体系。对标全灾种、大应急任务需要，加大先进、特种、专用救援装备配备力度，基本建成中央、省、市、县、乡五级救灾物资储备体系，完善全国统一报灾系统，加强监测预警、应急通信、紧急运输等保障能力建设，灾害事故综合应急能力大幅提高，成功应对了多次重特大事故灾害，经受住了一系列严峻考验。

安全生产水平稳步提高。不断强化党政同责、一岗双责、齐抓共管、失职追责的安全生产责任制，严格省级人民政府安全生产和消防工作考核，开展国务院安全生产委员会成员单位年度安全生产工作考核，完善激励约束机制。持续开展以危险化学品、矿山、消防、交通运输、城市建设、工业园区、危险废物等为重点的安全生产专项整治。逐步建立安全风险分级管控和隐患排查治理双重预防工作机制，科技强安专项行动初见成效。按可比口径计算，2020 年全国各类事故、较大事故和重特大事故起数比 2015 年分别下降 43.3%、36.1% 和 57.9%，死亡人数分别下降 38.8%、37.3% 和 65.9%。

防灾减灾能力明显增强。建立自然灾害防治工作部际联席会议制度，实施自然灾害防治九项重点工程，启动第一次全国自然灾害综合风险普查，推进大江大河和中小河流治理，实施全国地质灾害防治、山洪灾害防治、重点火险区综合治理、平安公路建设、农村危房改造、地震易发区房屋加固等一批重点工程，城乡灾害设防水平和综合防灾减灾能力明显提升。与“十二五”时期相比，“十三五”期间全国自然灾害因灾死亡失踪人数、倒塌房屋数量和直接经济损失占国内生产总值比重分别下降 37.6%、70.8% 和 38.9%。

（二）面临的形势。

“十四五”时期，我国发展仍然处于重要战略机遇期。以习近平同志为核心的党中央着眼党和国家事业发展全局，坚持以人民为中心的发展思想，统筹发展和安全两件大事，把安全摆到了前所未有的高度，对全面提高公共安全保障能力、提高安全生产水平、完善国家应急管理体系等作出全面部署，为解决长期以来应急管理工作存在的突出问题、推进应急管理体系和能力现代化提供了重大机遇。但同时也要看到，我国是世界上自然灾害最为严重的国家之一，灾害种类多、分布地域广、发生频率高、造成损失重，安全生产仍处于爬坡过坎期，各类安全风险隐患交织叠加，生产安全事故仍然易发多发。

风险隐患仍然突出。我国安全生产基础薄弱的现状短期内难以根本改变，危险化学品、矿山、交通运输、建筑施工等传统高危行业和消防领域安全风险隐患仍然突出，各种公共服务设施、超大规模城市综合体、人员密集场所、高层建筑、地下空间、地下管网等大量建设，导致城市内涝、火灾、燃气泄漏爆炸、拥挤踩踏等安全风险隐患日益凸显，重特大事故在地区和行业间呈现波动反弹态势。随着全球气候变暖，我国自然灾害风险进一步加剧，极端天气趋强趋重趋频，台风登陆更加频繁、强度更大，降水分布不均衡、气温异常变化等因素导致发生洪涝、干旱、高温热浪、低温雨雪冰冻、森林草原火灾的可能性增大，重特大地震灾害风险形势严峻复杂，灾害的突发性和异常性愈发明显。

防控难度不断加大。随着工业化、城镇化持续推进，我国中心城市、城市群迅猛发展，人口、生产要素更加集聚，产业链、供应链、价值链日趋复杂，生产生活空间高度关联，各类承灾体暴露度、集中度、脆弱性大幅增加。新能源、新工艺、新材料广泛应用，新产业、新业态、新模式大量涌现，引发新问题，形成新隐患，一些“想不到、管得少”的领域风险逐渐凸显。同时，灾害事故发生的隐蔽性、复杂性、耦合性进一步增加，重特大灾害事故往往引发一系列次生、衍生灾害事故和生态环境破坏，形成复杂多样的灾害链、事故链，进一步增加风险防控和应急处置的复杂性及难度。全球化、信息化、网络化的快速发展，也使灾害事故影响的广度和深度持续增加。

应急管理基础薄弱。应急管理体制改革还处于深化过程中，一些地方改革还处于磨合期，亟待构建优化协同高效的格局。防汛抗旱、抗震救灾、森林草原防灭火、综合减灾等工作机制还需进一步完善，安全生产综合监管和行业监管职责需要进一步理顺。应急救援力量不足特别是国家综合性消防救援队伍力量短缺问题突出，应急管理专业人才培养滞后，专业队伍、社会力量建设有待加强。科技信息化水平总体较低，风险隐患早期感知、早期识别、早期预警、早期发布能力欠缺，应急物资、应急通信、指挥平台、装备配备、紧急运输、远程投送等保障尚不完善。基层应急能力薄弱，公众风险防范意识、自救互救能力不足等问题比较突出，应急管理体系和能力与国家治理体系和治理能力现代化的要求存在很大差距。

二、总体要求

（一）指导思想。

以习近平新时代中国特色社会主义思想为指导，全面贯彻落实党的十九大和十九届历次全会精神，增强“四个意识”、坚定“四个自信”、做到“两个维护”，坚持系统观念，统筹推进“五位一体”总体布局，协调推进“四个全面”战略布局，坚定不移贯彻新发展理念，坚持稳中求进工作总基调，坚持人民至上、生命至上，坚持总体国家安全观，更好统筹发展和安全，以推动高质量发展为主题，以防范化解重大安全风险为主线，深入推进应急管理体系和能力现代化，坚决遏制重特大事故，最大限度降低灾害事故损失，全力保护人民群众生命财产安全和维护社会稳定，为建设更高水平的平安中国和全面建设社会主义现代化强国提供坚实安全保障。

（二）基本原则。

坚持党的领导。加强党对应急管理工作的集中统一领导，全面贯彻党的基本理论、基本路线、基本方略，把党的政治优势、组织优势、密切联系群众优势和社会主义集中力量办大事的制度优势转化为应急管理事业发展的强大动力和坚强保障。

坚持以人为本。坚持以人民为中心的发展思想，始终做到发展为了人民、发展依靠人民、发展成果由人民共享，始终把保护人民群众生命财产安全和身体健康放在第一位，全面提升国民安全素质和应急意识，促进人与自然和谐共生。

坚持预防为主。健全风险防范化解机制，做到关口前移、重心下移，加强源头管控，夯实安全基础，强化灾害事故风险评估、隐患排查、监测预警，综合运用人防物防技防等手段，真正把问题解决在萌芽之时、成灾之前。

坚持依法治理。运用法治思维和法治方式，加快构建适应应急管理体制的法律法规和标准体系，坚持权责法定、依法应急，增强全社会法治意识，实现应急管理的制度化、法治化、规范化。

坚持精准治理。科学认识和系统把握灾害事故致灾规律，统筹事前、事中、事后各环节，差异化管理、精细化施策，做到预警发布精准、抢险救援精准、恢复重建精准、监管执法精准。

坚持社会共治。把群众观点和群众路线贯穿工作始终，加强和创新社会治理，发挥市场机制作用，强化联防联控、群防群治，普及安全知识，培育安全文化，不断提高全社会安全意识，筑牢防灾减灾救灾的人民防线。

（三）主要目标。

总体目标：到2025年，应急管理体系和能力现代化建设取得重大进展，形成统一指挥、专常兼备、反应灵敏、上下联动的中国特色应急管理体制，建成统一领导、权责一致、权威高效的国家应急能力体系，防范化解重大安全风险体制机制不断健全，应急救援力量建设全面加强，应急管理法治水平、科技信息化水平和综合保障能力大幅提升，安全生产、综合防灾减灾形势趋稳向好，自然灾害防御水平明显提升，全社会防范和应对处置灾害事故能力显著增强。到2035年，建立与基本实现现代化相适应的中国特色大国应急体系，全面实现依法应急、科学应急、智慧应急，形成共建共治共享的应急管理新格局。

专栏 1 “十四五”时期主要指标			
序号	指标	预期值	属性
1	生产安全事故死亡人数	下降 15%	约束性
2	重特大生产安全事故起数	下降 20%	约束性
3	单位国内生产总值生产安全事故死亡率	下降 33%	约束性
4	工矿商贸就业人员十万人生产安全事故死亡率	下降 20%	约束性
5	年均每百万人口因自然灾害死亡率	<1	预期性
6	年均每十万人受灾人次	<15000	预期性
7	年均因自然灾害直接经济损失占国内生产总值比例	<1%	预期性

应急管理体制机制更加完善。领导体制、指挥体制、职能配置、机构设置、协同机制更趋合理，应急管理队伍建设、能力建设、作风建设取得重大进展，应急管理机构基础设施、装备条件大幅改善，工作效率、履职能力全面提升。县级以上应急管理部门行政执法装备配备达标率达到 80%。

灾害事故风险防控更加高效。安全风险分级管控与隐患排查治理机制进一步完善，多灾种和灾害链综合监测、风险早期感知识别和预报预警能力显著增强，城乡基础设施防灾能力、重点行业领域安全生产水平大幅提升，危险化学品、矿山、交通运输、建筑施工、火灾等重特大安全事故得到有效遏制，严防生产安全事故应急处置引发次生环境事件。灾害事故信息上报及时准确，灾害预警信息发布公众覆盖率达到 90%。

大灾巨灾应对准备更加充分。综合救援、专业救援、航空救援力量布局更加合理，应急救援效能显著提升，应急预案、应急通信、应急装备、应急物资、应急广播、紧急运输等保障能力全面加强。航空应急力量基本实现 2 小时内到达灾害事故易发多发地域，灾害事故发生后受灾人员基本生活得到有效救助时间缩短至 10 小时以内。

应急要素资源配置更加优化。科技资源、人才资源、信息资源、产业资源配置更趋合理高效，应急管理基础理论研究、关键技术研究、重大装备研发取得重大突破，规模合理、素质优良的创新型人才队伍初步形成，应急管理科技信息化水平明显提高，“一带一路”自然灾害防治和应急管理国际合作机制逐步完善。县级以上应急管理部门专业人才占比达到60%。

共建共治共享体系更加健全。全社会安全文明程度明显提升，社会公众应急意识和自救互救能力显著提高，社会治理的精准化水平持续提升，规范有序、充满活力的社会应急力量发展环境进一步优化，共建共治共享的应急管理格局基本形成。重点行业规模以上企业新增从业人员安全技能培训率达到100%。

三、深化体制机制改革，构建优化协同高效的治理模式

（一）健全领导指挥体制。

按照常态应急与非常态应急相结合，建立国家应急指挥总部指挥机制，省、市、县建设本级应急指挥部，形成上下联动的应急指挥部体系。按照综合协调、分类管理、分级负责、属地为主的原则，健全中央与地方分级响应机制，明确各级各类灾害事故响应程序，进一步理顺防汛抗旱、抗震救灾、森林草原防灭火等指挥机制。将消防救援队伍和森林消防队伍整合为一支正规化、专业化、职业化的国家综合性消防救援队伍，实行严肃的纪律、严密的组织，按照准现役、准军事化标准建设管理，完善统一领导、分级指挥的领导体制，组建统一的领导指挥机关，建立中央地方分级指挥和队伍专业指挥相结合的指挥机制，加快建设现代化指挥体系，建立与经济社会发展相适应的队伍编制员额同步优化机制。完善应急管理部门管理体制，全面实行准军事化管理。

（二）完善监管监察体制。

推进应急管理综合行政执法改革，整合监管执法职责，组建综合行政执法队伍，健全监管执法体系。推动执法力量向基层和一线倾斜，重点加强动态巡查、办案等一线执法工作力量。制定应急管理综合行政执法事项指导目录，建立完善消防执法跨部门协作机制，构建消防安全新型监管模式。制定实施安全生产监管监察能力建设规划，负有安全生产监管监察职责的部门要加强力量建设，确保切实有效履行职责。加强各级矿山安全监察机构力量建设，完善国家监察、地方监管、企业负责的矿山安全监管监察体制。推进地方矿山安全监管机构能力建设，通过政府购买服务方式为监管工作提供技术支撑。

（三）优化应急协同机制。

强化部门协同。充分发挥相关议事协调机构的统筹作用，发挥好应急管理部门的综合优势和各相关部门的专业优势，明确各部门在事故预防、灾害防治、信息发布、抢险救援、环境监测、物资保障、恢复重建、维护稳定等方面的工作职责。健全重大安全风险防范化解协同机制和灾害事故应对处置现场指挥协调机制。

强化区域协同。健全自然灾害高风险地区，以及京津冀、长三角、粤港澳大湾区、成渝城市群及长江、黄河流域等区域协调联动机制，统一应急管理工作流程和业务标准，加强重大风险联防联控，联合开展跨区域、跨流域风险隐患普查，编制联合应急预案，建立健全联合指挥、灾情通报、资源共享、跨域救援等机制。组织综合应急演练，强化互助调配衔接。

（四）压实应急管理责任。

强化地方属地责任。建立党政同责、一岗双责、齐抓共管、失职追责的应急管理责任制。将应急管理体系和能力建设纳入地方各级党政领导干部综合考核评价内容。推动落实地方党政领导干部安全生产责任制，制定安全生产职责清单和年度工作清单，将安全生产纳入高质量发展评价体系。健全地方政府预防与应急准备、灾害事故风险隐患调查及监测预警、应急处置与救援救灾等工作责任制，推动地方应急体系和能力建设。

明确部门监管责任。严格落实管行业必须管安全、管业务必须管安全、管生产经营必须管安全要求，依法依规进一步夯实有关部门在危险化学品、新型燃料、人员密集场所等相关行业领域的安全监管职责，加强对机关、团体、企业、事业单位的安全管理，健全责任链条，加强工作衔接，形成监管合力，严格把关重大风险隐患，着力防范重点行业领域系统性安全风险，坚决遏制重特大事故。

落实生产经营单位主体责任。健全生产经营单位负责、职工参与、政府监管、行业自律、社会监督的安全生产治理机制。将生产经营单位的主要负责人列为本单位安全生产第一责任人。以完善现代企业法人治理体系为基础，建立企业全员安全生产责任制度。健全生产经营单位重大事故隐患排查治理情况向负有安全生产监督管理职责的部门和职工大会（职代会）“双报告”制度。推动重点行业领域规模以上企业组建安全生产管理和技术团队，提高企业履行主体责任的专业能力。实施工伤预防行动计划，按规定合理确定工伤保险基金中工伤预防费的比例。

严格责任追究。健全灾害事故直报制度，严厉追究瞒报、谎报、漏报、迟报责任。建立完善重大灾害调查评估和事故调查机制，坚持事故查处“四不放过”原则，推动事故调查重点延伸到政策制定、法规修订、制度管理、标准技术等方面。加强对未遂事故和人员受伤事故的调查分析，严防小隐患酿成大事故。完善应急管理责任考评指标体系和奖惩机制，定期开展重特大事故调查处理情况“回头看”。综合运用巡查、督查等手段，强化对安全生产责任落实情况的监督考核。

四、夯实应急法治基础，培育良法善治的全新生态

（一）推进完善法律法规架构。

加快完善安全生产法配套法规规章，推进制修订应急管理、自然灾害防治、应急救援组织、国家消防救援人员、矿山安全、危险化学品安全等方面法律法规，推动构建具有中国特色的应急管理法律法规体系。支持各地因地制宜开展应急管理地方性法规规章制修订工作。持续推进精细化立法，健全应急管理立法立项、起草、论证、协调、审议机制和立法后实施情况评估机制。完善应急管理规章、规范性文件制定制度和监督管理制度，定期开展规范性文件集中清理和专项审查。完善公众参与政府立法机制，畅通公众参与渠道。开展丰富多样的普法活动，加大典型案例普法宣传。

（二）严格安全生产执法。

加大危险化学品、矿山、工贸、交通运输、建筑施工等重点行业领域安全生产执法力度，持续推进“互联网＋执法”。综合运用“四不两直”、异地交叉执法、“双随机、一公开”等方式，加大重点抽查、突击检查力度，建立健全安全生产典型执法案例报告制度，严厉打击非法生产经营行为。全面推行行政执法公示、执法全过程记录、重大执法决定法制审核三项制度，以及公众聚集场所投入使用、营业前消防安全检查告知承诺制。健全安全生产行政处罚自由裁量标准，细化行政处罚等级。严格事故前严重违法行为责任追究，严格执行移送标准和程序，规范实施行政执法与刑事司法衔接机制。加强执法监督，完善内外部监督机制。

（三）推动依法行政决策。

将应急管理行政决策全过程纳入法治化轨道，对一般和重大行

政决策实行分类管理。完善公众参与、专家论证、风险评估、合法性审查、集体讨论决定等法定程序和配套制度，健全并实施应急管理重大行政决策责任倒查和追究机制。定期制定和更新决策事项目录和标准，依法向社会公布。建立依法应急决策制度，规范启动条件、实施方式、尽职免予问责等内容。深化应急管理“放管服”改革，加强事前事中事后监管和地方承接能力建设，积极营造公平有序竞争的市场环境。

（四）推进应急标准建设。

实施应急管理标准提升行动计划，建立结构完整、层次清晰、分类科学的应急管理标准体系。构建完善应急管理、矿山安全等相关专业标准化技术组织。针对灾害事故暴露出的标准短板，加快制修订一批支撑法律有效实施的国家标准和行业标准，研究制定应急管理领域大数据、物联网、人工智能等新技术应用标准，鼓励社会团体制定应急产品及服务类团体标准。加快安全生产、消防救援领域强制性标准制修订，尽快制定港区消防能力建设标准，开展应急管理相关国家标准实施效果评估。推动企业标准化与企业安全生产治理体系深度融合，开展国家级应急管理标准试点示范。鼓励先进企业创建应急管理相关国际标准，推动标准和规则互认。加大应急管理标准外文版供给。

五、防范化解重大风险，织密灾害事故的防控网络

（一）注重风险源头防范管控。

加强风险评估。以第一次全国自然灾害综合风险普查为基准，编制自然灾害风险和防治区划图。加强地震构造环境精细探测和重点地区与城市活动断层探察。推进城镇周边火灾风险调查。健全安全风险评估管理制度，推动重点行业领域企业建立安全风险管理体

系，全面开展城市安全风险评估，定期开展重点区域、重大工程和大型油气储存设施等安全风险评估，制定落实风险管控措施。开展全国工业园区应急资源和能力全面调查，指导推动各地建设工业园区应急资源数据库。

科学规划布局。探索建立自然灾害红线约束机制。强化自然灾害风险区划与各级各类规划融合，完善规划安全风险评估会商机制。加强超大特大城市治理中的风险防控，统筹县域城镇和村庄规划建设，严格控制区域风险等级及风险容量，推进实施地质灾害避险搬迁工程，加快形成有效防控重大安全风险的空间格局和生产生活方式布局。将城市防灾减灾救灾基础设施用地需求纳入当地土地利用年度计划并予以优先保障。完善应急避难场所规划布局，健全避难场所建设标准和后评价机制，严禁随意变更应急避难场所和应急基础设施的使用性质。

（二）强化风险监测预警预报。

充分利用物联网、工业互联网、遥感、视频识别、第五代移动通信（5G）等技术提高灾害事故监测感知能力，优化自然灾害监测站网布局，完善应急卫星观测星座，构建空、天、地、海一体化全域覆盖的灾害事故监测预警网络。广泛部署智能化、网络化、集成化、微型化感知终端，高危行业安全监测监控实行全国联网或省（自治区、直辖市）范围内区域联网。完善综合风险预警制度，增强风险早期识别能力，发展精细化气象灾害预警预报体系，优化地震长中短临和震后趋势预测业务，提高安全风险预警公共服务水平。建立突发事件预警信息发布标准体系，优化发布方式，拓展发布渠道和发布语种，提升发布覆盖率、精准度和时效性，强化针对特定区域、特定人群、特定时间的精准发布能力。建立重大活动风险提示告知制度和重大灾害性天气停工停课停业制度，明确风险等级和安全措施要求。推进跨部门、跨地域的灾害事故预警信息共享。

（三）深化安全生产治本攻坚。

严格安全准入。加强工业园区等重点区域安全管理，制定危险化学品、烟花爆竹、矿山、工贸等“禁限控”目录，完善危险化学品登记管理数据库和动态统计分析功能，推动建立高危行业领域建设项目安全联合审批制度，强化特别管控危险化学品全生命周期管理。建立更加严格规范的安全准入体系，加强矿用、消防等设备材料安全管理，优化交通运输和渔业船舶等安全技术和安全配置。严格建设项目安全设施同时设计、同时施工、同时投入生产和使用制度，健全重大项目决策安全风险评估与论证机制。推动实施全球化学品统一分类和标签制度。

加强隐患治理。完善安全生产隐患分级分类排查治理标准，制定隐患排查治理清单，实现隐患自查自改自报闭环管理。建立危险化学品废弃报告制度。实行重大事故隐患治理逐级挂牌督办、及时整改销号和整改效果评价。推动将企业安全生产信息纳入政府监管部门信息平台，构建政府与企业多级多方联动的风险隐患动态数据库，综合分析研判各类风险、跟踪隐患整改清零。研究将安全风险分级管控和隐患排查治理列入企业安全生产费用支出范围。

深化专项整治。深入推进危险化学品、矿山、消防、交通运输、建筑施工、民爆、特种设备、大型商业综合体等重点行业领域安全整治，解决影响制约安全生产的薄弱环节和突出问题，督促企业严格安全管理、加大安全投入、落实风险管控措施。结合深化供给侧结构性改革，推动安全基础薄弱、安全保障能力低下且整改后仍不达标的企业退出市场。统筹考虑危险化学品企业搬迁和项目建设审批，优先保障符合条件企业的搬迁用地。持续推进企业安全生产标准化建设，实现安全管理、操作行为、设施设备和作业环境规范化。

推动淘汰落后技术、工艺、材料和设备，加大重点设施设备、仪器仪表检验检测力度。推动各类金融机构出台优惠贷款等金融类产品，大力推广新技术、新工艺、新材料和新装备，实施智能化矿山、智能化工厂、数字化车间改造，开展智能化作业和危险岗位机器人替代示范。强化危险废物全过程监管，动态修订《国家危险废物名录》，修订危险废物鉴别、贮存以及水泥窑协同处置污染控制等标准，制定完善危险废物重点监管单位清单。建立废弃危险化学品等危险废物监管协作和联合执法工作机制，加强危险废物监管能力与应急处置技术支持能力建设。

专栏 2　安全生产治本攻坚重点

1. 危险化学品。化工园区本质安全整治提升、企业分类治理整顿、非法违法“小化工”整治、重大危险源管控、硝酸铵等高危化学品和精细化工等高危工艺安全风险管控、自动化控制、特殊作业安全管理、城区内化学品输送管线、油气站等易燃易爆剧毒设施；化学品运输、使用和废弃处置等环节。

2. 烟花爆竹。生产、储存、运输等设施；生产、经营、进出口、运输、燃放、销毁、处置等环节。

3. 矿山。煤与瓦斯突出、冲击地压、水文地质类型复杂或极复杂等灾害严重煤矿，30 万吨 / 年以下煤矿，开采深度超过 1200 米的大中型及以上煤矿；入井人数超过 30 人、井深超过 800 米的金属非金属地下矿山，边坡高度超过 200 米的金属非金属露天矿山，尾矿库“头顶库”、无生产经营主体尾矿库、长期停用尾矿库。

4. 工贸。冶金企业高温熔融金属、煤气工艺环节，涉粉作业人数 30 人以上的金属粉尘、木粉尘企业，铝加工（深井铸造）企业、农贸市场重大事故隐患整治。

5. 消防。超高层建筑、大型商业综合体、城市地下轨道交通、石油化工企业等高风险场所；人员密集场所、“三合一”场所、群租房、生产加工作坊等火灾易发场所；博物馆、文物古建筑、古城古村寨等文物、文化遗产保护场所和易地扶贫搬迁安置场所；电动汽车、电动自行车、电化学储能设施和冷链仓库、冰雪运动娱乐等新产业新业态；船舶、船闸、水上加油站等水上设施。

6. 道路运输。急弯陡坡、临水临崖、长下坡、危桥、危隧、穿村过镇路口、农村马路市场等路段及部位；非法违规营运客车、校车，“大吨小标”、超限超载、非法改装货车等运输车辆；变型拖拉机；常压液体危险货物罐车。

7. 其他交通运输（民航、铁路、邮政、水上和城市轨道交通）和渔业船舶。民航运输：可控飞行撞地、空中相撞、危险品运输，跑道安全、机场净空安全、鸟击、通用航空安全；铁路运输：沿线环境安全、危险货物运输、公铁水并行交汇地段、路外伤害安全；邮政快递：末端车辆安全、作业场所安全；水上运输：商渔船碰撞、内河船舶非法从事海上运输、港口客运和危险货物运输；城市轨道交通：运营保护区巡查，违规施工作业、私搭乱建、堆放易燃易爆危险品等；渔业船舶：船舶脱检脱管、不适航、配员不足、脱编作业、超员超载、超风级超航区冒险航行作业，船员不适任、疏忽瞭望值守。

8. 城市建设。利用原有建筑物改建改用为酒店、饭店、学校、体育馆等人员聚集场所；高层建筑工程、地下工程、改造加固工程、拆除工程、桥梁隧道工程；违法违规转包分包；城镇燃气及燃气设施安全管理。

9. 工业园区等功能区。化工园区安全风险评估分级；仓储物流园区安全管理；港口码头等功能区安全管理。

10. 危险废物。危险废物贮存、利用、处置环节；违规堆存、随意倾倒、私自填埋危险废物。

（四）加强自然灾害综合治理。

改善城乡防灾基础条件。开展城市重要建筑、基础设施系统及社区抗震韧性评价及加固改造，提升学校、医院等公共服务设施和居民住宅容灾备灾水平。加强城市防洪排涝与调蓄设施建设，优化和拓展城市调蓄空间。增强公共设施应对风暴和地质灾害的能力，完善公共设施和建筑应急避难功能。统筹规划建设公共消防设施，加密消防救援站点。实施农村危房改造和地震高烈度设防地区农房抗震改造，逐步建立农村低收入人口住房安全保障长效机制。完善农村道路安全设施。推进自然灾害高风险地区居民搬迁避让，有序引导灾害风险等级高、基础设施条件较差、防灾减灾能力较弱的乡村人口适度向灾害风险较低的地区迁移。

提高重大设施设防水平。提升地震灾害、地质灾害、气象灾害、水旱灾害、海洋灾害、森林和草原火灾等自然灾害防御工程标准和重点基础设施设防标准。加强城市内涝治理，实施管网和泵站建设与改造、排涝通道建设、雨水源头减排工程。科学布局防火应急道路和火灾阻隔网络。完善网络型基础设施空间布局，积极推进智能化防控技术应用，增强可替代性，提升极端条件下抗损毁和快速恢复能力。加快推进城市群、重要口岸、主要产业及能源基地、自然灾害多发地区的多通道、多方式、多路径交通建设，提升交通网络系统韧性。推进重大地质灾害隐患工程治理，开展已建治理工程维护加固。开展重点岸段风暴潮漫滩漫堤联合预警，推进沿海地区海堤达标和避风锚地建设，构建沿海防潮防台减灾体系。加强国家供水应急救援基地建设。防范海上溢油、危险化学品泄漏等重大环境风险，提升应对海洋自然灾害和突发环境事件能力。加快京津冀平原沉降综合防治和地质灾害安全管理。

六、加强应急力量建设，提高急难险重任务的处置能力

（一）建强应急救援主力军国家队。

坚持党对国家综合性消防救援队伍的绝对领导，践行“对党忠诚、纪律严明、赴汤蹈火、竭诚为民”重要训词精神，对标应急救援主力军和国家队定位，严格教育、严格训练、严格管理、严格要求，全面提升队伍的正规化、专业化、职业化水平。积极适应“全灾种、大应急”综合救援需要，优化力量布局和队伍编成，填补救援力量空白，加快补齐国家综合性消防救援队伍能力建设短板，加大中西部地区国家综合性消防救援队伍建设支持力度。加强高层建筑、大型商业综合体、城市地下轨道交通、石油化工企业火灾扑救和地震、水域、山岳、核生化等专业救援力量建设，建设一批机动和拳头力量。发挥机动力量优势，明确调动权限和程序、与属地关系及保障渠道。加大先进适用装备配备力度，强化多灾种专业化训练，提高队伍极端条件下综合救援能力，增强防范重大事故应急救援中次生突发环境事件的能力。发展政府专职消防员和志愿消防员，加强城市消防站和乡镇消防队建设。加强跨国（境）救援队伍能力建设，积极参与国际重大灾害应急救援、紧急人道主义援助。适应准现役、准军事化标准建设需要和职业风险高、牺牲奉献大的特点，完善国家综合性消防救援队伍专门保障机制，提高职业荣誉感和社会尊崇度。

（二）提升行业救援力量专业水平。

强化有关部门、地方政府和企业所属各行业领域专业救援力量建设，组建一定规模的专业应急救援队伍、大型工程抢险队伍和跨区域机动救援队伍。完善救援力量规模、布局、装备配备和基础设施等建设标准，健全指挥管理、战备训练、遂行任务等制度，加强

指挥人员、技术人员、救援人员实操实训，提高队伍正规化管理和技战术水平。加强各类救援力量的资源共享、信息互通和共训共练。健全政府购买应急服务机制，建立政府、行业企业和社会各方多元化资金投入机制，加快建立应急救援队伍多渠道保障模式。加强重点国际铁路、跨国能源通道、深海油气开发等重大工程安全应急保障能力建设。

（三）加快建设航空应急救援力量。

用好现有资源，统筹长远发展，加快构建应急反应灵敏、功能结构合理、力量规模适度、各方积极参与的航空应急救援力量体系。引导和鼓励大型民航企业、航空货运企业建设一定规模的专业航空应急队伍，购置大型、重型航空飞行器，提高快速运输、综合救援、高原救援等航空应急能力。采取直接投资、购买服务等多种方式，完善航空应急场站布局，加强常态化航空力量部署，增加森林航空消防飞机（直升机）机源和数量，实现森林草原防灭火重点区域基本覆盖。完善航空应急救援空域保障机制和航空器跨区域救援协调机制。支持航空应急救援配套专业建设，加强航空应急救援专业人才培养。

（四）引导社会应急力量有序发展。

制定出台加强社会应急力量建设的意见，对队伍建设、登记管理、参与方式、保障手段、激励机制、征用补偿等作出制度性安排，对社会应急力量参与应急救援行动进行规范引导。开展社会应急力量应急理论和救援技能培训，加强与国家综合性消防救援队伍等联合演练，定期举办全国性和区域性社会应急力量技能竞赛，组织实施分级分类测评。鼓励社会应急力量深入基层社区排查风险隐患、普及应急知识、就近就便参与应急处置等。推动将社会应急力量参与防灾减灾救灾、应急处置等纳入政府购买服务和保险范围，在道路通行、后勤保障等方面提供必要支持。

七、强化灾害应对准备，凝聚同舟共济的保障合力

（一）强化应急预案准备。

完善预案管理机制。修订突发事件应急预案管理办法，完善突发事件分类与分级标准，规范预警等级和应急响应分级。加强应急预案的统一规划、衔接协调和分级分类管理，完善应急预案定期评估和动态修订机制。强化预案的刚性约束，根据突发事件类别和级别明确各方职责任务，强化上下级、同级别、军队与地方、政府与企业、相邻地区等相关预案之间的有效衔接。建设应急预案数字化管理平台，加强预案配套支撑性文件的编制和管理。

加快预案制修订。制定突发事件应急预案编制指南，加强预案制修订过程中的风险评估、情景构建和应急资源调查。修订国家突发事件总体应急预案，组织指导专项、部门、地方应急预案修订，做好重要目标、重大危险源、重大活动、重大基础设施安全保障应急预案编制工作。有针对性地编制巨灾应对预案，开展应急能力评估。

加强预案演练评估。制定突发事件应急预案评估管理办法和应急演练管理办法，完善应急预案及演练的评估程序和标准。对照预案加强队伍力量、装备物资、保障措施等检查评估，确保应急响应启动后预案规定任务措施能够迅速执行到位。加强应急预案宣传培训，制定落实应急演练计划，组织开展实战化的应急演练，鼓励形式多样、节约高效的常态化应急演练，重点加强针对重大灾害事故的应急演练，根据演练情况及时修订完善应急预案。

（二）强化应急物资准备。

优化应急物资管理。按照中央层面满足应对特别重大灾害事故

的应急物资保障峰值需求、地方层面满足启动本行政区域Ⅱ级应急响应的应急物资保障需求，健全完善应急物资保障体系，建立中央和地方、政府和社会、实物和产能相结合的应急物资储备模式，加强应急物资资产管理，建立健全使用和管理情况的报告制度。建立跨部门应急物资保障联动机制，健全跨区域应急物资协同保障机制。依法完善应急处置期间政府紧急采购制度，优化流程、简化手续。完善各类应急物资政府采购需求标准，细化技术规格和参数，加强应急物资分类编码及信息化管理。完善应急物资分类、生产、储备、装卸、运输、回收、报废、补充等相关管理规范。完善应急捐赠物资管理分配机制，规范进口捐赠物资审批流程。

加强物资实物储备。完善中央、省、市、县、乡五级物资储备布局，建立健全包括重要民生商品在内的应急物资储备目录清单，合理确定储备品类、规模和结构并动态调整。建立完善应急物资更新轮换机制。扩大人口密集区域、灾害事故高风险区域和交通不便区域的应急物资储备规模，丰富储备物资品种、完善储备仓库布局，重点满足流域大洪水、超强台风以及特别重大山洪灾害应急的物资需要。支持政企共建或委托企业代建应急物资储备库。

提升物资产能保障。制定应急物资产能储备目录清单，加强生产能力动态监控，掌握重要物资企业供应链分布。实施应急产品生产能力储备工程，建设区域性应急物资生产保障基地。选择符合条件的企业纳入产能储备企业范围，建立动态更新调整机制。完善鼓励、引导重点应急物资产能储备企业扩能政策，持续完善应急物资产业链。加强对重大灾害事故物资需求的预判研判，完善应急物资储备和集中生产调度机制。

专栏3　应急物资储备布局建设重点

1. 中央生活类救灾物资：改扩建现有20个中央生活类救灾物资储备库和35个综合仓库，在交通枢纽城市、人口密集区域、易发生重特大自然灾害区域建设7个综合性国家储备基地。

2. 综合性消防救援应急物资：在北京、沈阳等地建设8个中央级库，依托消防救援总队训练与战勤保障支队建设31个省级库，在三类以上消防救援支队所在地市建设227个地市级库。

3. 森林消防应急物资：在成都、海拉尔等地建设7个中央级库，依托森林消防总队建设5个省级库，在森林消防支队所在地建设36个地市级库。

4. 地方应急物资：改扩建现有应急物资储备库，推进县级应急物资储备库建设，重点支持中西部和经济欠发达高风险地区储备库建设。

（三）强化紧急运输准备。

加强区域统筹调配，建立健全多部门联动、多方式协同、多主体参与的综合交通应急运输管理协调机制。制定运输资源调运、征用、灾后补偿等配套政策，完善调运经费结算方式。深化应急交通联动机制，落实铁路、公路、航空应急交通保障措施。依托大型骨干物流企业，统筹建立涵盖铁路、公路、水运、民航等各种运输方式的紧急运输储备力量，发挥高铁优势构建力量快速输送系统，保障重特大灾害事故应急资源快速高效投送。健全社会紧急运输力量动员机制。加快建立储备充足、反应迅速、抗冲击能力强的应急物流体系。优化紧急运输设施空间布局，加快专业设施改造与功能嵌入，健全应急物流基地和配送中心建设标准。发挥不同运输方式规模、速度、覆盖优势，构建快速通达、衔接有力、功能适配、安全可靠的综合交通应急运输网络。加强交通应急抢通能力建设，进一步提高紧急运输能力。加强紧急运输绿色通道建设，完善应急物资及人员运输车辆优先通行机制。建设政企联通的紧急运输调度指挥平台，提高供需匹配效率，减少物资转运环节，提高救灾物资运输、配送、分发和使用的调度管控水平。推广运用智能机器人、无人机等高技术配送装备，推动应急物资储运设备集装单元化发展，提升应急运输调度效率。

（四）强化救助恢复准备。

健全灾害救助机制。完善自然灾害救助标准动态调整机制。加强灾后救助与其他专项救助相衔接，完善救灾资源动员机制，推广政府与社会组织、企业合作模式，支持红十字会、慈善组织等依法参与灾害救援救助工作。健全受灾群众过渡安置和救助机制，加强临时住所、水、电、道路、通信、广播电视等基础设施建设，保障受灾群众基本生活。针对儿童特点采取优先救助和康复措施，加强对孕产妇等重点群体的关爱保护。对受灾害影响造成监护缺失的未成年人实施救助保护。引导心理援助与社会工作服务参与灾害应对处置和善后工作，对受灾群众予以心理援助。

规范灾后恢复重建。健全中央统筹指导、地方作为主体、灾区群众广泛参与的重特大自然灾害灾后恢复重建机制。科学开展灾害损失评估、次生衍生灾害隐患排查及危险性评估、住房及建筑物受损鉴定和资源环境承载能力评价，完善评估标准和评估流程，科学制定灾后恢复重建规划。优先重建供电、通信、给排水、道路、桥梁、水库等基础设施，以及学校、医院、广播电视等公益性服务设施。完善灾后恢复重建的财税、金融、保险、土地、社会保障、产业扶持、蓄滞洪区补助政策，强化恢复重建政策实施监督评估。加强灾后恢复重建资金管理，引导国内外贷款、对口支援资金、社会捐赠资金等参与灾后恢复重建，积极推广以工代赈方式。

八、优化要素资源配置，增进创新驱动的发展动能

（一）破解重大瓶颈难题。

深化应用基础研究。聚焦灾害事故防控基础问题，强化多学科交叉理论研究。开展重大自然灾害科学考察与调查。整合利用中央和地方政府、企业以及其他优势科技资源，加强自主创新和“卡脖子”技术攻关。实施重大灾害事故防治、重大基础设施防灾风险评估等国家科技计划项目，制定国家重大应急关键技术攻关指南，加快主动预防型安全技术研究。

研制先进适用装备。加快研制适用于高海拔、特殊地形、原始林区等极端恶劣环境的智能化、实用化、轻量化专用救援装备。鼓励和支持先进安全技术装备在应急各专业领域的推广应用，完善《推广先进与淘汰落后安全技术装备目录》动态调整机制。着力推动一批关键技术装备的统型统配、认证认可、成果转化和示范应用。加快航天、航空、船舶、兵器等军工技术装备向应急领域转移转化。

搭建科技创新平台。以国家级实验室建设为引领，加快健全主动保障型安全技术支撑体系，完善应急管理科技配套支撑链条。整合优化应急领域相关共性技术平台，推动科技创新资源开放共享，统筹布局应急科技支撑平台，新增具备中试以上条件的灾害事故科技支撑基地 10 个以上。完善应急管理领域科技成果使用、处置收益制度，健全知识、技术、管理、数据等创新要素参与利益分配的激励机制，推行科技成果处置收益和股权期权激励制度。

增进国际交流合作。加强与联合国减少灾害风险办公室等国际组织的合作，推动构建国际区域减轻灾害风险网络。有序推动“一带一路”自然灾害防治和应急管理国际合作机制建设，创办国际合作部长论坛。推进中国 – 东盟应急管理合作。积极参与国际大科学

装置、科研基地（中心）建设。

专栏 4　关键技术与装备研发重点

1. 基础理论：重大复合灾害事故动力学演化与防控；重大自然灾害及灾害链成因、预报预测与风险防控；极地气象灾害形成机理和演化规划；重要地震带孕震机理；高强度火灾及其衍生灾害演化；安全生产风险监测预警与事故防控；矿山深部开采与复杂耦合重大灾害防治；火灾防治与消防基础理论研究。

2. 应急准备：重大灾害事故过程数值模拟技术；多灾种耦合模拟仿真、预测分析与评估研判技术；重大灾害事故风险智能感知与超前识别技术；重大灾害事故定量风险评估技术；重大基础设施危险源识别共性技术；城市基础设施灾害事件链分析技术；智能无人化安全作业技术。

3. 监测预警：大地震孕育发生过程监测与预测预报关键技术与装备；突发性特大海啸监测预警关键技术与装备；重大气象灾害及极端天气气候事件智能化精细化监测预警技术与装备；雷击火监测预警技术；城市消防安全风险监测与预测预警技术；浓雾、路面低温结冰等其他高影响天气实时监测报警和临近预警技术；矿山瓦斯、冲击地压、水害、火灾、冒顶、片帮、边坡坍塌、尾矿库溃坝等重大灾害事故智能感知与预警预报技术与装备；油气开采平台重特大事故监测和早期溢流智能预警技术；海上溢油漂移预测技术、海上溢油量评估技术。

4. 处置救援：复杂环境下应急通信保障、紧急运输等技术与装备；复杂环境下破拆、智能搜救和无人救援技术与装备；极端或特殊环境下人体防护、机能增强装备；重大灾害事故现场应急医学救援关键技术与装备；易燃易爆品储运设施设备阻隔防爆新技术与装备；重大复合链生灾害应急抢险及处置救援技术与装备；火爆毒多灾耦合事故应急洗消与火灾扑救先进技术与装备；高效灭火装备与特种消防车辆；森林草原灭火专用装备、隔离带开设装备、火场个人防护装备；溃堤、溃坝、堰塞湖等重大险情应急处置技术与装备；巡坝查险、堵口抢险装备；水上大规模人命救助、大深度扫测搜寻打捞、大吨位沉船打捞、饱和潜水、浅滩打捞、大规模溢油回收清除技术与装备；危险化学品事故快速处置技术与装备；油气长输管道救援技术与装备；隧道事故快速救援技术与装备；海上油气事故救援技术与装备；矿山重大事故应急救援技术与装备；严重核事故应急救援技术与装备；应急交通运输先进技术与装备。

5. 评估恢复：灾害事故精准调查评估技术；灾后快速评估与恢复重建技术；强台风及龙卷风灾损评估与恢复技术；火爆毒、垮塌及交通等事故追溯、快速评估与恢复技术；深远海井喷失控事故快速评估、处置及生产恢复技术。

（二）构建人才集聚高地。

加强专业人才培养。建立应急管理专业人才目录清单，拓展急需紧缺人才培育供给渠道，完善人才评价体系。实施应急管理科技领军人才和技术带头人培养工程。加强应急管理智库建设，探索建立应急管理专家咨询委员会和重特大突发事件首席专家制度。将应急管理纳入各类职业培训内容，强化现场实操实训。加强注册安全工程师、注册消防工程师等职业资格管理，探索工程教育专业认证与国家职业资格证书衔接机制。依托应急管理系统所属院校，按程序和标准筹建应急管理类大学，建强中国消防救援学院。鼓励各地依托现有资源建设一批应急管理专业院校和应急管理职业学院。加强应急管理学科专业体系建设，鼓励高校开设应急管理相关专业。加强综合型、复合型、创新型、应用型、技能型应急管理人才培养。实施高危行业领域从业人员安全技能提升行动，严格执行安全技能培训合格后上岗、特种作业人员持证上岗制度，积极培养企业安全生产复合型人才和岗位能手。提升应急救援人员的多言多语能力，依托高校、科研院所、医疗机构、志愿服务组织等力量建设专业化应急语言服务队伍。

加强干部队伍建设。坚持党管干部原则，坚持好干部标准，贯彻落实新时代党的组织路线，建立健全具有应急管理职业特点的“选、育、管、用”干部管理制度，树立讲担当重担当、重实干重实绩的用人导向，选优配强各级应急管理领导班子。将应急管理纳入地方党政领导干部必修内容，开发面向各级领导干部的应急管理能力培训课程。完善应急管理干部素质培养体系，建立定期培训和继续教育制度，提升应急管理系统干部政治素养和业务能力。加大专业人才招录和培养力度，提高应急管理干部队伍专业人才比例。推进应急管理系统、国家综合性消防救援队伍干部交流，加强优秀年轻干部发现培养和选拔使用。建立健全符合应急管理职业特点的待遇保障机制，完善职业荣誉激励、表彰奖励和疗休养制度。

（三）壮大安全应急产业。

优化产业结构。以市场为导向、企业为主体，深化应急管理科教产教双融合，推动安全应急产业向中高端发展。采用推荐目录、鼓励清单等形式，引导社会资源投向先进、适用、可靠的安全应急产品和服务。加快发展安全应急服务业，发展智能预警、应急救援救护等社区惠民服务，鼓励企业提供安全应急一体化综合解决方案和服务产品。

推动产业集聚。鼓励有条件的地区发展各具特色的安全应急产业集聚区，加强国家安全应急产业示范基地建设，形成区域性创新中心和成果转化中心。充分发挥国家安全应急产业示范基地作用，提升重大突发事件处置的综合保障能力，形成区域性安全应急产业链，引领国家安全应急技术装备研发、安全应急产品生产制造和安全应急服务发展。

支持企业发展。引导企业加大应急能力建设投入，支持安全应急领域有实力的企业做强做优，培育一批在国际、国内市场具有较强竞争力的安全应急产业大型企业集团，鼓励特色明显、创新能力强的中小微企业利用现有资金渠道加速发展。

专栏 5　安全应急产品和服务发展重点

1. 高精度监测预警产品：灾害事故动态风险评估与监测预警产品、危险化学品侦检产品等。

2. 高可靠风险防控与安全防护产品：救援人员防护产品、重要设施防护系统、工程与建筑施工安全防护设备、防护材料等。

3. 新型应急指挥通信和信息感知产品：应急管理与指挥调度平台、应急通信产品、应急广播系统、灾害现场信息获取产品等。

4. 特种交通应急保障产品：全地形救援车辆、大跨度舟桥、大型隧道抢通产品、除冰雪产品、海上救援产品、铁路事故应急处置产品等。

5. 重大消防救援产品：轨道交通消防产品、机场消防产品、高层建筑消防产品、地下工程消防产品、化工灭火产品、森林草原防灭火产品、消防侦检产品、消防员职业健康产品、消防员训练产品、高性能绿色阻燃材料、环境友好灭火剂等。

6. 灾害事故抢险救援关键装备：人员搜索与物体定位产品、溢油和危险化学品事故救援产品、矿难事故救援产品、矿山安全避险及防护产品、特种设备应急产品、电力应急保障产品、高机动全地形应急救援装备、大流量排涝排水装备、多功能应急电源产品、便携机动救援装备、密闭空间排烟装备、生命探测装备、事故灾难医学救护关键装备等。

7. 智能无人应急救援装备：长航时大载荷无人机、大型固定翼航空器、无人船艇、单兵助力机器人、危险气体巡检机器人、矿井救援机器人、井下抢险作业机器人、灾后搜救水陆两栖机器人等。

8. 应急管理支撑服务：风险评估服务、隐患排查服务、检验检测认证服务等。

9. 应急专业技术服务：自然灾害防治技术服务、消防技术服务、安全生产技术服务、应急测绘技术服务、安保技术服务、应急医学服务等。

10. 社会化应急救援服务：航空救援服务、应急物流服务、道路救援服务、海上溢油应急处置服务、海上财产救助服务、安全教育培训服务、应急演练服务、巨灾保险等。

（四）强化信息支撑保障。

广泛吸引各方力量共同参与应急管理信息化建设，集约建设信息基础设施和信息系统。推动跨部门、跨层级、跨区域的互联互通、信息共享和业务协同。强化数字技术在灾害事故应对中的运用，全面提升监测预警和应急处置能力。加强空、天、地、海一体化应急通信网络建设，提高极端条件下应急通信保障能力。建设绿色节能型高密度数据中心，推进应急管理云计算平台建设，完善多数据中心统一调度和重要业务应急保障功能。系统推进“智慧应急”建设，建立符合大数据发展规律的应急数据治理体系，完善监督管理、监测预警、指挥救援、灾情管理、统计分析、信息发布、灾后评估和社会动员等功能。升级气象核心业务支撑高性能计算机资源池，搭建气象数据平台和大数据智能应用处理系统。推进自主可控核心技术在关键软硬件和技术装备中的规模应用，对信息系统安全防护和数据实施分级分类管理，建设新一代智能运维体系和具备纵深防御能力的信息网络安全体系。

九、推动共建共治共享，筑牢防灾减灾救灾的人民防线

（一）提升基层治理能力。

以网格化管理为切入点，完善基层应急管理组织体系，加强人员力量配备，厘清基层应急管理权责事项，落实基层政府及相关部

门责任。加强和规范基层综合性应急救援队伍、微型消防站建设，推动设立社区、村应急服务站，培养发展基层应急管理信息员和安全生产社会监督员，建立完善“第一响应人”制度。指导基层组织和单位修订完善应急预案。引导乡镇（街道）、村（社区）防灾减灾基础设施建设有序发展，增强城乡社区综合服务设施应急功能。统筹防灾减灾救灾和巩固拓展脱贫攻坚成果，防止因灾致贫返贫。推动国家安全发展示范城市、全国综合减灾示范县（市、区、旗）和全国综合减灾示范社区创建工作，新增全国综合减灾示范社区 3000 个以上，充分发挥示范引领作用。指导生产经营单位加强应急管理组织建设，推动监管和服务向小微企业延伸。

（二）加强安全文化建设。

深化理论研究，系统阐述新时代应急管理的丰富内涵、核心理念和重大任务，编发应急管理理论释义读本。选树、宣传英雄模范，发挥精神引领、典型示范作用。推动将安全素质教育纳入国民教育体系，把普及应急常识和自救逃生演练作为重要内容。繁荣发展安全文化事业和安全文化产业，扩大优质产品供给，拓展社会资源参与安全文化建设的渠道。推动建立公众安全科普宣教媒体绿色通道，加强基于互联网的科普宣教培训，增强科普宣教的知识性、趣味性、交互性。推动安全宣传进企业、进农村、进社区、进学校、进家庭，推进消防救援站向社会公众开放，结合防灾减灾日、安全生产月、全国消防日等节点，开展形式多样的科普宣教活动。建设面向公众的应急救护培训体系，加强“红十字博爱家园”建设，推动建立完善村（社区）、居民家庭的自救互救和邻里相助机制。推动学校、商场、地铁、火车站等人员密集场所配备急救箱和体外除颤仪。做好应急状态下的新闻宣传和舆论引导，主动回应社会关切。

（三）健全社会服务体系。

实行企业安全生产信用风险分类管理制度，建立企业安全生产信用修复机制，依法依规公布安全生产领域严重失信主体名单并实施失信联合惩戒。支持行业协会制定行约行规、自律规范和职业道德准则，建立健全职业规范和奖惩机制。鼓励行业协会、专业技术服务机构和保险机构参与风险评估、隐患排查、管理咨询、检验检测、预案编制、应急演练、教育培训等活动。推进检验检测认证机构市场化改革，支持第三方检测认证服务发展，培育新型服务市场。强化保险等市场机制在风险防范、损失补偿、恢复重建等方面的积极作用，探索建立多渠道多层次的风险分担机制，大力发展巨灾保险。鼓励企业投保安全生产责任保险，丰富应急救援人员人身安全保险品种。

十、实施重大工程项目，夯实高质量发展的安全基础

（一）管理创新能力提升工程。

1. 应急救援指挥中心建设。

建成国家应急指挥总部，完善调度指挥、会商研判、模拟推演、业务保障等设施设备及系统。按照就近调配、快速行动、有序救援的原则推进区域应急救援中心工程建设，健全完善指挥场所、综合救援、物资储备、培训演练、装备储备、航空保障场所及配套设施。建设综合应急实训演练基地，完善室内理论教学、室外实操实训、仿真模拟救援等设施设备。完善国家应急医学研究中心工作条件。推进国家、省、市、县四级综合指挥调度平台和地方应急指挥平台示范建设，实现各级政府与行业部门、重点救援队伍互联互通、协调联动。建设重点城市群、都市圈应急救援协同调度平台。

2. 安全监管监察能力建设。

制定执法装备配备标准，配齐配强各级各行业领域安全监管监察执法队伍装备，持续改善执法工作保障条件。提升安全监管监察执法大数据应用水平。建成危险化学品、矿山、城市安全、金属冶炼、油气等重大事故防控技术支撑基地。升级优化危险化学品登记管理系统。建成矿用新装备新材料安全准入分析验证实验室和火灾事故调查分析实验室，完善设备全生命周期认证溯源管理系统。充分利用现有设施，完善监管监察执法装备测试、验证、维护、校验平台和智能化矿山安全监管监察辅助决策支撑平台，加强省级安全生产技术支撑中心实验室和分区域安全生产综合技术支撑中心实验室建设。

（二）风险防控能力提升工程。

3. 灾害事故风险区划图编制。

开展全国地震活动断层探察，编制第六代全国地震区划图。开展全国地质灾害风险普查，编制全国地质灾害风险区划图和防治区划图。开展台风、暴雨、暴雪等气象灾害和风暴潮、海啸等海洋灾害风险调查，编制不同尺度的危险性分布和风险评估分布图。开展安全生产重点行业领域专项调查。研发区域综合风险评估、自然灾害与事故灾难耦合风险评估等关键技术，编制城市公共安全风险评估、重大风险评估和情景构建等相关技术标准。建设灾害事故风险调查、典型风险与隐患排查数据库，建设全国灾害评估与区划系统。

4. 风险监测预警网络建设。

实施自然灾害监测预警信息化工程，建设国家风险监测感知与预警平台，完善地震、地质、气象、森林草原火灾、海洋、农业等自然灾害监测站网，增加重点区域自然灾害监测核心基础站点和常规观测站点密度，完善灾害风险隐患信息报送系统。建设沙尘暴灾害应急处置信息管理平台，在主要沙尘源区试点布设沙尘暴自动监测站。升级覆盖危险化学品、矿山、烟花爆竹、尾矿库、工贸及油气管道等重点企业的监测预警网络。推进城市电力、燃气、供水、排水管网和桥梁等城市生命线及地质灾害隐患点、重大危险源的城乡安全监测预警网络建设。加快完善城乡安全风险监测预警公共信息平台，整合安全生产、自然灾害、公共卫生等行业领域监测系统，汇聚物联网感知数据、业务数据以及视频监控数据，实现城乡安全风险监测预警“一网统管”。建设基于云架构的新一代国家突发事件预警信息发布系统。稳步推进卫星遥感网建设，开发应急减灾卫星综合应用系统和自主运行管理平台，推动空基卫星遥感网在防灾减灾救灾、应急救援管理中的应用。

5. 城乡防灾基础设施建设。

实施地震易发地区学校、医院、体育馆、图书馆、养老院、儿童福利机构、未成年人救助保护机构、精神卫生福利机构、救助管理机构等公共设施和农村房屋抗震加固。推动基于城市信息模型的防洪排涝智能化管理平台建设。在重点城市群、都市圈和自然灾害多发地市及重点县区，依托现有设施建设集应急指挥、应急演练、物资储备、人员安置等功能于一体的综合性应急避难场所。加强城乡公共消防设施和城镇周边森林草原防火设施建设，开展政府专职消防队伍、地方森林草原消防队伍、企业专职消防队伍达标创建。加强农田、渔港基础设施建设和农村公路、隧道、乡镇渡口渡船隐患整治，实施公路安全生命防护工程、高速公路护栏提质改造和农村公路危桥改造。深入推进农村公路平交路口“一灯一带”示范工程。开展行业单位消防安全示范建设，实施高层建筑、大型商业综合体、城市地下轨道交通、石油化工企业、老旧居民小区等重点场所和易地扶贫搬迁安置场所消防系统改造，打通消防车通道、楼内疏散通道等“生命通道”。

6. 安全生产预防工程建设。

实施化工园区安全提质和危险化学品企业安全改造工程，以危险工艺本质安全提升与自动化改造、安全防护距离达标改造、危险源监测预警系统建设为重点，推进化工园区示范创建，建设化工园区风险评估与分级管控平台。推进城镇人口密集区危险化学品生产企业搬迁改造。开展煤矿瓦斯综合治理和水害、火灾、冲击地压等重大灾害治理。基本完成尾矿库“头顶库”安全治理及无生产经营主体尾矿库、长期停用尾矿库闭库治理。实施“工业互联网＋安全生产”融合应用工程，建设行业分中心和数据支撑平台，建立安全生产数据目录。

（三）巨灾应对能力提升工程。

7. 国家综合性消防救援队伍建设。

依托国家综合性消防救援队伍，建设一批国家级特种灾害救援队、区域性机动救援队、搜救犬专业救援队，在重点化工园区、危险化学品储存量大的港区所在地建设石油化工、煤化工等专业应急救援队。实施综合性消防救援装备现代化工程，补齐常规救援装备，升级单兵防护装备，加强适用于极端条件和特种类型灾害事故的单兵实时监测、远程供水、举高喷射、破拆排烟、清障挖掘等先进专业装备配备。支持区域中心城市、中西部地区和东北三省消防救援战勤装备物资建设，支持“三区三州”消防救援站配备高原抢险救援车等专用车辆装备。建设国家级综合消防救援训练基地，以及地震救援、水域救援、化工救援、森林草原防灭火、航空灭火救援、抗洪抢险等国家级专业训练基地和一批区域性驻训备勤保障基地。

8. 国家级专业应急救援队伍建设。

依托应急管理部自然灾害工程抢险机构，以及水利水电建设、建筑施工领域大型企业，在洪涝、地质灾害发生频率高的地区建设区域性应急救援工程抢险队伍。依托森工企业、地方政府森林消防骨干队伍，加强黑龙江大兴安岭、内蒙古大兴安岭、吉林长白山、云南昆明、四川西昌等重点林区区域性机械化森林消防力量建设。大力提升四川、云南、西藏、新疆等地震易发高发区区域地质地震灾害救援能力。依托中央企业、地方国有骨干企业，加强矿山排水、重点地区危险化学品、重大油气储备基地及储备库、长江中上游水上、重点铁路隧道、海上油气开采应急救援队伍建设。补充更新国家级安全生产应急救援队伍关键救援装备。加强灾害事故应急救援现场技术支撑保障力量建设。完善中国救援队和中国国际救援队基础训练、航空救援、水上搜寻、应急医学救援等训练设施，配备专业救援车辆及装备。

9. 地方综合性应急救援队伍建设。

结合区域性应急救援力量建设，依托现有安全生产、防灾减灾应急救援队伍和政府专职消防队伍，重点调整优化省级和地市级综合性应急救援力量，完善应急救援装备储运设施和体能、专业技战术、装备实操、特殊灾害环境适应性等训练设施，补充配备通用应急救援、应急通信、应急勘测、个体防护等装备，拓展地震搜救、抗洪抢险、火灾扑救等救援功能。

10. 航空应急救援队伍建设。

提升航空综合救援能力，建设具备高原救援、重载吊装、远程侦察等能力的航空应急救援和航油航材应急保障力量。完善应急救援航空调度信息系统。建设航空应急科研基地。完善一批运输、通用机场，配备航空消防、气象保障、航油储备、夜间助航、检修维修等保障设施设备。新建应急救援飞行器维修维护基地，以及集航空应急救援训练、培训、演练、保障、服务等功能于一体的综合航空应急服务基地。完善森林航空护林场站布局，改造现有航空护林场站，新建一批全功能航站和护林机场；在森林火灾重点区域，合理布设野外停机坪和直升机临时起降场、灭火取水点和野外加油站。

11. 应急物资装备保障建设。

充分利用仓储资源，依托现有中央和地方物资储备库，建设综合应急物资储备库。在交通枢纽城市、人口密集区域、易发生重特大自然灾害区域建设一批综合性国家储备基地。建设完善国家综合性消防救援队伍应急物资储备库及战勤保障站。在关键物流枢纽建设应急物资调运平台和区域配送中心，依托大型快递物流企业建设一批综合应急物资物流基地。完善国家应急资源管理平台和应急物资保障数据库，汇聚应急物资信息。

（四）综合支撑能力提升工程。

12. 科技创新驱动工程建设。

建设重大自然灾害风险综合防范、重特大生产安全事故防控、复合链生灾害事故防治、城市安全与应急、矿山重大灾害治理、防汛抗旱应急技术、应急医学救援等国家级实验室和部级实验室。建设地震科学实验场和地震动力学国家重点实验室。实施大灾巨灾情景构建工程。建设火灾防治、消防救援装备、防汛抗旱和气象灾害防治、应急救援机器人检测、无人机实战验证、应急通信和应急装备物联网、大型石油储罐火灾抢险救援、城市跨类灾害事故防控、煤矿深部开采与冲击地压防治、高瓦斯及突出煤矿灾害防治等研究基地。依托现有机构完善危险化学品安全研究支撑平台。优化自然灾害领域国家野外科学观测研究站布局。建设应急管理领域国家科技资源共享服务平台和重点灾害地区综合防灾减灾技术支撑平台。完善区域地球表层、巨灾孕育发生机理等模拟系统和国际灾害信息管理平台。

13. 应急通信和应急管理信息化建设。

构建基于天通、北斗、卫星互联网等技术的卫星通信管理系统，实现应急通信卫星资源的统一调度和综合应用。提高公众通信网整体可靠性，增强应急短波网覆盖和组网能力。实施智慧应急大数据工程，建设北京主数据中心和贵阳备份数据中心，升级应急管理云计算平台，强化应急管理应用系统开发和智能化改造，构建“智慧应急大脑”。采用5G和短波广域分集等技术，完善应急管理指挥宽带无线专用通信网。推动应急管理专用网、电子政务外网和外部互联网融合试点。建设高通量卫星应急管理专用系统，扩容扩建卫星应急管理专用综合服务系统。开展北斗系统应急管理能力示范创建。

14. 应急管理教育实训工程建设。

完善应急管理大学（筹）、中国消防救援学院和应急管理干部培训学院等院校的教学、培训、科研等设施。升级改造国家安全监管监察执法综合实训华北基地，补充油气输送管道、城市地下燃气管道、地下空间等专业领域及工贸、建筑施工等行业安全生产监管实训设施设备。改善安全监管执法人员资格考试场地条件。建设国家综合性消防救援队伍康复休整基地，完善训练伤防治、康复医疗、心理疏导、轮训休整等设备及设施。

15. 安全应急装备推广应用示范。

实施安全应急装备应用试点示范和高风险行业事故预防装备推广工程，引导高危行业重点领域企业提升安全装备水平。在危险化学品、矿山、油气输送管道、烟花爆竹、工贸等重点行业领域开展危险岗位机器人替代示范工程建设，建成一批无人少人智能化示范矿井。通过先进装备和信息化融合应用，实施智慧矿山风险防控、智慧化工园区风险防控、智慧消防、地震安全风险监测等示范工程。针对地震、滑坡、泥石流、堰塞湖、溃堤溃坝、森林火灾等重大险情，加强太阳能长航时和高原型大载荷无人机、机器人以及轻量化、智能化、高机动性装备研发及使用，加大 5G、高通量卫星、船载和机载通信、无人机通信等先进技术应急通信装备的配备和应用力度。

（五）社会应急能力提升工程。

16. 基层应急管理能力建设。

实施基层应急能力提升计划，开展基层应急管理能力标准化建设，为基层应急管理工作人员配备常用应急救援装备和个体防护装备，选取条件较好的区域建设基层移动指挥中心、基层综合应急救援服务站。编制完善应急管理培训大纲、考核标准和相关教材，开展各级应急管理工作人员专业知识培训。推进应急广播系统建设，开展农村应急广播使用人员培训和信息发布演练。在交通不便或灾害事故风险等级高的乡镇开展应急物资储备点（库）建设。

17. 应急科普宣教工程建设。

实施应急科普精品工程，利用传统媒体、网站和新媒体平台等载体，面向不同社会群体开发推广应急科普教材、读物、动漫、游戏、影视剧、短视频等系列产品。建设数字防灾减灾教育资源公共服务平台、标准化应急知识科普库、公众科普宣教平台和应急虚拟体验馆。利用废弃矿山、搬迁化工企业旧址和遗留设施等，建设安全生产主题公园、体验基地；依托科技馆、城市森林公园、灾害遗址公园等设施，建设一批集灾害事故科普教育、法规政策宣传、应急体验、自救互救模拟等功能于一体的安全文化教育基地；分级建设一批应急消防科普教育基地。

十一、组织实施

（一）加强组织领导。

各地区、各有关部门要根据职责分工，结合实际制定规划涉及本地区、本部门的主要目标任务实施方案，细化措施，落实责任，加强规划实施与年度计划的衔接，明确规划各项任务的推进计划、时间节点和阶段目标。健全跨地区、跨部门规划实施协同配合机制，密切工作联系、强化统筹协调，确保规划实施有序推进，确保重大举措有效落地，确保各项目标如期实现。

（二）加强投入保障。

充分发挥重点工程项目的引导带动作用，按照事权与支出责任相适应的原则，加强资源统筹，在充分利用现有资源的基础上，完善财政和金融政策。各级财政结合财政收支情况，对规划实施予以合理保障。统筹资金使用，整合优化资源，形成政策合力。发挥政策导向作用，努力消除地区和城乡差异，引导多元化资金投入。

（三）加强监督评估。

加强规划实施监测评估，将规划任务落实情况作为对地方和有关部门工作督查考核评价的重要内容。地方政府要加强对本地区规划实施情况的监督检查。应急管理部要组织开展规划实施年度监测、中期评估和总结评估，跟踪进展情况，分析存在的问题，提出改进建议，加强督促落实，重要情况及时向国务院报告。

附录三

重大项目

■ 鄂州花湖机场开通运营

2022 年 7 月 17 日，鄂州花湖机场正式投运。鄂州花湖机场是亚洲第一个、世界第四个专业货运枢纽机场，处在国家“两横三纵”城市化战略的几何中心，1.5 小时飞行圈可覆盖包括长三角城市群、珠三角城市群在内的中国五大国家级城市群，涵盖全国 90% 的经济总量，具有“一日达全国，隔夜达全球”的运输组织能力。

鄂州花湖机场为 4E 级国际机场、航空物流国际口岸、亚洲第一座专业性货运枢纽机场。机场定位为“货运枢纽、客运支线、公共平台、航空基地”，全力建设成为国内货运枢纽、国际货运门户，客运重点服务鄂州、黄冈、黄石革命老区 1200 万人口，着力打造以顺丰航空为主，其他货航及客运航司协同发展的公共平台，未来将拓展机务维修、航空配餐、生产保障及配套等业务。鄂州机场将与武汉天河国际机场形成错位发展、功能互补、协同联动的湖北民航“客货双枢纽”机场体系。

鄂州花湖机场位于中国湖北省鄂州市鄂城区燕矶镇、沙窝乡、花湖镇交界处，西北距鄂州市中心约 16 千米、南距黄石市中心约 15 千米。于 2018 年 2 月获批、2022 年 7 月 17 日正式投运，创造了中国民航机场审批最快、建设最快的鄂州速度。

鄂州花湖机场近期按满足 2030 年旅客吞吐量 150 万人次、货邮吞吐量 330 万吨的目标设计，总投资 372.6 亿元。飞行区等级指标 4E，建设 2 条长 3600 米、宽 45 米、间距 1900 米的跑道，132 个机位的站坪，1 座 75 万平方米货运分拣中心，1 座 1.5 万平方米的客运航站楼，配套建设空管、航油等设施。远期按 2050 年满足年旅客吞吐量 2000 万人次、货邮吞吐量 908 万吨进行规划，远期机场将建成 3 条远距离平行跑道，扩建转运中心至 135 万平方米，新建 T2 航站楼。

鄂州花湖机场自 2022 年 7 月开航投运至今，已开通鄂州至广东深圳、上海浦东、比利时列日、印度金奈、哈萨克斯坦卡拉干达、印度德里等 6 个货运航点，开通鄂州至北京、广州、上海、成都等 19 个城市的 13 条客运航线。鄂州花湖机场已配置机务维修、运行控制、货运操作等客货保障人员 1500 余人，其中货运操作 1400 余人，涵盖机坪、货站、航空器等全链条服务保障。此外，还配置平台车、飞机牵引车、传送带车、磅秤、叉车、托盘等货运全类别保障设备及车辆。

2023 年 1 月，鄂州花湖机场航空口岸获批临时开放。目前，花湖机场口岸设施运行安全有序，国际货运业务加速发展，属地海关、边检通过轮班倒岗、分组上勤的方式，已实现机场 7 × 24 小时通关，先后已开通本地清关、一体化报关、进口转关、出口调拨等业务。目前，机场正积极协调并配合鄂州市加快海关指定监管场地申建工作，完善花湖机场口岸核心功能。

附录四

国家高端智库综合运输研究所介绍

国家发展和改革委员会综合运输研究所（简称综合运输研究所）因综合运输而生、依综合运输而发展、依改革开放而兴盛，已在服务国家、服务地方、服务社会中走过了64个春秋。综合运输研究所是中国宏观经济领域唯一从事综合性交通运输发展战略、管理政策与决策支持的正司级专业研究咨询机构，是首批国家高端智库建设试点单位——中国宏观经济研究院专业从事综合运输研究的智库机构。

我国的综合运输研究起自20世纪50年代，1957年2月，副总理聂荣臻批示同意筹建综合运输研究所。1958年9月，中组部任命国务院第六办公室副主任张国坚同志任综合运输研究所所长，负责具体筹建工作。1959年，综合运输研究所正式成立，建制归中国科学院，业务上受国家经济委员会（简称国家经委）领导，时任国家经委副主任张国坚同志兼任第一任所长。1974年，综合运输研究所撤销建制，以来自铁路系统的约60位同志为基础组建铁道规划院，来自交通系统的同志调至交通部机关及部属单位。1978年，经国务院批准，恢复综合运输研究所建制，由国家经委领导，原来调到铁道部和交通部的科研人员大部分归建。1988 年，国家经委与国家计划委员会（简称国家计委）职能合并，综合运输研究所隶属国家计委，伴随着历次国家机构改革，先后更名为国家计划委员会综合运输研究所、国家发展和改革委员会综合运输研究所。

综合运输研究所始终走在综合运输理论与政策研究的前列，是我国综合运输体系理论的发源地、综合运输政策研究的主力军。综合运输研究所经历次数体制变更和改革，甚至中途被撤销，也经历了多次顺应经济社会发展需要的内部研究机构、研究体制的改革，但综合运输内核始终未变。随着我国交通运输事业的发展，综合运输发展问题一直受到党和国家的高度重视，结合中国国情和发展阶段需要，以综合运输研究所为主体提出和不断丰富完善的综合运输体系理论、观点得到党和国家领导人的肯定，支撑了相关规划的编制和政策的制定，同时也得到交通运输业界的广泛认同。

政策的研究支撑。“综合运输研究所在各个时期为我国交通运输的发展发挥了重要的决策参谋作用，取得了丰硕的科研成果，得到了国家有关领导人的充分肯定”（中财办原主任朱之鑫，2009 年）。近年来，综合运输研究所与国家发展改革委基础司、经贸司、开放司、评督司、体改司等建机制、结对子，加强业务对接，密切协作，形成制度捆绑，增强工作合力，取得了一批实实在在的工作成果；参与了《“十四五”现代综合交通运输体系发展规划》《“十四五”现代流通体系建设规划》《“十四五”推进西部陆海新通道高质量建设实施方案》等重大政策和规划的研究支撑与起草。

宽广的研究领域。综合运输研究所以促进各种运输方式合理分工、有机衔接、高质量综合发展为宗旨，针对国家、区域、省、城市群、城际、城市、城乡等不同空间范围，开展综合交通运输中长期发展战略、基础设施布局规划、综合交通枢纽规划、重大交通项目技术经济论证等研究咨询；以提升交通运输与物流产业发展质量与效益为原则，为中央和地方各级政府部门提供交通投融资、交通新技术、行业管理、现代物流、旅客运输等方面的发展政策和咨询建议；以做大、做强综合交通运输服务业为目标，为交通运输与物流企业提供管理模式、经营战略、项目操作实施等咨询服务；为服务经济高质量发展和交通强国建设，积极开展交通运输与资源、环境等协调发展，交通运输与经济社会融合发展，交通新领域、新业态、新模式等创新研究，开创性地拓展了枢纽经济、交通与物流产业整合和融合研究领域，不断深化交通运输经济理论与实践；结合共建"一带一路"建设，从区域乃至全球视角开展基础设施互联互通、国际化运输服务等研究和咨询服务，为相关部门和企业提供高端决策支持。

一流的研究队伍。综合运输研究所自成立以来，始终高度重视人才培养和营造成长环境，在各个时期均涌现出一批通晓国内外交通运输经济、技术、管理理论，实践经验丰富，政策水平高，高知名度的专家学者。目前，全所共有研究员 11 人、副研究员 20 人，高级职称研究人员占总人数的 55.4%，具有博士学位研究人员占总人数的 51.8%，保持了一流的、梯队完整的、知识结构合理的研究队伍。

丰硕的研究成果。自 20 世纪 80 年代以来，综合运输研究所主持或参与的研究项目共获得 6 项国家级、30 多项省部级科技进步奖或优秀成果奖（如附表 1 所示），其中，《2000 年我国交通运输技术政策》获得国家科技进步一等奖，成为交通运输领域软科学研究的最高成就之一。出版有关综合交通运输和物流领域学术著作 60 多部，在不同时期为国家和地方政府提供的规划咨询研究成果转化为各级政府实操性规划或政策文件。综合运输研究所一直致力于为国家宏观决策、为地方交通运输与物流发展服务、为企业转型和提升发展献计献策。综合运输研究所参与国家历次五年综合交通运输体系发展规划、中长期铁路网规划、国家物流枢纽布局和建设规划、营造良好市场环境推动交通物流融合发展实施方案、进一步加强城市轨道交通规划建设管理的意见等国家级规划、重要政策的研究支撑和起草工作。2015 年以来，综合运输研究所有 70 余篇研究成果获得国家领导人和省部级领导同志批示，成为国家运输经济政策研究的孵化器。

附表 1　2015 年以来综合运输研究所获国家发展改革委优秀研究成果奖情况

完成年度	成果名称	获奖等级	参与形式	所内主要完成人
2016 年	我国现代交通运输发展战略研究	二等奖	第二完成单位	贾进、宿凤鸣、刘昭然
2018 年	我国枢纽经济发展理论与实践研究	二等奖	独立	吴文化、向爱兵、毛科俊、王杨堃、李名良、陈晓博、尹震
2018 年	政府和社会资本合作（PPP）项目资产证券化研究	三等奖	第二完成单位	李连成
2019 年	建设交通强国重大问题研究	二等奖	独立	李连成、王杨堃、李名良、蒋中铭、陆成云、马萍萍、樊桦
2019 年	粤港澳大湾区发展战略研究	一等奖	第三完成单位	尹震
2021 年	“十四五”国家重大基础设施发展规划思路研究	二等奖	独立	李连成、王杨堃、张广厚、陈晓博、王淑伟、秦山、向爱兵
2021 年	宁波市综合交通领域重大项目谋划和方案深化研究	一等奖	第二完成单位	樊一江、丁金学、刘思琦、马艺非、李卫波

广泛的交流合作。综合运输研究所注重与国内交通运输领域的相关科研机构加强交流合作，并具有与宏观经济其他领域科研机构便利合作的优势。与日本运输政策研究所、韩国交通研究院等国家交通运输研究机构，以及世界银行等国际组织建立了稳定的交流合作机制。